現代の自殺
追いつめられた死 : 社会病理学的研究

石濱照子

東信堂

はしがき

　1年半というわずかな病院での勤務時代に、人の命の重さが所得によって異なるように見える現実に疑問を抱いたことが、その後の地方公務員としての私の原点です。その後、20年余保健所で勤務する中で公衆衛生活動の意義を実感するとともに、「人の生き方のありさま」に数多く触れる機会をいただきました。その経験を通じて「その人らしい人生を全うするということ」が人間として当然の権利であること、その実現のためにソフト面も含め必要なシステム構築のコアな部分は行政施策が担っているものの、必ずしも住民ニーズや時代背景に即していないのではないかと考えるようになりました。

　私が地域保健活動に明け暮れていた時代の中で、1990年代後半から2000年にかけては、虐待やひきこもりに関する相談が家族あるいは近隣苦情などから突然顕在化し、その時点では、すでに問題が複雑化、重症化しているという事例が頻発していました。また、自殺対策については、従来の公衆衛生政策の中で実践してきた感染症、生活習慣病対策のようには進まず、政策的対応としては後手に回っているような事態が多々見受けられました。

　現在は、2014年に世界保健機関（WHO）が「自殺を予防する：世界の優先課題」を発表し、国際的にも自殺は重大な公衆衛生問題であると認識され、各国で自殺予防政策が開発、展開されています。日本においてもさまざまな自殺予防対策が講じられていて、2010年以降、公表されている自殺死亡数、自殺死亡率はともに減少傾向にあります。一方、男性若年層や女性については2010年以前と同水準に推移し、依然として世界では自殺率の高い国の一つです。

　日本の自殺予防対策は、公衆衛生政策が根幹であり、「メディカルモデル」により一定の成果や広がりを得てきたことに異論はありません。しかし、日本の自殺問題を考える上では「ソーシャルモデル」の視点が欠かせず、うつ病や自殺、児童・高齢者虐待、不登校やひきこもり、ホームレスなどが社会

問題化した背景に向き合うことこそが、重要であるというのが私の持論です。こうした社会現象を病理的行為と捉え、これらの行為が生み出された社会構造に目を向けることで、自己責任論に傾倒しやすい危うさを回避できると考えました。そこで、社会問題化している自殺を改めて「ソーシャルモデル」として捉えなおし、問題意識を明確化することで地域社会の再生につながるような糸口が見えてくるかもしれないという思いに至った次第です。

　本書は、現代社会の個人主義、価値観の多様化、消費社会をキーワードとして家族機能や雇用環境の変化、コミュニティの変容が起こり、その影響として自殺などの社会病理現象が生み出されたと考えられることを基盤として論を展開しています。

　また、自殺対策基本法、自殺総合対策大綱において、自殺は「追い込まれた末の死」と位置づけられていますが、「個人が選択した死」として捉えられがちな現状について歴史的背景から検討しました。切腹や引責自殺、心中などを自殺の一類型と考えた場合、死と引き換えに忠誠を守る、責任を果たすといった取引と考えることも可能ではないでしょうか。今後、自殺は「追い込まれた死」であるという認識を促すには、引責自殺や心中は、そうせざるを得ない状況に追い詰められた結果であり、個人が進んで選び取った死ではないことを啓発する必要があります。

　さらに自殺を死の一様態と考えた場合、生と死の感じ方の変容の影響もあるのではないかと考えました。集団の意味体系であったこれらの感じ方は、優生思想や自己決定の概念とも複雑に絡み合い、医療や科学技術の発展により大きく変化をしたことは、すでにさまざまな研究者が指摘しているところです。新たな課題である生殖技術、再生医療、臓器移植を含め専門家に委ねられた医療は、生と死が自在にコントロールできるという幻想から、生の神秘性や不可知性の軸の動揺が派生していると私は考えています。この軸の動揺が生と死への感じ方の変化や、「生」中心の価値観を生み出している一方、刹那的な死をもたらしているとは言えないでしょうか。つまり、「生」のみを追い求める可能性がある傍ら、生命の取り扱いを部分の集合と認識すると

か、ゲーム感覚ですぐ生き返るような気分になるなど、生命の不可逆性、神秘性についての感覚が麻痺しているのかもしれません。それは死に対する畏れや悼みを棚上げし、健康やアンチエイジングを追及する社会にも傾いているとも考えられ、健康格差が広がった社会となっていることとも関係があるかと思われます。このあたりの論述が、保健師として人間科学研究科の死生学領域に根差した私のオリジナリティと考えています。

　本書の結論として、命のはかなさや、超越に対する畏怖の感情や、命の尊厳を実感できない現代社会を再生するために必要なことについて論述しています。全人的な医療体制や、住民一人ひとりが生と死について考えることのできる機会の提供や、身近に生と死をリアルに感じることのできる環境整備が重要であると考えています。具体的には、他者との共生を意識した「関係性」の再構築を意識的に仕掛けて、緩やかなネットワークを形成していく実践を一部ですがお示ししています。

　ところで、私が働きながら大学院で学んだ意義は今後にかかっています。研究成果をどう現実に活かすかという点こそが、二足のわらじを履いてきた私の課題です。最近では、政策大学院に通う同僚も増えてきていますので、地方自治体での政策展開も洗練されてくるのではと期待しています。私自身は、地域を面として捉えると同時に、地域社会を構成する一人ひとりの住民が生活モデルとして生き生きと人生を生き切ることを目指したので人間科学を専攻しました。本書を読んでくださる一人ひとりの方が、自分自身の生と死を見つめ直し、自殺問題について自分に引き寄せて考えるきっかけとしていただければ幸いです。また、同じ立場の方々には、自分の活動する地域の歴史や特性を踏まえて、住民との間で身近な地域の社会病理現象についての問題意識を明確化、共有化し、自殺を生み出さない社会、つまり児童虐待やホームレスをも抑制する安全、安心の社会について考えるきっかけにつなげていただければありがたいと思います。

目　次／現代の自殺──追いつめられた死：社会病理学的研究

はしがき　i

第1章　序　論 ……………………………………………………………… 3
第1節　研究の目的と方法 …………………………………………………… 3
1　研究の背景と目的　　3
　(1)　公衆衛生施策の変遷　　3
　(2)　「人間科学的研究」の捉え方　　5
　(3)　「生」と「死」の捉え方　　6
　(4)　地域社会のネットワークの再構築　　7
2　言葉の定義　　7
　(1)　「メディカルモデル」　　7
　(2)　「ソーシャルモデル」　　8
　(3)　「バイオ・サイコ・ソーシャルモデル」　　8
　(4)　社会病理現象　　8
3　方法　　8
第2節　本書の構成 ……………………………………………………………11
1　各章で明らかにしたいこと　　11
2　本書での表記について　　13

第2章　「生」中心の現代社会の仕組み ……………………………………15
第1節　本章の課題 ……………………………………………………………15
第2節　現代の社会病理現象 …………………………………………………16
1　我が国の自殺対策　　16
2　自殺予防対策におけるメディカルモデルの限界　　18
3　社会病理の捉え方とソーシャルモデルの意義　　21
4　現代の社会病理現象　　24

第3節　社会病理現象萌出の歴史的考察……………………………………………25
　1　児童虐待　26
　2　不登校　29
　3　ひきこもりとニート　31
　　(1)　ひきこもり　31
　　(2)　ひきこもりとニート　36
　4　ホームレス　38
　　(1)　日本と諸外国の概念　38
　　(2)　日本のホームレスの歴史的背景　40
　5　現代の社会現象の推移　43
第4節　社会病理現象から診た現代社会……………………………………………45
　1　社会状況の変化　46
　　(1)　家族機能の変化　46
　　(2)　消費社会における変化　48
　　(3)　雇用環境の変化　49
　　(4)　世帯構成の変化　51
　　(5)　格差社会の拡がり　52
　2　関係性の変化　53
　3　格差社会がもたらしたもの　55
　4　「生」中心の社会　56
第5節　まとめ……………………………………………………………………………58

第3章　現代の社会病理現象としての自殺　63

第1節　本章の課題………………………………………………………………………63
第2節　自殺増加の要因とその抑制策を取り上げる背景……………………………64
　1　地方自治体業務の現状　64
　2　格差社会となった日本　65
　3　社会病理現象としての自殺　67
第3節　自殺の現状と自殺研究の成果と展開…………………………………………68
　1　自殺研究の動向　68

2　自殺と雇用環境　　70
  3　自殺と失業率・世代依存　　73
  4　自殺者の推移とその要因　　76
  5　遺族の状況　　79
  6　うつ病対策としての雇用対策の限界　　81
  7　発達段階からのリスク　　82
  8　自殺研究の国際比較　　85
    (1)　日本　　85
    (2)　アメリカ　　85
    (3)　WHO ほか　　86
  9　日本における自殺予防対策　　88
    (1)　厚生省による対策　　88
    (2)　厚生労働省による対策　　88
    (3)　自殺対策基本法　　89
    (4)　自殺対策タスクフォースなど　　90
    (5)　求められる自殺予防対策とは　　91
第4節　ソーシャルモデルによる自殺研究の意義……………………………92
  1　メディカルモデルの限界　　92
  2　バイオ・サイコ・ソーシャルモデルの意義　　93
  3　日本の自殺研究の評価　　95
  4　ソーシャルモデルの必要性　　96
第5節　バイオ・サイコ・ソーシャルモデルを意識した地域研究事例……97
  1　地域支援事業について　　97
  2　特定高齢者候補者把握事業の実施　　98
  3　バイオ・サイコ・ソーシャルモデルによる研究の必要性　　99
  4　先行研究の分析　　100
    (1)　高齢者の「関係性」に関する研究　　100
    (2)　社会的ネットワークに関する研究　　101
    (3)　死別体験に関する研究　　102
    (4)　高齢者の自殺の増加　　103

5　「抑うつ傾向高齢者」に関する研究　　103
　　(1)　研究目的　　104
　　(2)　研究方法　　104
　　(3)　倫理的配慮　　106
　　(4)　調査結果　　106
　　(5)　考察　　112
　　(6)　結論　　114
　6　施策化　　115
　　(1)　地域の仕組みづくり　　115
　　(2)　「閉じこもり予防訪問事業」の創設　　115
　　(3)　今後の課題　　116
第6節　まとめ………………………………………………………………117

第4章　「追い込まれた死」としての「自殺」……………123
第1節　本章の課題……………………………………………………………123
第2節　自殺の捉えなおし……………………………………………………125
　1　「追い込まれた死」について　　125
　　(1)　自殺対策基本法の理念　　125
　　(2)　日本人の自殺観　　128
　　(3)　自殺という言葉　　130
　　(4)　自殺を求める意思・意図など　　131
　　(5)　自殺の要因　　135
　　(6)　「個人の選択」の視点　　136
第3節　わが国における自殺の文化的考察…………………………………137
　1　自殺に対する態度　　138
　　(1)　自殺に対する態度に関する日米調査「*Culture and suicide*」（Takahashi 1997）　　138
　　(2)　自殺問題に関する地域住民調査（長野県佐久市 2003）　　138
　　(3)　「自殺に関する意識調査についてのアンケート」（東京都2011）　　140
　2　日本社会の自殺の認識について　　141

(1)　歴史的背景　　141
　　　(2)　外国人の記述　　142
　　　(3)　取引という考え方　　144
　　3　「個人の選択した死」という認識　　145
第4節　生と死を取り巻く現代社会の諸相 146
　　1　健康志向　　146
　　2　健康の捉え方　　147
　　3　健康志向の行き先　　148
　　4　現代の死　　150
第5節　命の不可知性、唯一性への回帰 152
　　1　「内在化」された価値観のゆらぎ　　152
　　2　内在化された感情のゆくえ　　154
　　3　関係性の変化と再構築　　155
　　4　「宗教性」の意義　　156
第6節　まとめ 159

第5章　結論──自殺増加抑制　165

第1節　各章で得られた所見 165
第2節　総合考察 169
　　1　地域自殺予防対策におけるメディカルモデルの限界　　171
　　2　新たなモデルに必要な視点　　172
　　　(1)　「関係性」の再構築　　172
　　　(2)　「生と死」の多様性に対する新たなモラルの構築　　173
　　　(3)　ソーシャルモデルやバイオ・サイコ・ソーシャルモデルによる政策展開
　　　　　　176
　　　(4)　地域ネットワークの再構築　　178
　　3　総合考察のまとめとして　　179
　　　(1)　従来のモデル　　179
　　　(2)　新たなモデルの方向性　　180

第6章　今後の展望──地域社会の再生　183

第1節　地域社会での新たなネットワークの必要性 183
 1　地域コミュニティと生活課題　183
 2　ネットワークの考え方の変遷　184
 3　ネットワークの現状　186
 4　新たなネットワークの可能性　187

第2節　地域社会再生とソーシャルキャピタルの考え方 188
 1　地域社会再生の法整備とその考え方　188
 2　SCの考え方の活用　190

第3節　「区民の健康づくりを推進する会」の立ち上げとその経過 191
 1　設立の目的　191
 2　設立の経緯と特徴　192
 3　発足までの留意点　194
 4　推進員への研修・シンポジウムの開催　195
 5　推進員の意識　196
 6　ソーシャルモデルとしての「推進する会」の評価　198

第4節　おわりに 199

文献一覧　204
あとがき　217
索引　219

現代の自殺

——追いつめられた死：社会病理学的研究

第 1 章　序　論

第 1 節　研究の目的と方法

1　研究の背景と目的

⑴　公衆衛生施策の変遷

　私は、東京都中野区で公衆衛生を専門とする立場から 20 年以上公衆衛生政策に取り組む中で、子育て支援や高齢者福祉といった地域福祉の視点から研究を続けてきたが、公衆衛生政策の変遷は、世相を反映しているとも言える。

　医療、科学技術の進展は、下水道の完備をはじめとする環境衛生政策とともに、結核その他の感染症による死亡、妊産婦死亡や新生児死亡を低下させ、公衆衛生政策は世界に誇る平均寿命の延長をもたらした。

　一方で、バブル経済による飽食の時代を迎え、環境破壊による公害、医療、科学技術の負の遺産によって公害病、薬害、難病や生活習慣病が急増した。このように日本の死因構造の中心は感染症から生活習慣病へと移り、その後は悪性新生物（がん）が増え続け、1981 年以降死因の第 1 位となった。治癒しないという面で治療医学の限界が露呈する傍ら、遺伝子治療、再生医療などの先端医療の技術革新が目覚ましい時代ともなった。

　また国の医療計画では、4 疾病 5 事業[1]として位置づけられていた 4 疾病のがん、脳卒中、急性心筋梗塞、糖尿病に加えて精神疾患が追加された。その結果、精神疾患は厚生労働省令の定める医療計画の 5 疾病として 2013 年度以降「国民病」として位置づけられる。

私の取り組む公衆衛生政策は、このような時代の流れに沿ってきたが、人口構造や社会構造の変化とともに少子超高齢社会に突入し、平成の時代に入り公衆衛生の課題はさらに複雑化した。課題解決を困難にしている要因として、医療体制では量から質への転換、また情報化と患者主体の時代となったことが挙げられる。

　行政では医療費抑制による在宅医療の推進、住民主体とニーズの多様化、情報公開と個人情報保護の時代を迎え、平準化から個別化へと従来の方向性を大きく転換した。課題の複雑化は、例えば地域保健活動では、ひきこもり、虐待、自殺企図、いわゆる孤独死の事例が続出し、解決策の見通しもたたないまま問題が顕在化、遷延する処遇困難事例が増加した。こうした体験から、自殺、ひきこもり、児童・高齢者虐待が、地域特性や生活水準に関係なく見受けられるようになったのはなぜなのか、という疑問を強く持つようになった。それが本テーマの出発点である。

　ところで1998年以降、自殺者数が前年比35.2%[2]増となったことを受けて、国は大々的に自殺予防対策[3]を掲げた。医学・公衆衛生分野では、完全失業率[4]と自殺率[5]の相関や自殺者の特性に関する知見が次々に出されつつもメディカルモデル[6]を中心に、うつ病対策と自殺企図者の再発防止が重要な取り組みとなった（黒澤1989, 池田・伊藤2000, 石原2003, 髙橋2006）。

　一方、私のフィールドである地域に噴出する処遇困難事例[7]の発生予防を検討するには、従来のメディカルモデルでは限界があるのではないかという懸念があった。そこで、先行研究に当たる際には、メディカルモデルの視点ではなく生活モデルの視点で検索を進めた。その結果、自殺の増加やうつ病やひきこもりの広まりなどを現代の社会病理現象と捉える研究（林他2004）に出会い、地域の事例の発生を社会病理現象として捉えることも可能であることが明らかになった。この点を踏まえて自殺を社会病理現象として捉えなおしたうえで、増加の背景を検証し、新たなモデルを検討することを研究目的とした。

　ここでは、公衆衛生上の重点課題として自殺を取り上げるが、自殺の増加

を社会病理の枠組みでソーシャルモデルとして捉え、また自殺への感じ方は生と死への価値観が無意識のうちに影響を受けていると想定し、生と死への価値観に着目することが重要であると考えたことから、人間科学に立脚して検討することを特徴としている。

⑵ 「人間科学的研究」の捉え方

人間科学に立脚して検討を進めることから私の人間科学的研究の捉え方について、ここで論じておきたいと思う。

地方自治体では、所管地域の住民を対象に行政サービスを行っている。私の職場では、組織体制は事業部制となっていて、基本的には各部単位に業務は進められている。自治体としての大きな政策的判断が必要な場合以外には、横断的な情報共有や議論の場はあるとはいえ、経常業務は各所管で淡々と執行されているのがおおよそどの自治体も然りであろう。

しかし、そこにすでに課題が包含されている。例えば各所管からの通知が同日に発送されれば、受け取る住民からは郵送料の無駄という苦情の対象となる。だからといって、異なる所管からの通知を一つにまとめて発送することは、大都市行政においては不可能に近い状況であることも事実である。

あるいは、自治体では、各自治体の必要性から設置している附属機関のほか、法令により設置を義務付けられている会議体、補助金獲得の必須条件としての会議体、また各部の施策策定のために学識経験者や区民の意見を聞く場として設置される会議体、関係団体の集合体である会議体のほか、自治体が直接運営するものから関与するものまでかなりの数となる。ちなみに私の自治体では、附属機関や規則、要綱による会議体だけでも現在70程度あり、その他の会議体も所管ごとにある。例を挙げれば現在私の所管する会議体だけでも10程度あり、関連するものを含めると15以上となる。これらの会議が昼夜を問わず開催され、住民委員は一人何役もこなしているのが実情である。委員の構成は、学識経験者のほか地域の民生委員や専門職能団体の選出委員や、その他関係団体の役員、公募委員などが通例である。

このように地域行政をともに推進する住民は、一方でご意見番でもあるため、行政に対して率直な意見を述べられる。そこには、住民と地域社会をめぐる現実的な諸問題の解決を目指す姿があり、各部署の担当だけでは済まないことがほとんどである。この解決に当たっては、部単位、所管単位ではない議論や方法を生み出す必要があることを住民の発言によって常日頃知らされる。

　これらの経験から、地域行政で求められるものは、まさに「人間のよき生活（Human Well-Being）」（滝内・田畑 2005）を実現するための実践であると痛感した。専門分化し細分化している諸科学を統合的に捉えるための人間科学を専攻したのは、そのためである。日本社会としてのマクロ的視点と住民が生活するミクロ的視点を切り離さないで、「学際的」また「横断的」な施策を検討することが私の公務員としての責務であり、この点を人間科学的研究と捉えて論を進める。

(3) 「生」と「死」の捉え方

　従来の研究では、自殺者のほとんどがうつ病に罹患し、健康問題や経済問題の重複した深刻な問題を抱えていたことを明らかにし、うつ病対策や失業対策が講じられてきた。しかし自殺者の大幅な減少はしていないのが現況である。そこで第一次予防[8]である発生予防の視点で捉えると、うつ病者や自殺者が増加している要因を検討する必要がある。その増加の背景を、生と死への価値観の変容あるいは変容とまでは言えなくとも「生」中心の現代社会がもたらしたひずみではないかと捉えたことが本研究の課題の中心である。ここで言う「生」中心とは、病気は「治す」と「癒す」で治癒であったものが、「治す」ことの不可能な慢性疾患や中途障害は置き去りにされてしまい、治癒の可能な疾病や「生」の継続に注目することを指す。一方、抗菌グッズ、健康ブーム、アンチエイジングがもてはやされ、老、病、死を忘れた文化、死者を切り棄てた文明中心という解釈をも指す。

　さらにメディカルモデルで一定の成果や広がりを得てきた公衆衛生政策が、

自殺予防対策については、自殺者の多い地域に限られ、全国展開への広がりが滞りがちである[9]要因についても明らかにするべきである。その要因は、自殺に対する感じ方に影響を受けていて、それは日本の文化的背景がもたらす生と死の捉え方が関係しているのではないかということも課題の一つである。

⑷ 地域社会のネットワークの再構築

なお本研究は、現在の自殺予防対策であるうつ病対策や失業対策を否定するものではないが、従来の政策だけでは追いつかないほど地域の実情は深刻であり、私の立場からそうした実情を踏まえたうえで、地域社会のあり方に限定した結論を導けるように論を進めたいと思う。結論として、リアルな情感を醸成する地域社会でのネットワークの構築を進めることが、すなわち現代の社会病理現象を抑制する本質的な地域社会のあり方であり、自殺の増加に歯止めをかけることであることを地域行政に携わる立場から提言したい。

すでに地域社会のネットワークの再構築について、その目指す到達点としてのモデルはいくつかの自治体の取り組みとしても示されている。しかし本研究の特徴は、「生」中心の現代社会がもたらしたひずみとして地域社会の現状を捉え、本質的な地域社会の再生は、生と死についてのリアルな情感を醸成する地域社会の緩やかなネットワークの再構築であることを指摘することにある。

2　言葉の定義

⑴ 「メディカルモデル」

「メディカルモデル」とは、「特定病因論」を中心とし、症状を呈する原因を追求するモデルを指す。病気を身体のあちこちの部分の機能障害と捉え、医学の関心は、人というより症状の部分であると考える。

⑵ 「ソーシャルモデル」

「ソーシャルモデル」とは、社会構造の仕組み、あり方に着目するモデルである。問題と捉える現象を、文化的、社会的側面から検討し、その問題の発生を多面的に捉えたうえで、社会構造の仕組みのあり方に、その解決を求めていくモデルと捉える。なお、「メディカルモデル」と「ソーシャルモデル」についての本書での考え方は、第3章第4節でその詳細について論ずる。

⑶ 「バイオ・サイコ・ソーシャルモデル」

個人の発達や身体的・精神的健康に影響するさまざまな要因を「生物」「心理」「社会」という3つの側面から検討する。捉えられた要因は、相互に絡み合っているという前提で、要因どうしが複雑に相互作用し合って個人に影響を及ぼしていると考えるモデルである。

⑷ 社会病理現象

「病理」とは、病気の原因や病気になるプロセスに関する理論で、それを社会構造に求めているものが社会病理であると定義する。社会病理現象は、時代の要請や状況によって可変的であると捉える。社会現象を社会病理として捉える考え方については、第2章2節で、論じる。

3　方法

本書の進め方は、はじめに研究の出発点である自殺の増加やひきこもり、児童・高齢者虐待などが日本各地で共通の問題となっていることから、こうした現象が起こった要因について日本社会を歴史的に概観することにより検討する。このような現象は、一部の地域や都市化した地域あるいは特定の階層に限定したものではなく、グローバル化した日本社会全体に起こっている。そこで人口構造や社会構造がどのように変化し、生と死を取り巻く中心軸である医療、科学技術の発展について注目し、それに伴う人々の意識について

統計資料や意識調査を取り上げて考察する。さらに自殺の増加などの現象は、「生」中心の現代社会がもたらしたひずみがその要因として考えられることを提示したい。

　また自殺の増加を、現代社会がもたらしたひずみであると仮定し、メディカルモデルとして自殺の増加について捉えることの限界について明らかにするために、自殺を文化・社会的側面からソーシャルモデルとして捉えなおしたうえで、自殺の増加の背景を考察する。

　メディカルモデルの研究手法としては、「Evidence Based Medicine[10]」（以下EBM）が主流であり、科学的に実証された根拠に基づいた判断がなされなくてはならないとする考え方である。しかし、本研究では今後の自殺研究の視座として、人を全人的に捉えていく「Narrative Based Medicine[11]」（以下NBM）によるソーシャルモデル、あるいはバイオ・サイコ・ソーシャルモデルが有効であり得るか、その可能性について考えてみたい。

　公衆衛生政策として自殺予防対策は、EBMの検証によるうつ病対策と失業対策を中心にそれぞれ行われてきたが、そこにNBMの手法を加えた実態調査（自殺実態解析プロジェクトチーム 2008）も発表され、成果が出てきたのはまだ最近のことであるとも考えられる。

　そこで本書の目的の一つである今後の自殺研究の新たな視座として、虚弱高齢者の抑うつに関する質問紙調査および訪問調査から自殺研究におけるNBMによるバイオ・サイコ・ソーシャルモデル[12]について検討する。これについては、「抑うつ高齢者の生活感情と近親者喪失について」（石濱 2009）においてすでに論述したが、その有効性について改めて考察する。さらにソーシャルモデルで日本社会を捉えなおすと、メディカルモデルによる個人のリスクから社会を捉えるより、社会のリスクが明確化するのではないかと考え、この点についても検討を加える。

　次に、この「生」中心の現代社会は「日本社会の暗黙の社会的規範」の変容が大きな要因であるという枠組みを設定し、その中心軸である生と死の捉え方の変化あるいは潜在化が影響を与えているものと仮定し、日本の文化的

背景から考えてみたい。

また公衆衛生上の大きな課題である自殺対策がスムーズに進まない状況は、自殺を「個人の選択した死」と捉える自殺への感じ方が無意識のうちに直接的な影響を与えていると仮定する。そうした場合には、自殺対策基本法[13]の趣旨とされる自殺を「追い込まれた末の死」と捉える考え方とは乖離する。この点に着目する。

その方法は、自殺を「個人の選択した死」と捉えた場合に起こり得る論理上の矛盾や限界について、先行研究から検討し、自殺が「追い込まれた死」であることを明らかにする。そして本研究の最終目的である自殺を抑制する本質的な地域社会のあり方を示すためには、現代社会を「生」中心の「日本社会の暗黙の社会的規範」の変容によるひずみ社会と捉えることが必要と考える。その場合NBMによるソーシャルモデルやバイオ・サイコ・ソーシャルモデルが有効であり、また有効であり得るための要因について提示する。

生と死についての捉え方の変化を意識化し、生と死についてのリアルな情

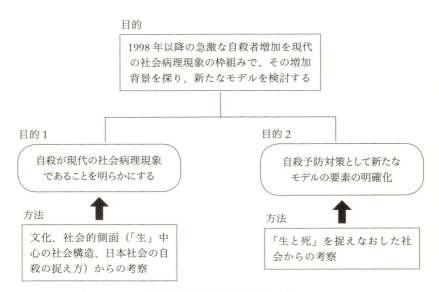

図1-1　本研究の目的と方法

感を醸成する地域社会の構築に、この手法を取り入れた具体的なパイロットモデルを地域行政に携わる立場として明示したい。また、社会人大学院生として、研究を職場における業務に、またその実践を研究に活かして PDCA（Plan Do Check Action）サイクルの下に遂行することが実現できることもお示しできればと思う。

なお、本書の目的と方法の概念図は**図 1-1** に示した。

第 2 節　本書の構成

1　各章で明らかにしたいこと

第 2 章では、「自殺の増加やうつ病の広まり」を含め、「児童虐待」「不登校・ひきこもり」「ホームレスの増加」などの社会現象について考察する。これらの現象は、今、日本社会全体に蔓延し、複雑化し、その解決が遷延化していると言われている。これらの社会現象を現代の社会病理現象として位置付けた先行研究を踏まえて、現代の社会病理現象として捉える有効性について考えてみたい。

自殺をメディカルモデルで捉えた場合に個人にシフトしやすい病理を、社会病理現象というソーシャルモデルの枠組みで捉える。そのことによって、一人ひとりの病理からは焦点化しにくい社会病理を浮かび上がらせ、社会構造上の問題を明らかにすることができると仮定する。

さらに、社会病理現象が、その時代に依存した問題を呈することから、その共通の要因について歴史的、文化的に考察していくと、「生」中心の現代社会が形づくられているのではないかと考え、その様相をお示しする。

第 3 章では、本論文の中心課題である「自殺の増加やうつ病の広まり」が、うつ病対策と失業対策だけでは、抜本的解決には至らないと考え、自殺を現代の社会病理現象として捉えなおし、その抑制策について考察する。

失業率が上がると自殺率が上昇するという現象は、歴史的に見ても幾度も

繰り返されているが、1998年以降の「自殺の増加やうつ病の広まり」については、それだけでは説明しきれないことが推測される。しかし、自殺に関する研究はメディカルモデル中心となっているため、「どうすれば故人の自殺を防げたか」という視点から、医療、看護を基軸にした社会資源としての家族を視野に入れた症例研究が進んでいる。一方、自殺予防対策の根幹は、地域社会で生活する人々に対する対策とすれば、「自殺の増加やうつ病の広まり」となっている社会全体の問題を明らかにしようとする研究となるが、現状ではそうした研究は些少である感を否めない。

そこで、今後の日本での自殺研究の視座として、ソーシャルモデルやバイオ・サイコ・ソーシャルモデルによる自殺研究の必要性について提案し、現代社会全体の問題を社会病理として捉え、明らかにすることの意義について論じる。

第4章では、国を挙げての自殺予防対策が功を奏しない要因は、日本の自殺問題に潜む本質的な問題にあると捉えソーシャルモデルによる文化、社会的視点から、自殺を取り巻く日本の文化、社会的状況について考えてみたい。

自殺対策基本法第8条に基づき策定された「自殺総合対策大綱」は、自殺対策の基本認識として自殺は「追い込まれた末の死」と明記している。しかし、地域社会では、自殺に対する認識は「個人の選択」であり、社会の仕組みによって追い詰められた被害者という認識には程遠いと思われる。また、自殺者遺族についても被害者としての扱いを得られていないのが日本社会での実情と考えられる。そこで、自殺とは何かを改めて問い直し、自殺が「個人の選択」ではなく、「追い込まれた死」であることを明らかにする。

また、我が国における自殺の文化、社会的考察から、自殺が歴史的にどのように取り扱われ、それが現代社会における死を取り巻く諸相の中で与えている影響について考察する。

第5章では、本書における各章で得られた知見についてまとめ、本研究の結論として論じようと思う。「自殺やうつ病の広まり」を現代の社会病理現象として改めて捉えなおすことによって、メディカルモデルでは見えにくい

自殺の急増やうつ病の広まりなどをもたらす新たな要因が、ソーシャルモデルやバイオ・サイコ・ソーシャルモデルによって明らかになる可能性について提示する。

　また今後、NBMによるソーシャルモデルやバイオ・サイコ・ソーシャルモデルを用いた自殺研究を推進していくことが、「自殺の増加やうつ病の広まり」に留まらない現代の社会病理現象を本質的に捉え、その解決に向けた対策を生み出していくカギとなることについて、総合考察として論の展開を試みる。

　第6章では、今後の課題として、自殺の増加に歯止めをかけることそれはつまり、リアルな情感を醸成する地域社会でのネットワークの構築を進めることであると考える。すなわち現代の社会病理現象を抑制する本質的な地域社会でのあり方であると仮定し、地域行政に携わる立場からその実践の途中経過について報告する。

2　本書での表記について

　(1)「注」は、本文に番号をつけて章ごとに章末にまとめて記した。内容は、追記、補記である。文献を指示するものではない。
　　　例　4疾病5事業[1]
　(2)「文献」は、文末に（著、編者名　出版年）を表記し、論文末に「文献」として、アルファベット順にまとめて記した。

注
1　4疾病5事業とは、社会保障審議会医療部会での審議により、国の医療計画に盛り込む事項としてがん、脳卒中、急性心筋梗塞、糖尿病の4疾病と救急、災害、僻地、周産期、小児の5事業。2013年度から新たに精神疾患が加わることになった。
2　1997年に23,494人であった自殺者が、1998年に31,755人となり国の自殺者対策が、具体的に開始された。我が国による自殺による死亡数は、厚生労働省人口動態統計に

よるものである。
3 2000年「健康日本21」「健やか日本21」「事業場における労働者の心の健康づくりのための指針」に［こころの健康づくり］を盛り込んだ。
4 総務省統計局の労働者調査が、全国約4万世帯を標本調査して、毎月発表する統計の指標で、完全失業率＝完全失業者÷労働力人口×100であらわす。労働力人口は、15歳以上人口のうち、従業者、休業者、完全失業者を合わせたもの。完全失業者は、仕事がなくて調査期間中に、少しも仕事をしなかったもので、かつ仕事があれば、すぐ就くことができて、なおかつ調査期間中に仕事を探す活動や事業を始める準備をしていたもの。
5 人口10万人あたりの自殺者数。
6 日本語では、「特定病因論」として、症状に焦点を当て病気の原因追及をするものとして取り上げられる。
7 事例の処遇を検討するに当たり、問題が多岐にわたり、なおかつ複数の問題を抱えており、現行制度を駆使しても簡単に処遇方針が導けない案件。
8 第一次予防とは、健康増進、疾病予防など生活習慣、生活環境の改善や健康教育による健康増進を図ること。
9 関係機関相互の連携として、地域保健と産業保健の連携の必要性をかつてより強調していたが、自殺予防対策に関する総務省調査2011では2011年までに自殺予防対策として協議会を立ち上げ連携実施した都道府県は愛知県のみであった。
10 科学的に実証された根拠に基づいた判断がなされなくてはならないという立場。
11 イギリスのジェネラル・プラクティショナーの中からでてきた運動で、全人的な判断を必要とする立場。
12 Cedars-Sinai医療センターのフランツ・アレクサンダーが先鞭をつけ、ローチェスター大学のジョージ・エンゲルが命名（1978年）し、ジョン・ロマーノにより詳しく論じられた。生物心理社会モデルは、個人の発達や身体的・精神的健康に影響するさまざまな要因を「生物」「心理」「社会」という3つの側面でまとめ、効果的な介入を行うための枠組みで、問題がそれぞれ独立した問題として捉えるのではなく、各要因が相互的に絡み合っていると捉え、関連要因を包括的に扱い、要因どうしが複雑に相互作用しあって個人に影響を及ぼしていると考える枠組み。
13 自殺対策基本法（平成18年法律第85号）。

第2章　「生」中心の現代社会の仕組み

第1節　本章の課題

　本章では、日本社会全体に蔓延し、複雑化し、解決が遷延化している現代の社会病理現象の実態について示し、その背景を読み解き、「生」中心の現代社会の様相をまず浮き彫りにしたうえで、そこから派生する問題点について検討することが狙いである。「生」中心の現代社会とは、序章で述べたように健康な生に価値が偏りすぎて、老、病、死を忘れた文化、死者を切り棄てた文明が中心となり、「生きようとする病」（河合他編 1996）である状況を表現している。これらの課題について、第2節以降において、次のように論じていく。

　第2節では、社会病理現象についての基本的な考え方について示した上で、自殺や虐待、ひきこもりなどの現象が、特定の地域や階層ではなく、日本全体の社会問題であることについて明らかにする。また、先行研究から自殺、児童虐待、高齢者虐待、ひきこもりなどの急増を現代の社会病理現象という枠組みで捉えることについて考察する。

　第3節では、社会病理現象はその時代に依存した問題を呈することから、これらの社会現象には共通の要因が見出せると仮定した。そこで、その共通の要因について歴史的、文化的に考察し、現代の社会病理現象である自殺の増加や、児童虐待、高齢者虐待、ひきこもりの問題がいつ頃から日本の各地域で萌出し、日本社会全体の問題として考えられるようになったのかを提示したい。

第4節では、現代の社会病理現象が萌出した大きな要因は、「生」中心の現代社会とのひずみにあると捉え「生」中心の現代社会が形づくられてきた様相について明らかにする。

第2節　現代の社会病理現象

本研究では、公衆衛生上の大きな課題である自殺の増加を現代の社会病理現象の枠組みで検討することにおいて、自殺を従来のメディカルモデルからソーシャルモデルと捉えなおしている。なぜ捉えなおす必要があったのかについてまず本節で明らかにする。

1　我が国の自殺対策

1990年代後半当時、厚生省の自殺予防対策は、メディカルモデルによる自殺のハイリスク者であるうつ病罹患者をはじめとする精神疾患罹患者や10代の若年者対策に重点が置かれ、自殺者を減少させる数値目標が掲げられた[1]（厚生省2000）。

また労働衛生の現場では、1980年代後半にはくも膜下出血、心筋梗塞などの脳・心臓疾患による過労死[2]が顕在化してきた。過労死とは、長時間過重労働による過労・ストレスが原因となった死亡を指すが、1990年代半ばごろまでには、循環器系疾患による過労死が社会問題[3]とされるようになった。その後1990年代後半から、業務上の過労・ストレスが原因で自殺に至る過労自殺が目立つようになり、1991年のいわゆる「電通過労自殺訴訟」に代表される過労自殺裁判が21世紀に入っても深刻な社会問題、人権問題となっている（川人・山下2008）。この「電通過労自殺訴訟」では、1998年8月に東京中央労働基準監督署が労災と認定した（石井2001）。これは、その後の精神疾患による過労自殺の際に、労災認定基準の一定程度の改善が図られる道筋に影響を与えたとも考えられる。

そして厚生省と労働省が再編され厚生労働省となった2001年以降の自殺対策は、労働衛生の視点も加わり、『自殺予防に向けての提言[4]』（自殺防止対策有識者懇談会2002）では、従来の危機介入（Intervention）中心のメディカルモデルから発展し、予防（Prevention）から事後対策（Postvention）までの体系的な考え方が示された。またすでに社会経済的要因との関連における先行研究において、自殺死亡と失業との推移に明らかな関連が認められ、完全失業率との相関が示されたことから、失業対策が自殺予防対策において重要視されていた（荒記他1984; 福富他1986; 谷畑他2003）。

このようにしてうつ病対策と失業対策が日本の自殺予防対策の大きな柱となり、施策が展開されることとなった。しかしその後も自殺者数の減少は見られず、それどころか1998年以降急増した3万人を超えた自殺者は、恒常化した自殺者数となって10年以上経過している（内閣府政策統括官2011）。2001年当時は、厚生省と労働省が厚生労働省としてスタートしたものの縦割り行政の解消にはならないまま、自殺予防対策としてうつ病対策と失業対策がそれぞれ個別対策として行われていた。うつ病対策では、危機介入中心のメディカルモデルから予防の考え方が導入され、うつ病の発症予防としてこころの健康づくり施策にも、今まで以上に地方自治体が力を注ぐべきこととなった（厚生労働省地域におけるうつ対策検討会2004）。

予防は、公衆衛生政策の考え方では、第一次予防として発症予防のスキームである。そのスキームで考えると、うつ病を発症させないためのこころの健康づくり施策とは、こころの相談機関を充実し、こころの健康についての普及啓発をすることである。しかし、こころの健康づくり施策とは、そもそも健康の定義から考えると重要な概念であり、うつ病発症予防として改めて施策化したものではない。

つまり「健康の定義」とは以下のようなものである。

健康とは完全な肉体的、精神的及び社会的福祉の状態であり、単に疾病又は病弱の存在しないことではない（WHO健康の定義 臼田他2004）

この定義から考えると、それは明らかであり、新しい概念ではない。しかし危機介入モデルに予防モデルが加わった自殺予防対策として、うつ病罹患者から自殺者数を減らすことだけではなく、うつ病患者を増やさないための施策として相談機関を増やすなどの数値目標が設定された。それとともに、相談体制をアクセスしやすい仕組みにするなどの目標が掲げられたことは、危機介入モデル中心から拡がった点で評価できる。また失業対策の中にも、うつ病の早期発見のため、こころの相談とタイアップするなどのモデルが示された（厚生労働省 2004）。こうした中で、国は成果主義的な数値目標とともに、それに向かう計画策定を地方自治体に課したが、当時は成果が現れるどころか計画策定を積極的に実施した地方自治体は少なく、自殺死亡率の高い秋田県で国のモデル事業として実施されるに留まった（内閣府 2010）。

このように自殺予防対策が、従来の感染症対策や生活習慣病対策などとは異なり、施策としてなかなか全国レベルで進まないことから、自殺予防対策におけるメディカルモデルによる限界が明らかとなったと考えられよう。その流れについては、下記のとおりである。

2　自殺予防対策におけるメディカルモデルの限界

自殺死亡と失業との推移に明らかな関連が示されたことから、失業対策が自殺予防対策の大きな柱の一つになり、社会経済的要因との関連においても研究が進んだ（橋本・竹島 2005; 上田他 2007）。その結果1998年以降の3万人を超える自殺者数の実態は、国の全体像としては同じような態を現していても、その年により一様ではないことが指摘されている（藤田 2004）。さらに失業、高齢の理由による無職者の増加や、配偶関係の死別や離別が自殺に大きく影響していることが明らかになり、人口動態調査から保健統計学的研究としてソーシャルモデルの研究成果が報告された（藤田 2004）。

一方、自殺予防対策に予防や事後対策の考え方を導入した『自殺予防に向

けての提言』(厚生労働省 2002) では、自殺を社会問題として位置づけた。しかし、自殺は社会問題でありながら、自殺者のほとんどがうつ病など精神疾患罹患者ということから公衆衛生上の課題としてメディカルモデルの枠組みとなっている。そのため自治体においても公衆衛生を所管する部署の担当となり、従来の枠組みとして横断的な対策が講じられることは期待できなかった。また産業振興の部署では自殺対策は公衆衛生の課題であるとの認識から、中小企業支援策など失業者抑制に対する施策は展開しているものの、自殺予防施策としての視野での施策展開は考えにくく、それに寄与できる可能性についての考えも及ばなかったのではないかとも考えられる。

以前から指摘されている東北地方の北部（秋田県、岩手県、青森県）を含む日本海側および九州地方の南部（宮崎県、鹿児島県）の自殺死亡率が高率であることへの対応は、メディカルモデル主導で実施されていたが、未だ自殺死亡率が高率であることは言うまでもない。また最近の大都市を中心とする自殺者急増は、失業や離婚の急増といった問題が強く絡まっていることや、自殺死亡率がむしろ低い傾向にあった都市部、特に近畿および関東の大都市部で顕著となったことから、大都市部での自殺死亡の相対的増加は、サラ金問題等の関与が指摘されている（藤田 2003）。こうしたことから、1998年以降の3万人を超える自殺者数としては恒常化しているものの、自殺者の対象特性や要因は一様ではなく年々複雑化し、自殺者急増の構造的解明が必要であることは明らかである（藤田他 2003）。

『自殺予防に向けての提言』(厚生労働省 2002) において、自殺を社会問題として位置づけたことは画期的であり、その後の自殺対策基本法（公布 2006）や、同法により策定された自殺対策総合大綱（2007）により日本の自殺予防対策の基盤は整ったとも言える。

しかし、実際に施策展開をする地方自治体の組織や枠組みは依然として旧厚生省管轄部署と旧労働省管轄部署があり一体的組織とはなっていない。そのため特に大都市においては横断的施策を展開しにくいことや、感染症対策や生活習慣病対策のこれまでの公衆衛生の課題とは異なり、メディカルモデ

ルだけでは解決し得ないことが次第に判明した。さらに、施策展開の成果が得にくいことから、自治体による自殺予防施策が進まなかったのではないかと考えられる。また、社会通念上自殺そのものに対する態度も大きな影響を与えていると考えられるが、その点については第4章で詳述する。

　ところでメディカルモデルの限界から改めて自殺者急増の構造的要因を捉えるとすると、どのようなプロセスとなるだろうか。以下では、まずうつ病罹患者がなぜ増えているのかという根本的な問題について検討し、その要因を明らかにしていくことで抜本的な解決を構築することを目指してみたい。

　そこで現状について改めて振り返ると、1998年以降、自殺者が3万人を超えているということは、計算上では10年以上連続で毎日おおよそ90人が自殺していることになる。毎日同一死因での死亡が90人ということ自体は、急性感染症なども起こり得るが、その場合には特定の地域に発生し、防疫もピンポイントとなり、原因が特定できれば、一般的には終結へのプロセスは見通しがつき終結へと向かう。

　しかし自殺の場合は、全国レベルで各地で起こっていることや、その要因がさまざまで特定しづらく、防止へのプロセスが見えない。10年以上そうした状況が続いている、日本社会の実情は常態とは考えられないであろう。

　失業との関連では、1990年代に急激に変化した日本の労働市場の仕組みから、派遣や非正規雇用化の進行が生み出された後、完全失業率は15歳〜24歳、25歳〜34歳では男女ともに1990年から2004年にかけて継続して上昇し、2009年にはさらに男10.1％、女7.1％まで上昇した。また景気の低迷により有効求人率が低下するなど、2008年以降は、派遣労働者や非正規労働者の雇い止めなどが広がりつつある（澤田他 2010）。このことは、中高年層の高自殺率が若年層にもシフトしていることと関連していると考えられる。さらに若年無業者には、ニートやひきこもりが多数含まれていることは想像に難くない。うつ病罹患者が増えた背景や失業者増加の理由について考えた場合には、メディカルモデルだけでは解決策は見出せなくなると言えよう。

このようなメディカルモデルによる自殺予防対策の限界から、自殺の増加について、ソーシャルモデルの枠組みで考えることとした。

3　社会病理の捉え方とソーシャルモデルの意義

　ソーシャルモデルの始原的な問題は「社会と個人」の問題であり、それがどのように関係し合い、そこに住まう人々の生き方を規定しているのかということを考えていくことである。しかしここで取り上げるのは、社会問題ではなく社会病理[5]である。社会問題と社会病理を一つの枠組みで捉えた理論を構築した考え方もある（真田 1978）。この考え方を単純化すると失業が貧困をもたらし、貧困が自殺をもたらすことになる。無論、失業や貧困が自殺をもたらす主要な要因であることは先行研究でも指摘されている（自殺実態解析プロジェクトチーム 2008）。ただ、この「状態としての社会問題」が根底にあり、その上に「行為としての社会問題」が派生的に出てくるということを全体的な構図にしてしまうと、戦後の復興時の貧困層が多かった日本や貧困問題を抱える発展途上国において、自殺問題が社会問題化していることになり、説明が成り立たなくなる。

　一方、かつてフラー（Fullar, R.C）とマイヤーズ（Myers, R.R）が打ち出した社会問題の定義では「社会問題とは、人々がそのように思ったもののことである（social problems are what people think that they are）」とし、社会問題と考える人々の主観を重んじている（Fullar, Myers 1941）。ハワード・S・ベッカー（Becker, H.S）のラベリング理論においても「deviant behavior is behavior that people so label」と、人々がラベルを貼った行為を逸脱行為とすることで、人々の主観を重視している（Becker 1963）。

　つまり社会病理を考えるうえで、何をもって人々が社会問題と捉え、また逸脱行為と捉えているかということを切り離しては、社会病理は語れないということである。社会病理を考えるプロセスは、ある現象をなぜ人々は問題と考えたのか、その背景にある価値や規範は意識化されているものなのかと

いった視点で掘り下げ、見えていない構造を明らかにしていくことであると考えられる。

しかし、社会問題の中心的課題である「生活」にまつわる問題や「労働」の問題を、社会運動や社会政策への展開を意識した社会問題として捉えるものではない。本論では、社会問題としてそれを規定する人々の主観を集合意識と捉え、社会病理を取り上げるうえでかかせないものとして検討する。

ところで、自殺者急増の構造的解明のプロセスとして、毎日おおよそ90人が自殺している日本社会の現状についてソーシャルモデルの枠組みで捉える必要性を感じていたとき、社会病理研究として自殺を取り上げた内閣府経済社会総合研究所の社会病理研究「社会病理研究‐安全・安心な社会を目指して」（以下「研究1」）に出会った。そして「研究1」により、自殺の増加やうつ病やひきこもりの広まり、少年犯罪、児童虐待、ホームレスやフリーターなど不安定な人々の増加を現代社会病理現象として定義づけられたことが、本研究の自殺の捉え方の基本となったと認識している。以下、「研究1」について論を進めるが、その前に病理について本研究での概略を述べる。

「病理」という言葉には、すでに価値判断が含まれている。だからと言って健康との二律背反的に考えるのではなく、単純化すれば、人の内面には健康も病理も存在すると考える。そこで、行為や関係の逸脱、破綻、秩序の攪乱の現象として表出したものを病理現象と捉えている。一つの行為の位置づけは、時代の要請や状況によって可変的であるし、また、人間そのものの価値判断も、現実に多様に揺れ動き弾力的である。

それゆえに事態を構成する全体像が明らかになればなるほど、簡単に良し悪しの判断はつかないのは当然である。またその人の立ち位置によって、事態に対する是非は対極する可能性もあり、問題の捉え方をさらに複雑化してしまう。しかも表出された事態が同質のものに分類され、そうした事態が頻発すれば、常識とされていた自明性は砕かれ、その常識の枠組みが問い直され、いつの間にか常識そのものが変化してしまうことにもなる。

例えば児童のいわゆる登校しぶりは、過去には何としても通学させるべし

とする考えが正論で、登校しぶりをする児童あるいは保護者に問題があるとされ、個別的な問題と認識されていたこともあった。しかし現在では無理矢理通学させるべきではないし、むしろ通信教育など教育環境を変える選択肢もあるなど、現代社会ではよくあることだというように時代とともに物事の捉え方は変化する。

　つまり病理の内容を固定的に捉えるのではなく、健康の背後に病理が潜み、あるいは病理の中に健康が宿ると考えることが重要であり、時代とともに病理の概念も変化するものと捉える。これらの点から、病理的行為や関係の逸脱を引き起こした人を、「否」という枠組みの中で捉えることなく、それらの行為が生み出された社会構造に目を向けていく考え方こそが本書の狙いである。

　しかし、またこのような病理的現象の要因が、必ずしも社会構造的な部分から特定されるわけではない。人が生きている日常は、予期しえないことの連続ともいえる。そのため病理的現象は、その事態を巡って多くの人に影響を与える可能性が高い。その事態に遭遇した人は、日常生活の連続性が絶たれ、人生観やあるいは人生そのものが激変することもある。これらの病理的行為が生み出された社会構造に目を向け、見えない構造を明らかにしようとしても、こうした事態に不測にも遭遇した人へのエールとはならないかもしれない。こうした事態に遭遇した人の偶然性は、運命性とも言い換えることができ、人間が操作可能な限界を超えている。

　だからこそ本研究では、これらの予測し得ない事態に遭遇することそのものが人の一生であり、操作できないことを踏まえたうえで、なお社会病理現象とその社会構造に目を向け、理論化できることに着目し、社会的コンテクストを明らかにしていきたいと考えている。また、それにより回顧的であったとしても、運命性とも言える次の予兆にも役立つかもしれないとも考えた次第である。このように「病理」を捉えたうえで、現代の社会病理現象について先行研究から検討する。

4 現代の社会病理現象

　先行研究として取り上げるものは、自殺をソーシャルモデルの枠組みで検討している「研究1」(林他 2004)である。ここでは、現代の社会現象である自殺の増加、うつ病の広まり、不登校やひきこもり、少年犯罪、児童虐待、ホームレスやフリーターなど不安定な人々の増加を社会病理現象と捉え、これらの社会病理現象の原因・背景、相互関係、解決の糸口を明らかにし、安全・安心を確保した社会構築を目指したものである。「研究1」は、内閣府の機関として2001年に発足した経済社会総合研究所による研究で、これらの社会病理現象がGDP[6](国内総生産)に影響を与えるという考えに基づくものである。また「研究1」の構成は、現代の社会病理現象として定義した社会病理について有識者のヒアリングを中心に、テーマ別の各論と全体のまとめから構成されている。そこで、社会病理の範囲については、内閣府が2004年7月に発表した「安全・安心に関する特別世論調査」結果を反映したうえで、現代の社会病理を国民の安全・安心を損なう社会現象や逸脱行為として広く捉えていることが特徴と言える。

　この現代の社会病理の捉え方についての特徴は、社会病理を「脱」あるいは「非」社会的行為の広がりの視点から幅広く捉えている点で、佐々木の主張に合致していると思われる。佐々木は、社会的なものが抜け落ちて、その時々の自己の欲望に忠実な、あっけらかんとした行為を「脱」と捉え、社会的なものから目をそむけ、自らの内部にこもるような行為を「非」とし、社会病理を捉えている(佐々木 1998)。佐々木によれば、社会病理の危機は、現代社会の諸現象の説明モデルが医療化[7]、心理化し、病理の医療化や心理化が個別的な臨床対象に拍車をかけ、社会学的な捉え方は迂遠なものとなってしまいがちであると指摘している(佐々木 2005)。

　このことは、自殺の増加やひきこもりなどの諸現象を医療化や心理化により個別化された問題として捉えてしまうことで、現代社会そのものの病理が見えなくなる恐れがあることを指摘している。まさにそれを新たな視点から

考えていくことが、本論の課題でもある点で重要な指摘である。

　また現代の社会病理の捉え方についてのもう一つの特徴は、世論調査の結果を反映させている点である。これはフラーらの示した社会問題の捉え方で、社会問題は、社会問題と考える人々の主観を重んじていることに準じているもので、人々の主観をどう位置づけるかという点では客観性の担保が難しい面もあるが、社会問題の捉え方として現実的で、時代を反映する柔軟性がある点で有効であるのではないかと考えた。

　ところでこの「安全・安心に関する特別世論調査」は、全国20歳以上の者3,000人を対象に調査員による個別面接聴取型調査で、2004年6月に内閣府政府広報室で実施したものである。有効回収数は2,136人で回収率は71.2%であった（内閣府2004）。その中で、「少年非行、ひきこもり、自殺などの社会問題が多発している」と回答した人が、今の日本が安全・安心でないと答えた人の上位4項目のうち1位を占めた。また身の回りで増えたこととして上位3項目は、「情緒不安定な人、すぐキレル人」「少年少女の非行・深夜徘徊」、「児童虐待、家庭内暴力」であったという結果が出ている。

　この世論調査結果や、児童虐待や少年非行の多発や低年齢化、自殺の増加を踏まえたうえで、「研究1」では、「自殺の増加、うつ病やひきこもりの広まり、少年犯罪、児童虐待、ホームレスやフリーターなど不安定な人々の増加などの社会現象」を現代の社会病理現象と捉えている。

　今まで述べてきたように、本章では、「研究1」で定義づけた「現代の社会病理現象」に沿って、自殺の増加を現代の社会病理現象と捉え、現代の社会病理現象とその社会構造に目を向け、社会的コンテクストを明らかにしていきたい。

第3節　社会病理現象萌出の歴史的考察

　第3節では、社会病理はその時代に依存した問題を呈するという考え方に沿って、共通の要因について検討する。現代の社会病理現象を歴史的に概観

し、それらが起こった背景について考察を進めるが、「自殺の増加やうつ病の広まり」については、第3章で詳細に検討する。

先行研究として前述した「研究1」では、1990年代に日本経済が長期の低迷を迎えた頃から、これらの自殺や児童虐待などの社会問題が目立つようになったと指摘している。自殺や犯罪と現代の社会病理との相関は必ずしも明確ではないが、不況による倒産や失業による無業者数の増加、将来像が描けない人々の増加が、現代社会に影響を与え、現代の社会病理現象を生み出していると分析している。

これらの指摘を踏まえ、次に現代の社会病理現象と言われている「児童虐待」「不登校・ひきこもり」「ホームレス」について概説する。

1　児童虐待

日本の児童虐待の状況を統計的に見るには、「児童相談所が処理する虐待件数[8]」（厚生労働省行政統計報告）によるものが一般的である。児童相談所による虐待件数の処理状況では、1990年に1,101件だった児童虐待に関する相談処理件数は、次第に増加するとともに社会問題として認識されるようになった。1999年には11,631件となり顕著な増加を示し、翌2000年には児童虐待の防止等に関する法律（平成12年法律第82号）が公布、施行された。

この法律において児童虐待の定義、国や地方公共団体の責務をはじめ、児童の福祉に職務上関係のある者への早期発見の努力義務、発見者の通告義務、立ち入り調査権、不服申し立ての制限等が明記された。法制定によって、児童虐待に関する普及啓発など国民の理解も進み、世間の虐待への関心が高まり、児童虐待に関する相談件数や通告件数も増加したとも考えられるため、法制定以前と以降について統計的に単純比較はできない。

しかし2000年以降を見ても児童相談所における虐待相談の処理件数が、2002年度23,738件だったものが、2011年度には、59,919件となった（厚生労働省2011）。この数字は、虐待相談件数の統計を集計しはじめた1990年

度の60倍近い。また児童虐待の重症度を検挙状況で見ると2003年には157件となっていて、被害児童数は166名にのぼる（厚生労働省2004）。そのうち死亡した例は42名で、過去5年間の推移では、毎年40～60人前後の児童が虐待により死亡している。この状況をどう見るかという点については、社会の側の虐待への関心の高まりの影響であって、児童虐待の絶対数はそれほど変わっていないという見方もある（大澤2004）。しかし、2000年の児童虐待の防止等に関する法律の公布、施行以降、虐待への関心や認識の変化の影響を踏まえても相談件数が増加していることは事実である。

　また近年の児童虐待の発生メカニズムや質の変化についても、さまざまな指摘がある。その例を挙げると、いわゆる「できちゃった婚」など「家族の偶有化[9]」という感覚によるもので、子どもの存在価値の変化に伴った子どもを持つことの意味、重大さが薄れている（渡辺2004）、子どもは天からの授かりものという考えから、子どもは作るものへと認識が変化したため、子どもへの無条件の愛が条件付愛へと変化する。その結果、思い通りにならないと虐待に繋がり、虐待を受ける側の子どもは臨界範囲を超えると、親への暴力に繋がる（畠中2004）などの指摘である。家族の偶有化とは、家族が本来的関係であるという価値観や感覚が変化し、家族は「本物」ではなく、何か別に、親子関係以上に「本来の関係」があるという感覚である（大澤2004）。

　さらに家族の偶有化についての重要な指摘は、1990年代に「マイホーム」家族が崩壊したために家族の偶有化が急速に進み、それが虐待を含む「関係性」の問題に大きな影響を与えているというものである。インターネットや携帯電話のようにすぐにレスポンスがあるとか、オウム真理教[10]によるヨガの手法を用いた直接的身体的関係をつながっている感覚ということで本物の関係と錯覚する、あるいはその本物の関係を求めての苦悩がその例で、親子関係の薄弱化が危惧されている。

　こうした家族の関係性の脆弱化による指摘とともに、「リスク社会」による要因についての指摘がある。現代社会のリスクを考えた場合、「地球規模

のリスク」と「社会、人間の人生、文化に見られるリスク」がある（Beck,U. 1986）。後者の「社会、人間の人生、文化に見られるリスク」のうち、雇用のリスクと家族のリスクに着目した場合、1990年以降、バブル経済の崩壊による雇用形態の変化や、家族機能の変化が児童虐待を引き起こす要因となったという論である。つまり雇用のリスクを、不安定な雇用がもたらす個人の日常生活上のさまざまな危険とし、家族のリスクを性別役割分業の矛盾から生じる個人の日常生活上のさまざまな危険としている。そのうえで、雇用のリスクが家族のリスクにつながり、その家族のリスクを家族に依存せざるを得ない子どもが引き受け、直接的被害として児童虐待が起こっているというメカニズムに注目すべきだと指摘されている（近藤2006）。

　また雇用環境については、労働基準法の改正が絡んでいる。1987年に改正された労働基準法では、完全週休2日制による法定労働時間の短縮とともに変形労働時間制を導入した。これによりフレックスタイム、みなし労働時間制など労働時間管理を労働者に委ねるといった仕組みとなり、労働市場環境に大きな影響を与えた。1990年以降の年功序列制度や終身雇用制度のゆらぎとともに、失業者や非正規労働者の増大は、従来の同一労働環境で共有された従業員同士のつながりの希薄化や、労働条件改善への労働組合の存続の危機をも生み出したと考えられる。かつての従業員の福利厚生や、終身雇用などを通じた一種の「会社共同体」は、「労働の個人化」へと歩みだしたとも言えよう。さらに、労働の不安定は収入の不安定を、変則的な労働時間は家族の時間的共有を奪い、非婚・離婚の増加につながったとも推測できる。

　つまり、雇用のリスクとは、不安定な雇用から生じる経済的問題、不規則な労働時間から生じる情緒的問題、さらに雇用形態、雇用環境の変化から生じた労働の個人化による連帯感の持ち得ない見通しのない先行き不安などである。家族がいる場合には、雇用のリスクが直接的に家族成員に影響をもたらす。家族に社会的弱者である子どもや病者がいる場合には、さらに多大な影響を及ぼし、児童虐待にも安易につながってしまうことは、十分考えられることである。

また、性別役割分業の矛盾から生じる個人の日常生活上のさまざまな課題を、家族のリスクとして考えられるという指摘もある（近藤 2006）。妻がパートなど仕事に出るようになっても、夫は家事や育児を妻に任せきり、あるいは協力的でないために夫婦間での不和が生じ、その結果として児童虐待につながるということも確かにある。しかし最近では、人との「関係性」の築き方がうまくできない親の世代そのものが、家族のリスクになってしまうとも考えられる。さらに地域コミュニティの脆弱化や核家族化は、家族を匿名性、密室性に向かわせやすく、子育てそのものが閉鎖的となっているとも考えられ、子育て環境に影響を与えていると推測できる。そのため、法制定による世間の虐待への関心の高まりから、児童虐待に関する相談件数や通告件数が増加する一方で、閉塞的な子育て環境により、重篤な児童虐待[11]の発見が遅れてしまうという矛盾を抱えている。

　1990 年代までは、保護者に被虐待体験があることや若年保護者、ニーズを抱える子どもといった明らかに児童虐待が起こるリスクを抱えているところに児童虐待が見られたが、今はリスクも多様化している。また児童虐待は、筆者の経験からもこれが原因という単一のものではなく、望まない妊娠、育てにくい子ども、夫婦関係、貧困、誤った知識などさまざまな要因が重なり合って生じると言える。

2　不登校

　文部科学省は、1999 年に「不登校」について「何らかの心理的、情緒的、身体的あるいは社会的要因、背景により児童生徒が登校しないあるいはしたくともできない状況にある者（「病気」や「経済的理由」による者を除く。）で、年間 30 日以上連続して欠席した者で、欠席状態が長期に継続している理由が、学校生活上の影響、あそび、非行、無気力、不安などの情緒的混乱、意図的な拒否及びこれらの複合等であるものとする」（文部科学省 2016）とし、それまでの「学校ぎらい」の用語を「不登校」に変更した。「学校ぎらい」

とは、「他に特別な理由はなく、心理的な理由から登校をきらって長期欠席した者」とされている。「学校ぎらい」の用語は、すでに 1964 年頃から登場し、1967 年には『学校基本調査報告書』の中で明確に長期欠席の理由区分となった経緯がある。全児童、生徒数に占める「不登校」の比率は、1991 年には 0.47% であったが、2000 年には 1.17% となり約 2.7 倍となった。特に中学校での「不登校」の占める割合は顕著に増加し 2008 年には 2.89% でおおよそ 35 人に 1 人となっている（文部科学省 2008）。

しかし「不登校」という現象ではひとくくりになるが、その理由、対処方法については一様ではなく、転校や学業不振、いじめなど比較的きっかけが明確なものから、精神疾患の前駆症状や家族関係、生育歴から来る未熟性などさまざまである。

登校拒否児の分類として大原は、

① 神経症的登校拒否
② その他の精神障害による登校拒否
③ 怠学傾向による登校拒否
④ 積極的・意図的登校拒否（大原 1993）

とし、①は、代表的な登校拒否で、心理的ストレスあるいは性格の偏りから起こる軽い心の病気で、さらに A タイプと B タイプに分類している。A タイプはいわゆる優等生の息切れ型でどのような指導をしても比較的良くなるものである。それに比較して B タイプは社会的・情緒的な未成熟型で年齢相応の人格形成が未成熟で、親の溺愛などの養育態度と関係が深い点を指摘している。②は、統合失調症や躁うつ病などの精神障害に伴うもので、時代に関係なく一定程度出現するタイプで、また③は、非行が先行するタイプで、登校拒否として取り扱うより非行として取り扱うべきものと説明している。さらに④は、高校高学年に見られるタイプで、耐性に乏しい性格や現実逃避の態度や、自己中心的な傾向や短絡的思考に走りやすい点が問題と捉えている（大原 1993）。

大原の分類では、③はそもそも登校拒否ではないし、②は時代特性というより、精神疾患の前駆症状等疾病によるものと判断できる。このように、対処方法についても個別的な対応が求められるべきであるが、その現象だけを捉えて経験則や口コミで対応し、長期化してしまう例も多く見られる。相談機関についても、文部科学省管轄の教育センター、厚生労働省管轄の保健所、精神保健福祉センターがあり、家庭内暴力や非行となれば児童相談所や少年相談センターとなる。さらに問題が「ひきこもり」へと移行する場合には、医療機関へとつながることもあるが、横断的な連携体制が不十分のため、初めの相談機関の対応がすべてとなることも否めない。引き起こしている現象の初期段階で、ある程度要因について予測した対応が重要であり、そのためには教育、精神医学両分野での専門家による診断の目安によって、その後の相談機関を選択すべきであると思われる。

3　ひきこもりとニート

(1) ひきこもり

　ひきこもりについては、「青少年の社会的ひきこもりの実態・成因・対策に関する実証的研究」（倉本 2001）が実施され、相談をめぐる体制未整備、専門家不足をはじめ、萌出したひきこもり問題に専門相談機関すら対応に苦慮している姿が浮かび上がった。また厚生科学研究事業「地域精神保健活動における介入のあり方に関する研究」（伊藤 2001）も行われ、これらが基礎となり、保健所、精神保健福祉センターなどの地域の相談機関向けのガイドラインが作成された。こうした背景には、2000 年に発生したいわゆる新潟少女監禁事件や佐賀バスハイジャック事件で、容疑者がひきこもり状態であったことが報道され、社会的にクローズアップされたことも影響していると考えられ、国も本腰で取り組むこととなった。

　この『10 代・20 代を中心とした「ひきこもり」をめぐる地域精神保健活動のガイドライン』（厚生労働省 2003）では、2002 年に全国の保健所、精神

保健福祉センターにおいてひきこもりに関する相談は、電話相談延 9,986 件、来所相談 4,083 件で合わせて 14,069 件（新規・継続を問わない）であった。また、来所相談のうち 3,293 件がひきこもりを呈するもので、平均年齢は 26.7 歳、男女比は男性 76.9％、女性 23.1％ であった。本人の問題行動については、器物破損や家族の拒否など家庭環境に影響を与える行為のあるものが 40.4％、家庭内暴力 19.8％ などである。また、この 3,293 件のひきこもりを呈するもののうち、小中学校における不登校経験者は 33.5％ であり、ひきこもりと不登校との関連について今後の検討が必要であることが指摘された（厚生労働省 2003）。

　筆者の経験でもひきこもりや不登校の相談について、児童相談所や教育機関との分担は明確な基準はなく、義務教育年齢を基軸に個別のケースでの判断が実態として見受けられる。本来は初期段階で教育や精神保健などの専門家が協働で初期介入をして、診断予測による対処方法を試みるべきである。しかし、現実には協力体制の仕組みづくりは厚生労働省管轄か文部科学省管轄かという議論になりがちで、実体論としては難しいのが現状である。

　ところでひきこもりは、不登校と同様に一つの現象であり、さまざまな要因があることが指摘されている（倉本 2001; 別所他 2001）。この『10 代・20 代を中心とした「ひきこもり」をめぐる地域精神保健活動のガイドライン』（厚生労働省 2003）による定義では、

　　社会的ひきこもりの基準として、①自宅を中心とした生活　②就学・就労といった社会参加活動ができない・していないもの　③以上の状態が 6 か月以上続いている　ただし　④統合失調症などの精神病圏の疾患、または中等度以上の精神遅滞（IQ55-50）をもつ者は除く　⑤就学・就労はしていなくても、家族以外の他者（友人など）と親密な人間関係が維持されている者は除く（厚生労働省 2003）

としている。その後厚生労働省から提出された『ひきこもりの評価・支援に関するガイドライン』（厚生労働省 2010）では、「ひきこもり」の定義を

様々な要因の結果として社会的参加（義務教育を含む就学、非常勤職を含む就労、家庭外での交遊など）を回避し、原則的には 6 か月以上にわたって概ね家庭にとどまり続けている状態（他者と交わらない形での外出をしていてもよい）を指す現象概念（厚生労働省 2010）

とした。なお、

　　「ひきこもり」は、原則として統合失調症の陽性あるいは陰性症状に基づくひきこもり状態とは一線を画した非精神病性の現象とするが、実際には確定診断がなされる前の統合失調症が含まれている可能性は低くないことに留意すべき（厚生労働省 2010）

としている。

　この二つのガイドラインを比較した場合、2003 年のガイドラインも 2010 年のガイドラインも「統合失調症などの精神病圏」を除いているが、2010 年版では、「確定診断のなされる前の統合失調症が含まれている可能性が低くない」と記述されている。これは、相談事例の調査（別所他 2001）から対象者の精神医学的診断の既往歴について「診断なし」が半数以上を占めるが、その後診断の機会を得て、「統合失調症」であることもまれではないことの影響もあると考えられる。現在では、発達障害との関連についても研究が進んでいる（星野 2010）。

　筆者の経験からも、ひきこもって数年を経過した息子の相談として突然母親が相談に来ることがあるが、精神医学的診断は受けたこともない事例が多く、精神医学的な診断の機会にたどり着くまでに数年を要することもまれではないという実情もある。

　どちらのガイドラインにも共通なことは、ひきこもり現象を従来の精神病理から二次的に派生する同様の現象とは区別している点であるとともに、その具体的援助がひきこもりの原因追求よりも重要であり、より個別的支援を推進する考えを明らかにしている。

一方、現在解散したNPO法人不登校情報センター[12]の松田は、不登校・ひきこもりの社会的背景として、経済生活的な困難に直面している例が少ないこと、伝統的な地域共同体的な人間関係の弱まりが、家族を地域との結びつきから相対的に切り離してしまうことを指摘している（松田2009）。さらに不登校・ひきこもりが起こる共通要素として、当事者が繊細な感性を持っている場合、その成長の過程で親や密接な関係者から受け止められていない場合や、孤立しているという体験を重ねた場合に起こりやすいと述べている（松田2009）。

　松田は自らの体験や当事者や家族との関わりの中から、実態として社会的背景の重要性について述べている。「社会的ひきこもり」については、「20代後半までに問題化し、6ヶ月以上、自宅にひきこもって社会参加をしない状態が持続しており、他の精神障害がその第一の原因とは考えにくいもの」（斉藤1998）という定義もある。この斉藤の定義は、ひきこもりの現象を従来の精神病理から、二次的に派生する同様の現象とは区別したうえで、対人関係全般に端を発する問題として具体化した点が重要で、家庭や地域などの社会関係の中で、解決されるべき問題と位置づけ、社会との関わりを提起したことに意義がある（藤井2006）。

　つまり、松田や斉藤はひきこもりを社会的な背景にその成因を求めようとしている点が共通であり、重要な点である。

　近年までは、ひきこもりと言えば、統合失調症[13]を中心とする精神疾患のために、社会参加に支障をきたしている人というのが地域の精神保健の認識であった。その点について、前述した『10代・20代を中心とした「ひきこもり」をめぐる地域精神保健活動のガイドライン』（厚生労働省2003）では、「狭義の精神疾患と呼べないがひきこもりを呈している人々への援助が地域精神保健の課題としてクローズアップされてきた」としている。そのうえで、「長期にわたって生活上の選択肢が狭められた、精神的健康の問題と捉え、その援助活動はひろく精神保健福祉の領域に属するものである」と論じている。

しかし、精神病理に属する問題と位置づけた場合、個別のひきこもりに対して生物学的側面、心理学的側面、社会学的側面から理解したとしても、それを個人の問題に還元してしまい、精神医学的モデルによる個人の病理として問題の解決を図ろうとすることになるのではないかと考えられる。

「こころの健康についての疫学調査に関する研究」（大野他 2006）では、約26万世帯がひきこもり者を抱えていると推計している。この先行研究では

> 「ひきこもり」が先行し、その期間中に気分、不安、物質関連障害が発生することが多かった。「ひきこもり」がこれらの精神障害の早期の症状として出現している可能性も残されるが、むしろ「ひきこもり」によってこれらの精神障害のリスクが増加している可能性の方が高いと思われる。地域のこころの健康づくり対策の中で、「ひきこもり」にも注目してゆく必要がある（大野他 2006 pp.119-128）

と述べている。ここではひきこもりの現象に着目し、それを解決していくことにより、そこから引き起こされる精神障害のリスクが減少できることを示唆している。

推計で26万世帯（大野他 2006）の人々が、社会との関係をつなげずにいるとすれば、ひきこもりの多彩な実態に、個別的な援助をしていくガイドラインというツールだけでは不十分であることは明らかである。松田や斉藤の指摘するように、ひきこもりについて社会的な背景を重要視し、個別の病理という捉え方だけではなく、社会病理としてその社会的要因について考察されるべきである。

斉藤の指摘から、ひきこもりにより社会との関係性が結べないという点は、家族という身近な他者との関係性の欠落、あるいは松田の指摘のように、家族とその周囲にも関係性の欠落があることが考えられ、この二重の関係性の欠落は、さらに問題を複雑化する。

内閣府の最新の調査[14]（内閣府 2010）でも新ガイドライン[15]（厚生労働省 2010）に合わせるとほぼ同様の推計である。つまり、新ガイドラインによる「ひ

きこもり」を内閣府の最新調査では狭義の「ひきこもり」とし、「ふだんは家にいるが、近所のコンビニなどには出かける」と「自室からは出るが、家からは出ない」と「自室からほとんど出ない」の合計で 23.6 万人と推計し、厚生労働省の 26 万世帯と概ね合致している。それに「準ひきこもり」として「ふだんは家にいるが、自分の趣味に関する用事のときだけ外出する」を 46 万人と推計し、結局広義の「ひきこもり」は 69.6 万人と推計している。

いずれにしてもひきこもりについては、精神病理学的な要因に必ずしも起因するものではなく、むしろ精神分析学の自我防衛機制の「逃避規制」に類似した「現実から引き下がる」形でひきこもる逃避規制があることが明らかになりつつある（吉川 2010）。この「引き下がる」行動は、自我の崩壊を防ぐ意味では適応的行動であり、現実社会から離れているという意味では不適応行動とも考えられる（吉川 2010）。

⑵　ひきこもりとニート

この青少年問題は、いわゆる「フリーター・ニート」の急激な増加としてもすでに社会問題化していると言えよう。

厚生労働省では、「ニート」を「15〜34 歳の年齢層の非労働力人口の中から学生と専業主婦を除き、求職活動に至っていない者」（厚生労働省 2004）と定義し、家事手伝いの扱いについては、自営業者の家族従業員が含まれているのを理由に含めていない。数値は、総務省の労働力調査の『特定調査票集計』の「詳細集計」に基づき推計している。

また 2005 年以降の『労働経済白書』では、「仕事をせず、失業者として求職活動もしていない非労働力のうち、15〜34 歳で卒業者かつ未婚で、通学や家事を行っていない者」を「ニート」として推計し、この定義には「ひきこもり」を実質的に含めて扱っている。

ニートは、玄田・曲沼の『ニート―フリーターでもなく失業者でもなく』（玄田他 2004）の発売から、議論がおこった影響もあり一般化しているが、ここでは家事手伝いの女性をニートと同様に扱っている。

『若年無業者に関する調査（2004-2005）』（内閣府 2012）では、家事手伝いを含めるなど厚生労働省との定義の違いで、推計値が大きく異なっている。また、定義上は 35 歳以上はニートとはみなされないが、実際には 35 〜 49 歳の無業者は増加傾向で、その中には求職を希望しない、あるいは求職を行っていない「中年ニート」が含まれていることが想定される。

2009 年に成立し、2010 年に施行となった子ども・若者育成支援推進法（平成 21 年法律第 71 号）により、ニート・ひきこもり支援策の枠組みはできたと考えられる。しかし条項のほとんどが努力義務であり、文部科学省と厚生労働省から推進を課せられる地方自治体では、筆者の勤務する自治体を例に挙げると以下のとおりである。文部科学省からは教育委員会や子ども家庭部に、また厚生労働省からは健康福祉部に通知があり、それぞれの指示事項や業務範囲が共通事項と別途事項があることから、その所管は複数の部に跨る。そのため一貫した施策展開をするには部間の調整期間が必要となり、実施までにはかなりの時間を要することとなる。

いずれにしても不登校・ひきこもり・ニートには、共通の社会的関係性の障害が潜んでおり、問題が長期化するために、問題を抱えたまま年齢を重ねている層もいることが窺える。こうした社会適応に問題を抱えた若者の多くは、今なお家族に支えられていることが予想される[16]ため、ホームレス化もせず、緊急的な社会問題としては見えてこないとも推測される。しかし、今後の超高齢社会の進展、地域コミュニティや家族機能の変化を考えると、新たな社会問題として顕在化してくる時期も、そう先のことではないと考えられる。それに対処するには、限られた財資源と人材を個別支援にだけ投入することは、現実には不可能であることから、早急に「子ども・若者育成支援推進法」に基づく強力な国のリーダーシップによる枠組みづくりが求められる。

4　ホームレス

(1)　日本と諸外国の概念

次に社会病理現象という側面からの「ホームレス」について概説する。

はじめに「ホームレス」という言葉は、それまで「路上生活者」「住所不定者」「浮浪者」「野宿者」と呼ばれていたものが、「ホームレス自立の支援等に関する特別措置法」（平成14年法律第105号）（以下「ホームレス特別法」と言う）により定義づけられたものである。この「ホームレス特別法」によると「ホームレス」とは、「都市公園、河川、道路、駅舎その他の施設を故なく起居の場所とし、日常生活を営んでいる者」と定義している。

しかし、この定義は、諸外国と比較するとかなり狭い定義となっている。ヨーロッパのホームレス支援組織 FEANTSA (Federation Europeenned' Associations Nationals Travaillant Avecles Sans-Abri) では、施設居住者や低居住水準者を含めるなど、安定した占有住居を持たず、適切な住居を得るために公的な援助を必要とする人々を広く捉えて支援している。だからと言ってヨーロッパ全体で統一した定義があるわけではない。

またアメリカでは、ホームレス援助法であるマッキーニ法（1987）により、「ホームレス生活者は安定した住居を持たず、緊急シェルターや通過施設、あるいは人間が住むのに適さない所（路上、車の中、廃屋など）で夜を過ごす者と定義された」（小玉他 2003）。マッキーニ法では、基本的には緊急宿泊施設に入所している人や路上生活者を指す一方、自然災害による被災者も含まれるが、FEANTSA よりはやや狭義な定義ではある。

しかし、いずれも日本のホームレスの捉え方と比較すると、日本のホームレスの定義ほど狭くはない。こうした定義が、支援策を講じるときの対象者の基本となることは言うまでもないが、またその捉え方にもその国の歴史や文化が影響をもたらしていると考えられる。

なぜなら、居住のフレームは生活そのものであり、生存に直接絡むため、そこには人権についての考え方の影響を受けざるを得ないためである。人権

についての考え方の影響という点を意識してみてみると、フランスやカナダでは、ホームレスに特化した法律はない。フランスでは、「社会的排除防止法」(1998)が制定され、雇用から生活全般に至るまでを支援し、慢性ホームレス化の防止可能な幅広い支援策が講じられている。こうした背景には、フランスでのホームレス対策では、人権思想から社会的排除の概念が引き出され、「社会的排除防止法」の制定につながったとも考えられる。この社会的排除の概念は、イギリスの「Social Exclusion Unit」にも影響を与えたと指摘されている（小玉他 2003）。

「Social Exclusion Unit（社会的排除対策室 福原訳 2005）」（福原編 2007）は、イギリスのブレア首相が、社会的分裂と不平等に取り組む目的で立ち上げた政府機関として知られている（宍戸 2009）。ブレアは就任演説の中で、社会的排除について、所得問題だけではないこと、将来の見通しやネットワークなどとも関連した現代的貧困であること、個人の自尊心が傷つけられ、社会全体に影響を与えることについて述べている（バラ他 2005; 宍戸 2009）。またバラらは、その著書『グローバル化と社会的排除 貧困と社会問題への新しいアプローチ』（バラ他 2005; 宍戸 2009）の日本語版への序文の中で

> 日本は、その文化と制度の特殊性にもかかわらず、他の先進工業国と同様に、社会的分裂や社会的排除の浸透に関連する、二つの重要なリスクに対応しなければならない。すなわち排除という各個人にとっての社会的なリスクと、社会関係の織物が傷つけられたせいで生じる失敗という社会構造的なリスクである（バラ他 2005 p.242）

と述べている。日本文化と制度の特殊性についての言及は、本文からは十分には読み取れないが、日本の家族制度や終身雇用制度、また、個より集団を重んじる価値観あるいはそうした態度や、議論より協調、明確よりあいまいさなどの態度の表出が一般的だったことを指していると考えても差し支えないであろう。しかし、家族制度や終身雇用制度がしだいに変容し、日本社会の所得の分配的な側面と関係的な側面に影響をもたらした結果、他の先進工

業国と同様の問題が起こっていることを指摘しているとも考えられる。

(2) **日本のホームレスの歴史的背景**

　このように、他の先進工業国とは異なった文化土壌を有する日本が、なぜこれらの諸外国と同様な問題を抱えるに至ったのかということを考えるためにも、日本のホームレスの歴史的背景を概説する必要がある。

　日本では、近代社会に入り資本主義の発展に伴い、農村から都市に向けて人口流動が起こり、いわゆる「不定居的細民」を生み出した。『東京市内の細民の入質に関する調査』（東京市社会局 1921）では、細民を次のように分類している。

　「不定居的細民」と「定居的細民」に分類し、「定居的細民」を借家居住、生活本拠地が確定的で家庭生活があること、月収 50 ～ 60 円以下のものとした。つまりそれ以外の者を「不定居的細民」とし、戸籍要件を理由に当時の救貧対策である「恤救規則[17]（明治 7 年太政官達第 162 号）」から除外されていたことは、現在のホームレスが生活保護法（昭和 25 年法律第 144 号）の基本的対象外となっている現状と同様である。そのため「不定居的細民」が病気になった場合には行旅病人及行旅死亡人取扱法（明治 32 年法律第 93 号）により、警察が認定したときだけに救済される仕組みであった。

　行旅病人及行旅死亡人取扱法は、現行法として市区町村の権限により現在もホームレスに適応されている。そのため行旅病人及行旅死亡人取扱法により入院した場合には、回復し、退院時期になっても住まいがなく、病院側が追い出すわけにもいかずに市区町村と協議し、住まいを確保し生活保護を適応するケースもある。また、いつのまにか自己退院し、そのまま行方がわからなくなるケースもある。いずれにしても、行旅病人及行旅死亡人取扱法が、現行法として法制定から 100 年以上経過した今も機能していることの問題性が、日本のホームレス問題として存在していることとも関連し、見逃してはならない事柄と捉えられる。

　東京などでは、昭和 2 年から 4 年にかけての不況の深刻化で、木賃宿にも

宿泊できず、公園などに寝泊まりする浮浪者が急増し、金融恐慌[18]の影響で失業による浮浪者の増加が問題視されていた（岩田 1995）。

戦後、「生活保護法」が制定（旧法 1946、新法 1950）されたが、前述したように、居住の安定している貧困者が基本的対象であり、居住の不安定な貧困者は事実上対象外とされた。法的には、「居住地保護」のみならず「現在地保護」も規定されている（同法 19 条）。

しかし、現実には安住性のない人を保護適応することは困難であり、現実には対象外となっている。それでも障害や病気により、労働が不可能な場合には保護を適用し、「生活保護法」による更生施設などで保護した。そのため更生施設の整備が進むとともに、戦後の混乱の収束等で浮浪者数も漸減した。大都市では、その後の「寄せ場」[19]（日雇い労働者の集住の場）機能により、「住所不定者」も日雇い労働市場によって、簡易宿泊所の利用と当座の生活を提供されたことで、居住の不安定な貧困者の問題を潜在化させていたとも考えられる（岩田 1995）。

その後の高度経済成長後のオイルショックにより、こうした「寄せ場」市場も弱体化した。なぜなら、不況に伴う人員削減や、機械化などの合理化による人員抑制は、単純労働の減少や、低賃金労働市場を縮小させたと考えられるからである。さらに 1990 年代のバブル崩壊後は、失業者も急増し、一部の大都市のみならず地方都市へもホームレスが拡散し、ホームレス問題がクローズアップされたと言える。

こうしたことから国は、「ホームレス問題連絡会議開催要綱」（労働省 1999）を定め、「ホームレス問題に対する当面の対応策について」の検討を開始した。その検討の中で、ホームレスを三つのタイプに分類し、その対応策を示した。①勤労意欲はあるが仕事がなく、失業状態にある者には、就労による自立支援、②医療・福祉等の援助が必要な者には援護による自立支援、③社会生活を拒否する者には、社会的自立を支援しつつ公園等からの退去指導を行うこととした。

さらに、2000 年には、『ホームレスの自立支援方策について』（「ホームレ

スの自立支援方策に関する研究会」(厚生省 2000))や『社会的な援護を要する人々に対する社会福祉のあり方に関する検討会』報告書（厚生省 2000）が発表された。これらが基礎となり 2002 年にはホームレスの自立の支援等に関する特別措置法が 15 年の時限立法として成立した。この法では、11 条で都市公園その他がホームレスの起居の場所になっているときには、必要な措置をとるとして「ホームレス問題に対する当面の対応策について」の中での趣旨が、反映されている。すなわち、働けるものはまず居住を安定させ、働けないものは施設に収容することが骨子となり、基本的には「住所不定者」を認めない方針が貫かれているとも読み取れる。

　その後厚生労働省は、2003 年に「ホームレスの実態に関する全国調査」を実施した。それによると全国のホームレス数は 25,296 人で、数的ばらつきはあるもののホームレスが全国的に拡大、拡散していることがわかった。また年齢分布では、50 ～ 60 歳代が全体の 76.2% 平均年齢は 55.9 歳で中高年層が主体となっていた。直前までの職業は「建設関係」が 55.2% で、雇用形態は、「常勤職員・従業員（正社員）」が 39.8% で、人員削減など失業によるものが 7 割強を占めた。また自立については「きちんと就職して働きたい」が 49.7% であった。生活歴では、「結婚していた」が 53.4%、「この一年間、家族・親族との連絡が途絶えている」が 77.1% という結果で、仕事を失ったことがきっかけとなり生活が破たんし、関係性も断絶している状況が浮き彫りとなっている（厚生労働省 2003）。

　このような結果から、普通に働いていた人々が失業を契機にダイレクトにホームレス化したために、社会サービスを利用できず、更なる悪循環を繰り返していくモデルが存在することが予想される。直前までの職業の半数以上が「建設関係」と回答していることから「寄せ場」機能の弱体化も大きな要因となったと考えられる。建設業は失業の「受け皿」として、各産業からの転職者を受け入れる日雇いの割合の高い産業であった。しかし、建設投資の減少は、建設業就業者の減少へとつながり、その「受け皿」としての役割が果たせなくなったことを示している（山口 2005）。

他方では、家族や親族という関係性が断絶し、基礎的人間関係の弱体化による社会的なネットワークの崩壊という状態を示唆しているとも考えられる。

2007年の「ホームレスの実態に関する全国調査」と、2003年調査とを比較すると、ホームレス総数とともに、ホームレスの新規参入者（アンケート調査時の野宿が4年未満で、初めての野宿が4年未満）の割合は減少している。しかし、路上に長く留まる長期層（今回の野宿が4年以上）や路上と屋根のある場所を行き来する再流入層（今回の野宿が4年未満で、初めての野宿が4年以上前）の割合が増加していることが明らかにされ、さらに高齢化が指摘されている（厚生労働省 2007）。

このような結果から、社会参加の意識の低い厭世的なタイプや、意欲や気力が減退している抑うつタイプが長期層や再流入層に存在するとも考えられる。いずれにしてもホームレスに至る者の根底には、生活を大きく揺るがすような喪失体験があることが想像できよう。ホームレスの様相も変化し、衣食住での欠乏だけには留まらない「新しい貧困」が起こっている（Bauman, Z 2008）。

日本の家族制度や終身雇用制度の変容とともに、人々の価値観も変化し、日本社会の所得の格差と「社会的つながり」の欠如により、他の先進工業国と同様な問題が起こっているとも考えられる。ホームレスの問題解決には、「自立」の概念を就労自立に限定するのではなく、もっと広い概念で捉える必要があると思われる。また、物質的貧困のみではなくなり、「社会的つながり」の欠如という、家族や親族や友人関係からの孤立や絶縁などが考えられることから、現代社会の社会病理現象の現れとも読み取ることができる。

5　現代の社会現象の推移

以上、児童虐待、不登校・ひきこもり、ホームレスの歴史的に萌出した状況について概説し、いずれの社会現象も1990年代以降にその様相に変化が見られ、統計的にも明らかであることについて述べたが、現代の社会病理現

象を図にあらわすと下記のとおりである。(**図 2-1**)

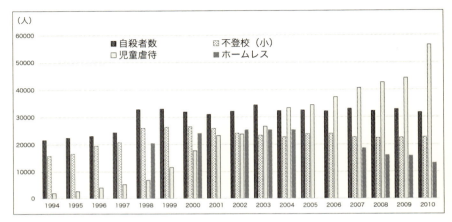

図 2-1　社会病理現象の増加状況
(厚生労働省 2011) から作成

注) 不登校 (小) は、小学生の不登校数

　これらの社会現象への対応は、法の制定にも見ることができる。児童虐待の防止等に関する法律は 2000 年に公布され、ホームレスの自立の支援等に関する特別措置法は 2002 年に公布された。また 2000 年以降、不登校やひきこもり、ニートへの対応として厚生労働省は専門家向けや相談機関向けのガイドライン等を配布した。こうした状況を経て、2010 年には子ども・若者育成支援推進法が公布された。

　このように社会状況を反映して、法の制定をはじめ通達やガイドラインが出され、地方公共団体に対して社会のさまざまな課題解決のための働きかけが要請される。国による施策誘導は、予算確保として補助金などを通じて一定のフレームの中で、各自治体に施策展開が可能となるようにつくられている。国の政策誘導を受けて各自治体では、補助金を獲得したうえで、一定のフレームの中で自治体のニーズに合わせた事業化を検討していく。事業計画を立て、条例化や要綱策定など必要な行政手続きを経て、取り組みが実施される仕組みとなっている。さらに国は、その取り組み状況を実施報告として

受け、集約、分析し、更なる対策を検討していくことになる。

　しかし、そうした国と都道府県、市区町村を結ぶ仕組みも地方分権が進み、しだいに効力を失いつつある。東京の場合を例に挙げると、国の指針は全国レベルを推し量っての枠組みのため、東京のような大都市がそのまま国の方針や指針を踏襲することは難しいのが現状である。さらに東京都が示す方針に特別区が従うものでもない。

　なぜなら、特別区においては、各区の組織や事業計画、人口当たりの予算もかなり異なり、各区の取り組むべき優先課題は、特別区と言っても一律ではないのが現状である。そのため政策誘導による施策効果が必ずしも示されるわけではない。

　しかし、児童虐待や不登校・ひきこもり、ホームレスへの対策は各自治体ともどちらかというと国の指針が打ち出されるのを待っていたとも言える。それは、全国レベルの実態調査や研究結果でも明らかにされている（倉本 2001; 厚生労働省 2003 他）。全国で問題視されている児童虐待や不登校・ひきこもり、ホームレスは、このようにして、1990 年代以降に顕在化した全国レベルでの課題として、国のガイドラインや指針、あるいは法制定を根拠として展開されることとなった。

第 4 節　社会病理現象から診た現代社会

　本節では、現代の社会病理現象が萌出した大きな要因は、「生」中心の現代社会とのひずみにあると捉え、現代社会が「生」中心社会として捉えることが可能である点について明らかにする。また、「生」中心の現代社会によって、生きづらい人々が存在し、現代の社会病理現象を生み出しているのではないかという点について考察する。

　第 2 章前節の第 3 節では、児童虐待、不登校・ひきこもり、ホームレスなどが社会問題として萌出し顕在化した要因として、家族機能の変化、雇用環境の変容、また人々の「関係性」の変化の影響が大きく関係していることに

ついて指摘した。

そこで、はじめに家族機能の変化や雇用環境の変容、また人々の「関係性」の変化が起こった社会状況について考察する。

1 社会状況の変化

(1) 家族機能の変化

戦後60年、わが国の公衆衛生政策は平均寿命延長[20]という大きな成功を成し遂げたが、一方、戦後の人口構造の変化やそれに伴う社会構造の変化、科学・医療技術の発展は、個人主義、価値観の多様化をもたらしたと考えられる（バウマン2001）。その結果、さまざまなライフスタイルのあり方を模索することとなり、少子超高齢社会となる一因になったとも考えられる。

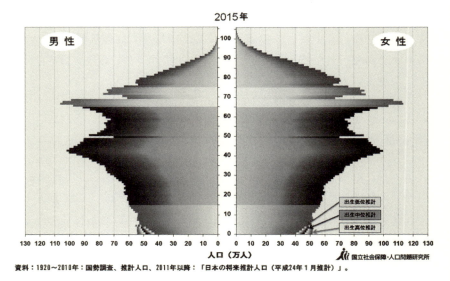

図2-2 人口ピラミッド（国立社会保障・人口問題研究所 2015）

2015年現在の日本の人口ピラミッドは、**図2-2**のとおりである。日本の

人口は、長らく多産多死の時代であったが、1973年のオイルショックの翌年から出生率低下が見られるようになった。少子化は、夫婦と家族の形成や発展と密接な関係を有し、この夫婦と家族の形成や発展が、1970年代以降大きく変化していると思われる。つまり、日本社会では、家族や夫婦という最も基礎的な単位である家族を形成する共同体に変化が起こりはじめたことを示唆している。1950年代、1960年代、1970年代、1980年代と15歳から64歳までの生産年齢人口が右肩上がりに増加した。これらの時代は、新たな若い人口が毎年労働市場に多く供給されたことによって、賃金コストの負担をあまり上げないで人を雇うことが可能であった時代であり、現代の諸相は想像もつかなかったと思われる（京極2006）。

しかし、1980年代からは、徐々に生産年齢人口の中高年化が始まった。そして1990年頃までの「未婚化・晩婚化」を主たる要因とする出生率低下の影響で、1990年代半ばからは、この15歳から64歳までの人口の減少により、生産年齢人口の減少が起こりはじめ（高橋2006）、さらに「夫婦出生力の低下」による少子化が起こった（京極2006）。

こうして多産多死から多産少死を経て少産少死へと急激に変化したが、今後は、超高齢社会から少産多死となり人口減少が推計されている[21]（金子他2012）。人口を合計特殊出生率[22]で見ると、合計特殊出生率が2.07人前後の水準というのは、長期的にみて総人口の規模が増減のない安定的な規模で推移する水準の出生率である。しかし、2010年にはこの2.07人を割り込んで1.39人となっていて、2004年の1.29人よりは上昇したが、相当低い水準に出生率が落ち込み、持続的な人口減少となることが予想されている（高橋2006）。

また日本では、出産の98％が婚姻内つまり法的婚姻関係のある女性からの出産であり、非嫡出子[23]と呼ばれる出産は2％に過ぎない（高橋2006）ことから、非婚姻者が増加している日本の状況からは、ますます少子化が加速することが予想される。

今後は、生産年齢人口の大幅な減少とともに過去10年以上にわたるフリー

ターやニートの増加問題、高齢者人口の大幅な増加、さらに出生率の低下による高齢化の加速が予想され、日本経済をはじめ、年金、介護、医療、福祉などへ大きな影響を与えることが懸念されている。

先進諸国では少産少死の現象が生じているが、日本ほど急激に人口構造が変化した国はない。日本では、科学・医療技術の発展とともに消費社会、個人主義がもたらされ、さらに人口構造に影響をもたらしたと考えられる。そこで次に消費社会について取り上げ、検討する。

(2) 消費社会における変化

消費社会は、生産より消費が価値づけられる社会と考えられている。消費社会の台頭は、1960年代の経済の高度成長期以降からで、1970年代半ばには「消費社会化」が語られるようになり、1990年代には格差社会の進展が指摘されるようになった（佐々木 2003）。この「消費社会化」では、伝統や風俗、儀礼や慣行などによって規定された生活の時間を過ごすことがそれ自体の時間的縛りの強さにより忌避され、あるいは失われる。一方、流行現象を伴って推移する現在の時間の流れがすべてであり、永遠に続く現在という感覚に陥っているとも考えられる。

さらに、近代以降の産業社会一般の随伴物とも言える永遠の不満が「貧しさ」の中でではなく「豊かさ」の中で、物の所有を超えて、人間の生き方そのものが問われているのが現代社会である（佐々木他 2006）。その中で、個人主義が強調された場合には、消費社会での獲得目標は、もはや物ではなくなって、自らをアクターとして自分らしく、個性的に振舞うことが期待され、あるいは求められるとも言える。そのため特に若者の間では、アイデンティティにまつわる不安を生み出しているとも考えられる。

また、1990年以降の格差社会の進展により国民諸階層の所得格差が拡大し、正規雇用の人員縮小と非正規雇用の拡大が図られ、企業経営の安全性と柔軟性の獲得の結果、雇用労働者の不安定性がもたらされたと考えられる。

社会経済的格差を示す指標の一つとして、平均所得金額以下の世帯の所

得金額階級別累積度数分布（厚生労働省 2010）をみると（**図 2-3**）、平成 21 年では平均所得以下の割合が 61.4% となっていて経済格差が示唆されている。この要因は、高齢化による就業者のいない世帯の割合が上昇したことと、若年世帯の相対所得の低下による就業者世帯の中での所得格差が拡大したためと考えられている（西崎他 1998）。平均所得金額以下の非正規労働者などの急増により、住民税未納者や保険、年金の無加入者が増加し、単身で不安定な暮らしをする人たちが増加し、ひとたび健康が阻害されれば、あっという間にホームレス化してしまう状況となる。

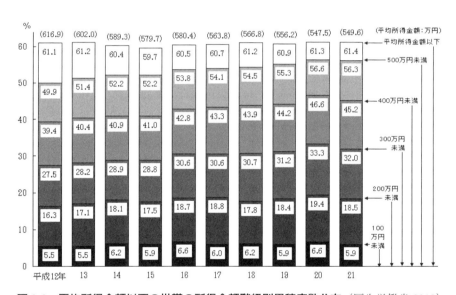

図 2-3 平均所得金額以下の世帯の所得金額階級別累積度数分布（厚生労働省 2010）

(3) 雇用環境の変化

また第 2 章前節の第 3 節で述べたひきこもりや、いわゆるフリーター・ニートの急激な増加は、非正規労働者をさらに増加させる要因にもなり得る。彼らは、社会との関係性が結べないという点で、家族という身近な他者との関係性の欠落がある、あるいは家族にもその周囲との関係性の欠落があること

が考えられる。この二重の関係性の欠落に、経済的困窮が加わり、結婚や就職をさらに困難にすることが予想される。

経済的困窮が起こりやすくなった背景については、1987年労働基準法の改正による雇用環境の変化が考えられる。「会社共同体」から「労働の個人化」への転換が、労働のリスクを自己責任へと向かわせるリスクとなり得ることについて述べた[24]。ここでは労働基準法の改正による雇用環境の変化の影響を受けたと考えられる年功序列型賃金体系について考えてみたい。

年功序列型賃金体系は、人々のライフサイクルに応じて生じる家族形成のコストを賃金体系の中に組み込み、人々に生涯にわたる経済的な安心感を与えるものとして構築され、戦後の経済社会の仕組みとして成立したものであった（高橋2006）。

この仕組みは、終身雇用との組み合わせにより日本の雇用環境の中心的役割を担っていたが、終身雇用の仕組みが変容していく中で、この年功序列型賃金体系も徐々に能力給を重視する方向へ変化し、能力主義へと転換した。そのためフラットな賃金体系の中で、能力、業績を上げた人だけに高い給料を支払うこととなった。病気やその他の事情で十分に能力を発揮できない場合や、中高年世代で思春期世代の子どもの教育や食費にお金がかかっても、年功序列型とは異なるため年齢の上昇とともに給料水準の上昇はない。収入と支出が見合わなくなりがちとなり、従来の暮らしに歪みが起こることは想像に難くない。

さらに、正社員や正規雇用の雇用形態から非正規化が増えているため、会社の福利厚生部門も撤退の一途をたどっていると考えられる。こうした状況は、正規職員にはゆとりがなく過重労働で抑うつ的になりやすく、また非正規社員は貧困で抑うつ傾向に陥りやすくなるとも言える（山田2012）。

これらの状況は、未婚青年層の失業率の増大、フリーターといわれる非正規就業や、ニートなどの無就業の増加を引き起こす結果となり、労働市場の二極化が起こり、一極には雇用の不安定や将来への不安が潜在化していると考えられる。その理由として、1990年代後半頃からの階層化の問題、賃

金格差の問題は、1990年代に入ってからの規制緩和、規制改革につながり、その影響は実質上派遣労働など非正規社員を中心にもたらされてきたということではないかと考えられる（樋口 2006）。

(4) 世帯構成の変化

こうした状況は、家族を持ち得ない若年層を増やすなど平均世帯人員の縮小の要因ともなったと言えよう。平均世帯人員の縮小により、家族機能の縮小を招いた結果、自宅に戻っても一人で過ごす時間が増えていく可能性が高く、家族を含む人との交流がとりにくくなり、日常生活における個人のリスクをさらに拡大していることが予想される。

平均世帯人員の縮小については、アメリカが1890年から1950年にかけての60年間で平均世帯人員が4.9人から3.5人に減少したのと比較すると、日本では1960年代をはさむわずか16年間で同様の現象を駆け抜けている（見田 2010）。

国民生活基礎調査（厚生労働省 2010）の世帯数と平均世帯人員の年次推移によると、1986年には15.3％あった3世代家族は、2009年にはわずか8.4％となったが、1986年に18.2％だった単独世帯は2009年には24.9％となり、そのほかの世帯もすべて核家族である（**図2-4**）。

核家族という用語は、ジョージ・ピーター・マードック（George Peter Murdock）の「nuclear family」という、人類に普遍的で、すべての家族の基礎的な単位という意味の用語の和訳として用いられた（祖父江 1990）。

日本では、①夫婦とその未婚の子女、②父あるいは母とその未婚の子女、③夫婦のみ、のいずれかからなる世帯を核家族世帯としている（厚生労働省分類）。

核家族世帯は、居住に関するフレキシビリティーが高いことが特徴として考えられ、そのため人口移動が頻繁に行われ、居住地域に執着しないライフスタイルが作り出されやすい。また子どものいない世帯の増加や公立学校であっても学区域に関わらず通学可能な仕組みによって、地域コミュニティに

属する必要性が見出されにくくなる。さらに平均寿命の延長により、子どもの独立後の人生を過ごす期間が延長し、高齢者の単身世帯や高齢者世帯が増加している。

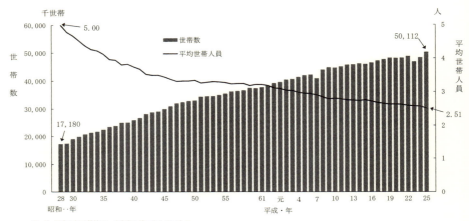

図 2-4 　世帯数と平均世帯人員の年次推移 （厚生労働省 2010）

(5) 格差社会の拡がり

　このように、全人口比率の中で単身世帯や二人家族世帯など核家族が増加し、1970 年代以降、夫婦と家族の形成や発展が大きく変化したものと考えられる。家族構成人員が減少する中で、1979 年に国連総会で成立したいわゆる「女子に対するあらゆる形態の差別の撤廃に関する条約（昭和 60 年条約第 7 号）」（女性差別撤廃条約）を日本は 1985 年に批准し、同年に「雇用の分野における男女の均等な機会及び待遇の確保等に関する法律（昭和 47 年法律第 113 号）」いわゆる「男女雇用機会均等法」が制定され、1986 年から施行された。それに伴い、社会保障、就労関係、地域社会の社会システムのあり方を抜本的に見直す必要に迫られることとなった。

　年金、医療や介護などの社会保障制度は、人口の年齢構造の影響を受ける

ため、高齢者の増加に加え、出生率低下に伴って給付と負担の見直しが常時必要となる。こうした状況の中 1990 年以降、次世代育成対策方針が打ち出された。しかし、価値観の多様化や社会の再階層化への流れは止まらず、いわゆる「勝ち組」「負け組」という言葉が流行するほど格差社会が拡がる一方で、「消費社会化」「個人主義化」が進展したものと推測できる。

2 関係性の変化

　家族や夫婦という社会の最も基礎的な単位である家族機能に依拠する日本の社会構造からは、家族形態の変化や家族機能の「商品化[25]」とも言えるような消費社会化により、セーフティネットとしての家族機能の縮小化に大きな影響を与えるとともに、家族の人間関係を質的に変化させた（高橋紘一 2002）。家族が相互協力で行っていた家事労働により生み出されていた会話や、同じ時間を共有するという体験が減少し、濃密な家族内での人間関係が変化し、それは同時に、地域での社会関係の希薄化や匿名化を進めたとも考えられる。

　「消費社会化」とは、高度経済成長以降、生活のさまざまな局面で、商品の購入と同じように労働もサービス化されたことを指す。例えば、食事をはじめクリーニングや掃除、保育など、家族によって担われていた家事一般、また冠婚葬祭なども社会サービスとして購入可能となった。そのため、家族や親族で分担していた家事労働、あるいは地域共同体も含めた冠婚葬祭も協働して行う機会が減少し、結果的に家族機能や地域コミュニティの縮小に拍車をかけたとも考えられる。

　また「消費社会化」に加えて、家庭、地域において「個人主義化」が進行し、前近代的な相互扶助が機能しなくなり、何か問題が発生したとき、互いに助け合って問題解決を目指すという社会的な関係性の成立が困難になったのではないかとも考えられる。

　社会関係の希薄化について、NHK 放送文化研究所の調査（1973〜2008）

の「隣近所との関係」では、以下のように分析している。(**図 2-5**)

「全面的つきあい」が望ましいと考える人の割合は、基本的には生まれ育った時期によって決まっているが、各世代とも時代の影響をほぼ同じように受けて、「全面的つきあい」が望ましいという人が減ってきたことを示している。したがって国民全体で「全面的つきあい」が望ましいという人が 30 年間で 35％から 20％へと減少したのは、この考えを支持する人が多い高年世代が去り、支持する人が少ない新しい世代が参入するという世代交代によるものと、時代の影響によるものであった（NHK 放送文化研究所 2010 p.194-195）。

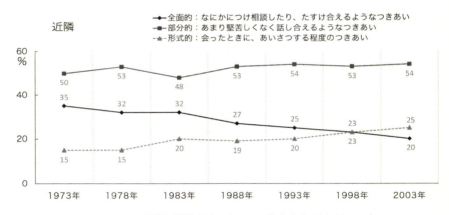

図 2-5　人間関係「隣近所」（NHK 放送文化研究所 2010）

　この分析については、筆者の勤務する自治体の調査においても、町会加入率は平均 50％を割り込んでいる。さらに若い世代の多く住むオートロックマンションやマンスリーマンションの立ち並ぶ地域では、3 割を割り込んでいるところもある。地域コミュニティの枠組み自体が存在しなくなりつつあるという見方もできる。こうしたことから東京などの大都市では、近所付き合い自体がほとんど存在しない地域も多くなりつつあることが予想される。

3 格差社会がもたらしたもの

　今まで述べてきたように、戦後の人口構造の変化やそれに伴う社会構造の変化、科学・医療技術の発展により、現代社会は、家族機能の変化や雇用環境の変容、また人々の「関係性」の変化を伴って、格差社会を生み出し、「消費社会化」や、「個人主義化」が進展したものと推測できる。

　格差社会では、富めるものはいっそう豊かになるチャンスに恵まれ、貧しいものは容易にはその貧しさから脱出できず、最も弱いものが社会的に排除され、孤立する状況になりがちとなる（宮本 2002）。現代日本社会は、図 2-3 で示した平均所得以下の割合が 61.4% を占めるまさに格差社会で、このような格差社会では、健康格差についても示唆されている（近藤 2007）。教育年数や所得などの社会経済的地位と健康指標との関連については、すでに指摘されていることから（Kuh 2004）、第 3 節で述べた児童虐待、不登校・ひきこもり、ホームレスの層が、不安定な立場によって、健康指標からも潜在化した問題を包含しているとも考えられる。

　一方、「個人主義化」されたと言われている現代社会では社会問題として萌出された児童虐待、不登校・ひきこもり、ホームレスなどの不安定な立場のリスク要因を、心理主義的な個人のリスクとして考える傾向がある。そのため、社会的な問題を多く含むという認識が後景に退き、自己責任論が持ちだされてしまいがちとなる。その結果病理の社会性が消され、個人の病理として危険なリスクを持った個人に置き換えられてしまうという構図となり、ますます社会問題としての病理が見えなくなっているのではないかと推測できる。

　しかし、こうした不安定な立場の層を社会的に捉えると、西山が不安定で生きることに枯渇したように見える人が増えている社会を「気枯れ社会つまり生命エネルギーがなくなり生命が躍動していない状態」（西山 1996）と表現したようにも捉えることができる。不安定な状況に置かれると、人は根源的欲求である帰属意識が奪われ、生きるエネルギーが枯渇してしまうか、あ

るいは潜在化して表出されなくなるとも考えられる。

　帰属という点については、例えば『「根をもつこと」Simone Weil シモーヌ・ヴェイユ著作集』（ヴェイユ 1967）において下記のように述べられている。

> 　根づくということは、人間の魂のもっとも重要な要求であると同時に、もっとも無視されている要求である。……人間は，過去のある種の富や未来への予感を生き生きと保持している集団の存在に、現実的に、積極的に、かつ自然なかたちで参加することを通じて根をおろすのである。……自然なかたちの参加とは、場所、出生、職業、境遇によって、自動的におこなわれた参加をさす。人間はだれでも、いくつもの根をおろす要求をいだいている。……つまり、道徳的、知的、霊的生活のほとんどすべてを、彼が自然なかたちで参加している環境を介して受け取ろうとする要求をいだいているのである（ヴェイユ 1967 p.63）。

　不安定な立場の層は、このように根づくための場所、家族、仲間を持ちづらい状況に置かれてしまうために、不安定な立場が長期化すればするほど「根づく」ことは困難になると思われる。児童虐待の加害者あるいは被害者、あるいは不登校やひきこもりの状態で物理的には住居や家族が存在したとしても、心理的に帰属する存在がなければ同様の状況と考えられる。

4　「生」中心の社会

　現代社会を本宮は、健康な生のみに価値を置き、老、病、死を悪のようにマイナスと考えるような思想に基づいた「生きようとする病」が、蔓延していることについて憂いている（本宮 1996）。この健康な生のみに価値を置くという思想は、医療技術の進展に伴う優生思想が絡む出生前診断や、あるいは移植医療も影響し、まさに「生」中心の社会に傾倒していると考えられる。
　現代社会が「生」中心の社会に傾倒したと考えられる要因は、生と死のありようの変化の影響が大きいとも推測できる。高度経済成長期以前の社会の共通の関心ごととして、人の誕生と死があり、臨終は、家族や親類縁者や地

域社会の人々に関する祭事として、身近な日常的な出来事として扱われていた（柏木 2008）。それは、第一次産業中心の日本社会において、地域コミュニティの中で、否応なく人の誕生や死に立ち会う仕組みが組み込まれていたためと考えられる。そのため、誕生や臨終に居合わす機会も多く、その姿を見守ることが可能な状況が整っていたとも言える。

　死について考察すると、死は人々に悲しみや寂しさを感じさせる。しかし、家庭で死を迎えていた時代には、その死に立ち会う人々が、死に逝く人の死のプロセスを見守り、自分の五感でそのプロセスを確かめ、それをまた分かち合うことで悲しみや不安な気持ちを受け入れてきたと思われる。まさに「交流の死」（柏木 2008）と表現される。

　しかし高度経済成長期以降は、第一次産業に携わる人が激減し、人口の都市集中化や職住が遠のき、地縁社会も希薄となった。隣に住んでいる人が何者なのかわからない、また関心も薄いというような社会状況となり、日常は忙しく、誕生や臨終に立ち会う機会も減少していると考えられる。

　現代社会においては、人の死は地域社会の出来事としてではなく、病院における個人の死と捉えられる。このような死のありようを「交流の死」に対して「孤立・孤独の死」（河合他 1987）と捉えることもできる。1976 年頃を境に、死に場所が自宅から病院や施設へと移行し、2008 年では病院や施設で死を迎える人は 84.1％（厚生労働省 2010）となった。こうした状況は、「死」のプロセスの疑似体験や身近な人の死を悼む実感の機会を遠のかせ、死に逝く人と近親者との距離をつくりだし、その結果、「死離れ」というような状況をもたらしたのではないかとも考えられる。自宅での看取りが日常的だった時代には、遺体に触れその冷たさにぞっとし、死というものは未知ではあるが、感じとれたような感覚が存在していた。

　しかし、現代社会は死が見えづらくなり、それを広井は「死生観の空洞化」と捉えている。「死生観の空洞化」とは、「死ということの意味がよく見えないと同時に、生それ自体の意味もよく見えない」ことであると述べている（広井 2004）。またその要因は、物質的な富の拡大が社会全体のほとんど絶対的

な目標となったと同時に、「伝統的なもの」がすべて否定的に捉えられ、脇に追いやられたことなどを内実としていると分析している（広井 2004）。

このように病と死は、医療技術の発展や社会構造の変化により病院など施設が引き受けることとなった。死が日常からは排除され、生活の場からも遠のいたことが、現代社会を「生」中心の社会に傾倒させた要因となったのではないかと推測される（河合 1997）。その結果、死は情緒的なものから観念的なものとなり（木下 1998）、生と死の連続性の中で死を捉え、「来世観」を想像したり、命への畏敬の念を持つといった感覚が減少し、死は単に「生」の終わり、あるいは「無」であり、それゆえに「生」だけに力点が置かれるようになったのではないかと考えられる。そして人間の根源的な課題である生と死を取り巻くありようの変化が、個人の倫理観や価値観に大きな影響を与え、死を刹那的に捉える反面、終わりのない「生」への執着が起こっているのではないかとも考えられる。

こうした「生」中心の社会構造の中では、死を排除するどころか、加齢に伴う変化でさえ忌み嫌われる傾向にある。生、老、病、死のうち老、病、死を置き去りにして、健康な「生」のみに価値を見出そうとする傾向は顕著であろう。それゆえに、現代社会には生と死の新たなモラルが必要と考えられ、その構築によって臓器移植や再生医療など、現代社会の生と死を取り巻く課題に取り組むことが可能となると考えられる。

第5節　まとめ

本章では、自殺の増加を、現代の社会病理現象の枠組みで検討することの有効性について論述した。

公衆衛生の分野では、すでに完全失業率とうつ病の相関から、メディカルモデル中心のうつ病対策が行われ、また、ソーシャルモデルとして、過労死防止や失業対策が実施された。厚生労働省となってからは法整備が整い、総合的な対策が打ち出されたが、感染症対策などとは異なり、明らかな効果が

見えてこないことを指摘した。

　また、自殺の増加などの要因を現代社会の構造から改めて検討する必要があるとすれば、個人から社会をみるのではなく、社会から個人をみるソーシャルモデルによって、「社会と個人」の関わりあいの問題に着目すべきであると考え、検討した。

　その結果、日本社会を取り巻く社会状況の変化はめまぐるしく、1990年代後半から、社会病理現象として、自殺やうつ病の増加、児童虐待、不登校・ひきこもり、ホームレスが、萌出していることが明らかとなった。

　そこで、この現代の社会病理現象が萌出した社会背景について、歴史的考察を試みた。現代の社会病理現象が萌出した時代背景は、戦後の人口構造の変化やそれに伴う社会構造の変化、科学・医療技術の発展がもたらした個人主義、消費社会、価値観の多様化によるところが大きいと考えられた。消費社会は、物の所有を超えて、人々は自分自身の人間としての生き方そのものを自らに問うことになり、自らをアクターとして振舞うことに好奇し、アイデンティティにまつわる不安を生み出しているとも考えることができる。また、家族機能の商品化により、家族機能が縮小化するとともに、家族の関係性自体も変化し、家族への帰属意識が薄れた。

　さらに雇用環境の変容では、1990年以降の企業経営の安全性と柔軟性の獲得の結果、格差社会が進展し、終身雇用制度の崩壊により、会社への帰属意識も消失しがちとなり、また雇用労働者の不安定性を招いた。

　こうした家族や近隣、会社などへの帰属意識の薄れは、家族や地域社会や会社に依拠してきた日本の社会構造から、セーフティネットとして果たしてきた役割を縮小化させた。人々の「関係性」の変化は、「自殺やうつ病の増加」とともに、児童虐待、不登校・ひきこもり、ホームレスを増加させた要因と推測された。そのため、前近代的な相互扶助が機能しなくなり、互酬性のような社会的な関係性の成立が困難になったのではないかとも考えられた。

　このように、社会から個人を捉えると、個人のリスクから個人の病理が引き出され、メディカルモデルにより自己責任論に傾倒しがちな危うさを回避

することが可能となり、社会構造上の問題をより明らかにしやすく、グローバルな政策へと反映できると言えよう。

また、現代社会は「死」のプロセスの疑似体験や、身近な人の死を悼む実感の機会を遠のかせ、死に逝く人と近親者との距離をつくりだした結果、「死離れ」というような状況をもたらしたと考えられた。その影響として、生と死のありようの変化をもたらし、死を刹那的に捉える反面、終わりのない「生」への執着が起こり、「生」中心の社会構造を作り上げているとも推測できた。

つまり、「生」中心の価値観を追い求める層が存在する傍ら、格差社会の底辺で生きることに枯渇したような層があり、また一方で、物質的には満たされていても心理的に不安定なために帰属意識が持てず、現代社会に「根づく」ことができない層があることが考えられた。このような社会状況が日本社会での人生の「問題」の所在を変化させ、幸せのものさしの変化をもたらした結果、現代の社会病理現象が起こったとも推測される。

注
1　厚生労働省は「健康日本21」において、1998年の自殺者数31,755人（厚生労働省人口動態統計）を2010年までに22,000人以下とする数値目標を掲げた。
2　過労死とは過度な労働負担が誘因となって、高血圧や動脈硬化などの基礎疾患が悪化し、脳血管疾患や虚血性心疾患、急性心不全などを発症し、永久的労働不能または死に至った状態を言う。厚生労働省「産業医のための過重労働による健康障害防止マニュアル2002」。
3　1990年12月4日、読売新聞の東京都調布市販売店に勤務していた新聞奨学生が過労で死亡し、遺族が訴訟を起こしたなど。
4　自殺防止対策有識者懇談会報告として作成されたもので、2002年12月に発表された。
5　社会病理学とは社会生活上の困った事柄を研究したもので、社会問題と混同される。例えば、犯罪・非行や失業・貧困などは社会病理でありまた社会問題であるが、労働問題・人口問題・住宅問題・青年問題は社会問題とされても社会病理には当てはまらない。つまり、物の視点からの捉え方からの違いで社会病理と言われたり、社会問題と捉えられたりする。しかし、非行や犯罪は現象形態が違っていても基本的には関連がある。社会病理学は生活関係の障害の根本や関連を追及する学問である。（大橋薫（1986）社会病理学入門、有斐閣）
6　一定期間内に、国内で生み出された付加価値の総額で、GDPの伸び率が経済成長

率に値する。
7　医療化とは、医療的問題でなかった事象が、近代医療の問題として取り扱われ、治療の対象となっていくことを指す。
8　1990年から国により実施されている児童相談所による虐待相談件数からの統計。
9　必然である家族が、他でも有り得た、本物ではないという感覚。この感覚を持っていた人物に、東京・埼玉連続幼女誘拐殺人事件の宮崎勤がいる。
10　日本の新興宗教団体で、地下鉄サリン事件などを代表とする多くの反社会的テロ活動をおこした。
11　子ども虐待による死亡事例等の検証については、厚生労働省社会保障審議会児童部会に設置されている「児童虐待等要保護事例の検証に関する専門委員会」において検証が行われている。2003年7月1日から2010年3月31日までの子ども虐待による死亡事例は、虐待死359件386人で、年間平均53.1件、57.1人であった。
12　1995年9月、不登校を支援するフリースクールなどの情報収集と情報提供のために設立（任意団体）。その後、不登校・ひきこもり体験をした当事者の会、文通誌の発行と文通仲介、親の会、ひきこもり経験者の仕事おこしを始め、2005年にNPO法人となる。2016年3月解散。
13　WHO国際疾病分類第10版（ICD-10）F20人分類されている。2002年まで日本では、精神分裂病と呼ばれていた。
14　内閣府政策統括官（共生社会政策担当）、『若者の意識に関する調査報告書（ひきこもりに関する意識調査）平成22年7月』、2010。
15　ひきこもりの評価・支援に関するガイドライン。
16　内閣府「青少年の就業に関する研究会」が実施した総務省統計局の『就業構造基本調査』の特別集計（中間報告2004）によると、世帯の4割弱が年収300万円未満であった。
17　恤救規則の前文からは、貧困は個人の責任であると考えられ、国家の責任は明記していない。つまり、生活困窮者に対しては血縁・地縁による相互扶助を第一に優先させることを旨としている。また、救済の対象は、極貧者で、家族の扶養を受けられない者で体や精神に著しい障害のある者、70才以上の重病患者または老衰者、13才以下の幼弱者に限定され、だれかに依存しない限り生存できない労働無能者に限られていた。
18　1927年からの経済恐慌をさす。
19　日雇い労働の求人業者と求職者が多数集まる場所のこと。建設業など天候や工事の進捗状況によって変動する労働力を、無駄なく確保し需給の調整を図るための仕組みと言える。いわゆる手配師は、その日の職に困っている者の多そうなところに求人に出向き、逆に職を求める者たちも手配師が多く来るところに集うようになって、大都市部のいくつかの場所では日雇い労働市場である「寄せ場」が形成された。
20　戦前長らく40歳台を低迷し、昭和10年ないし11年に、漸く男子47歳、女子50歳に達した平均寿命は、昭和25年には、男子58歳、女子62歳に、さらに昭和30年には、男子64歳、女子68歳にと、延長した。WHO世界保健報告発表（2008年）では、日本の平均寿命は82.6歳で世界一。
21　1970年前後に1億人を突破した総人口は、現在も1億2,000万人以上だが、人口減

少はすでに始まっていて、2050年には、1億人を下回ると予想されている。
22　1人の女性が、生涯に産む子どもの数。2だと夫婦2人に子供が2人という意味。
23　民法上非嫡出子の父子関係は、父の認知によって成立する。(779条)
24　雇用のリスクが雇用形態、雇用環境の変化から、個人レベルに向けられてしまう現状。
25　家族機能の商品化とは、「個人主義的消費生活様式」と呼ばれるような、電化製品の普及、開発、加工食品の普及やコンビニエンスストアの登場、また外食産業により家事労働が便利になり、省力化したことをさす。

第3章　現代の社会病理現象としての自殺

第1節　本章の課題

　本章では、本研究の中心課題である「自殺の増加やうつ病の広まり」が、うつ病対策と失業対策だけでは、抜本的解決に成り得ないと考え、自殺を現代の社会病理現象として捉えなおし、その抑制策について考察する。

　第2節では、自殺増加の要因とその抑制策をなぜ現代の社会病理現象として取り上げようと考えたのか、その背景について論述する。

　第3節では、自殺の現状と自殺研究の成果と課題、また自殺予防対策について考察する。その方法として、先行研究から検討を進める。本研究は、自治体での政策に結びつくような結論を目指していることから、先行研究では、主にこれまで国の対策として実施してきたうつ病対策と失業対策に関連する研究について取り上げる。

　第4節では、従来の自殺予防対策がメディカルモデル中心に行われてきたことに着目し、「自殺研究の視座の転換」としてソーシャルモデルやバイオ・サイコ・ソーシャルモデルで検討することにより、新たな社会構造の問題点について明記したい。

　第5節では、私が2008年から2010年にかけてバイオ・サイコ・ソーシャルモデルの視点で実施した「抑うつ高齢者に着目した自殺予防に関する研究」についてお示しする。

第 2 節　自殺増加の要因とその抑制策を取り上げる背景[1]

1　地方自治体業務の現状

　私は、住民の日々の暮らしの中で、高齢者の孤独死や、ひきこもりの青年の自殺あるいは児童虐待の要保護児童やその保護者などに接し、人間関係や近隣のつながりの希薄化を実感してきた。また経済基盤の脆弱な高齢者、非正規雇用労働者の自殺や結核罹患時の支援の場で、八方塞のような問題を抱え、その日の食事の支援さえ求める手立てを考えつかないか、求めるエネルギーのない人たちに遭遇した。彼らとの面接等での共通の印象は、生に対する執着も、死に対する恐怖も感じていないかもしれないと思われるような何事にも期待を持ち得ないような表情の乏しい反応を呈していたことであった。

　また他方では、詳細な知識と理論を活用して「行政責任」を追求し、運用範囲限界のサービスを手にしている人たちもいる。まさに行政サービスが取り入れてきた「申請主義」「個人単位」「自己責任」の結果であり、格差社会の反映でもあると思われる。

　つまり現行の仕組みでは、国家事業を政策的に推し進める中で、基本的に本人申請による手続きでサービスは供給される。そのため介護保険法（平成9 年法律第 123 号）による「個人単位」の供給システムでは、同居家族がいると風呂掃除など家族が共有して使用する部分のサービス提供は原則としてできない。

　しかし、法制定から 30 年以上経ている老人福祉法（昭和 38 年法律第 133 号）は「家族単位」を基本にしたサービス体系で、遠方の親族にも役割を強いる結果となるなど、同法に基づく現在の行政サービスは多様なライフスタイルに対応しきれていない。さらに個人情報の保護に関する法律（平成 15 年法律第 57 号）の制定、行政機関の保有する個人情報の保護に関する法律（平成 15 年法律第 58 号）の制定以降、各自治体による条例を定めることとなった。その結果、複雑な手続きが継ぎ足されたことで、緊急性の視点からは応えづ

らいサービス体系となっている。補完としてのインフォーマルな地域支援も不足しがちである。このように、かつては「措置」という行政処分で行われていた施設入所も「契約」へと転換し、「申請主義」「個人単位」「自己責任」が基本となった。そこで公衆衛生、地域福祉の視点で考えると、適正なサービスが供給されているとは言いがたい。かつての家族主義を主体にしたサービス体系に、個人主義と価値観の多様化が制度運用に盛り込まれ、複雑化し、適用の判断も慎重とならざるを得ないために、サービス供給が遅れがちとなることも否めない状況がある。

　これら行政サービスのあり方も、現代の社会状況である大量消費社会、雇用環境の変化、格差社会、家族機能の変容、個人主義、価値観の多様化が反映してきていると考えられる。こうした社会状況の変化は、私の勤務する地方公共団体等にも影響を与えつつ、時代に適応しきれていない状況と言える。

　今後、公衆衛生、地域福祉の視点で重要な課題である「自殺」について検討することは、いわゆる社会的弱者にとってのあるべき道筋を開くことに繋がると考えた。さらに、自らの生や死に対する関心が希薄と思われる人たちを含めた、地域社会のあるべき将来モデルを導くことが可能と思われる。また、適正なサービスの供給や新たなサービスのあり方を検討することによって、自殺を含めた現代の社会病理現象の発生に歯止めをかけられるのではないかと推測した。

2　格差社会となった日本

　このように、現代社会は急速な科学・医療技術の発展により、消費社会、個人主義が進展し、価値観の多様化が起こり、いわゆる常識や基準となるスケールが見えにくくなったことが、現代人にアイデンティティの模索の試練を与えたとも考えられる。その社会状況を、第2章では現代の社会病理現象を萌出した要因として概説した。本章では、自殺の増加要因の視点に着目して、生活の経済的基盤を取り巻く社会状況についてさらに掘り下げて検討す

る。

　WHO-EURO[2]（WHO-EURO 2005）では相対的な不平等、相対的な格差こそが健康を損なうとの報告が出され注目されたが、日本では社会経済的な因子による「健康格差」についての研究はまだ些少である（松田他 2007）。「健康格差」について WHO 欧州委員会では、「公平とは、すべての人々が、健康の潜在的可能性を完全に充足する公正な機会を誰もが保持することであり、この可能性を実現していくことを妨げられないこと」（WHO-EURO 2005）という理念に基づいて、健康に向かう過程における公平と、その結果における公平の両方に目配りしている。

　さらに、健康の決定要因に視点を当てて、個人・集団間における不公平な差違の縮小を追求する必要性を打ち出している（松田他 2007）。

　この「健康格差」の考え方の中では、すでに良好な社会支援や社会ネットワークが人々の健康に良い影響を与えることは知られており、個としてのレベルに留まらず人口レベルにおいても、社会関係のあり方が重要であることが示されてきている（Berkman & Kawauchi 2000）。それは、貧困から「健康格差」が生まれるという文脈、下層階級がその価値観に従い自ら健康を引き下げているという文脈、社会関係の希薄化とそのもとでの階層化が格差を生み出しているという文脈である（松田・近藤 2007）。

　ところで、社会経済的な意味での格差社会を示す指標の一つとして、平均所得金額以下の世帯の所得金額階級別累積度数分布を見ると[3]、平均所得金額（549万6千円）以下の割合が 61.4% となっていて経済格差が示唆されている（厚生労働省 2010）。

　世帯規模の縮小化傾向とそれに伴う家族機能の変化が指摘されているが（目黒・渡辺編 1999）、1953 年に 5.0 人の平均世帯人員は 2010 年には 2.51 人となり、平均所得金額に影響を与えていると思われる生産年齢人口について着目すると、ニートやひきこもりの存在は見逃せないと考えられる。

　ニートは、第 2 章の定義[4]によると、2003 年で 64 万人と推計されている。2000 年以降、ニートやひきこもりは自殺とともに深刻な社会問題として認

識されるようになった。

3　社会病理現象としての自殺

　内閣府においても社会病理に関する研究[5]が実施された。この研究の主題は、第2章で述べたように「安全・安心な地域社会を目指すにはどうすべきか」ということである。現代の社会病理現象が共通の社会基盤から起こったものとした大前提である。自殺、少年非行やひきこもり、ホームレスに詳しい幅広い有識者のヒアリングを中心に、テーマ別の各論と全体のまとめから構成されている。自殺の項目では、データを中心に平均化した日本の自殺者について概観している。しかし、社会病理との関連には全体を通じての総括的な社会状況について論じ、自殺に着目した社会病理についてはあまり触れられていない。

　一方、自殺を「現代の社会病理現象」として捉えたことは、その後の自殺対策基本法（平成18年法律第85号）で自殺を「追い込まれた末の死」と位置づけたことへも影響を与えたと考えられる。しかし現実の社会では、自殺やホームレスの社会現象は、自ら選択した「自己責任」の結果であると考えられているとも言えよう。

　このような社会は、芹沢が述べたような「緊張度の高い社会で、何事も「要・不要の選別のメカニズム」の中で処理され、不要の側に選別された人々が、自己責任にさいなまれる」（芹沢2005）社会に傾きやすい。そのため、責任の所在は「個人」に依拠しがちな構図となり、社会問題としての共通認識の理解が得られにくいと考えられる。ところが、自殺を「追い込まれた末の死」とする立場では、追い込む側が存在することで「自己責任」にはなり得ないため、ソーシャルモデルとして自殺を考えることが可能となる。

　またこの先行研究の「まとめ」では、「現代の社会病理現象を富裕化、近代化の負の側面」と捉え概説し、

> 現代の社会病理は、個々人が伝統的共同体から解放され、家族や地域コミュニティが崩壊する中、それらの果たしてきた機能の新たな担い手が存在しないために引き起こされている（林他編 2004 p.8）

と示唆している。そしてその解決に際しては、

> 人々の関係性、信頼、互助性、帰属意識や連帯感の醸成、あるいは適切な子育てなどが重要な要素である。これらを実現するための方策はいまだ明確ではないが、今後とも検討していく必要がある（林他編 2004 p.21）

と結んでいる。

　繰り返しになるが、この先行研究から、自殺を「現代の社会病理現象」として捉え、低所得者世帯の増加、家族機能の変化、人間関係や近隣のつながりの希薄化といった現代の社会状況を近代化のひずみとして捉えると、自殺者増加との関連や、地域社会の将来モデルが見えてくるのではないかと考えられる。また自殺研究の現状からデータを中心に平均化したものでは、文化・社会的な背景からの地域での予防対策が導き出せないのではないかと考えたことが、本研究の取り組みの背景である（石濱 2011）。

　そこで、次に日本における自殺の先行研究について取り上げ、自殺研究の成果と課題について検討する。

第3節　自殺の現状と自殺研究の成果と展開

1　自殺研究の動向

　1991年の国連総会で自殺の問題の深刻さが認識されるとともに、国家レベルでの自殺予防に関する具体的な行動を開始することが提唱され、1996年WHOから「UN/WHのガイドライン[6]」が公表された。ガイドラインでは、社会と個人への両側面の働きかけが重要で、生命を尊重する社会的規範を育み、生物・心理・社会的、包括的なアプローチが必要であると示されていた。

そのためには、自殺実態を捉えるための正確なデータを収集することがまず重要である。

また、自殺が精神疾患のうち、うつ病との関連が深いことがすでに欧米諸国では明らかにされていたことから、自殺予防はメディカルモデルが先行し、「心理学的剖検」もしだいに盛んになった。

「心理学的剖検」とは、死亡前後数週間のライフスタイルや、死亡者の思想、行動といった事実から、その死亡者の心理的生活を再構成しようという手法である。実際には、遺族や周りの人への聞き取り、死亡者の日記や書き残したもの、持ち物などを題材に行われる方法である。こうしてハイリスク者に対するピンポイント対策、サポート対策としての「プライマリケア医[7]」や「ゲートキーパー[8]」への専門的な教育や啓発、自殺予防教育、遺族ケアなどメディカルモデル中心の自殺予防対策が中心となった。

さらに世界的研究を目指す立場では、エビデンス重視の科学的研究が研究の視座として中心であることから、必然的に人口動態統計や警察庁統計を用いた疫学的数量化分析についても盛んに行われた。そこでは、景気変動や失業率との相関関係がしだいに明らかにされた。

死亡統計における自殺者数は、一般的には実数より少ないと言われている。その背景として、時代、国や地域特性によって影響を受け、さらに自殺に対する偏見への配慮や保険がおりない[9]という理由で、自殺の場合であっても死亡診断書には自殺の記載をしないという医師がいることも指摘されている。それでもなお自殺研究のデータとしては、現在までに客観性が高いものとして位置づけられているのは、日本の場合、人口動態統計と警察庁統計の二つの統計を基本にしているからである。いずれにしても数量化分析に文化・社会的モデルの視点が加わるようになってきたのはごく最近で、まだまだ少ないのが現状と思われる。

2　自殺と雇用環境

日本における自殺についての知見（高橋 2006, 黒澤 1989）は、自殺者のほとんどが「精神疾患罹患者」であり、「完全失業率」と「自殺率」の相関が示されている。また統計資料からも自殺者の対象特性として「中高年層」、「男性」、「無職」に有意差が示唆された。さらに自殺理由として「健康問題」、「経済問題」に有意が示されているため、自殺研究とそれに基づく自殺予防対策は、うつ病予防対策と失業対策が中心となっている。

自殺と完全失業率の相関については、**図 3-6** のとおりである。

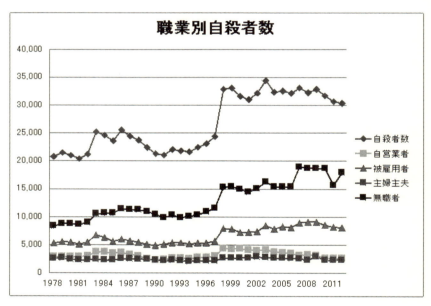

図 3-6　自殺と失業率の相関について
（警察庁 2011）から作成

1998 年に自殺者数は、前年の 2 万 3,000 人から 3 万 1,000 人へと一挙に 35％も増えた。この年は北海道拓殖銀行、山一証券の破綻に続いて日本長期

信用銀行や日本債券信用銀行などの破綻があり、これに伴って企業倒産件数も負債総額も1990年代で最大になった時期である。

こうした1998年の金融危機により、自殺者が一挙に激増したことについては、明らかに自殺と完全失業率が相関している。また、リストラによる企業の改革や長時間労働による過労自殺が話題となった（髙橋2006）。

「過労死」については、労働時間が年間3,000時間を超えると「過労死」や「過労自殺」の危険が3～5倍となると言われている。しかしながら、たとえ労働時間が3,000時間を超えなくても、本人の能力を明らかに超えた責務を突然負わされた結果、それが心理的負担になる場合がある。その結果、自殺に追いやられたり、退職の強要や配置転換など心理的虐待が要因となり自殺につながった事例は雇用環境に伴う自殺である。よって、「過労死」や「過労自殺」とは異なる（髙橋2006）。

法定労働時間については、2006年では年間に1,800時間であった。しかし、2010年労働基準法の改正により、法定労働時間遵守のための努力義務や、法定労働時間延長に関する割増賃金の設定などが盛り込まれた。その結果、1週間の法定労働時間は事業場の規模と業種に応じて決められ、1週間に40～44時間となっている。つまり年間1,400～1,660時間となり、3～5倍の「過労死」や「過労自殺」のリスクとなる年間労働時間3,000時間はほぼその2倍となる。そのため、誰でもが健康を保つことは到底できないことが予想されると同時に、「過労死」認定はハードルが高いことが想像できる。1990年代になると、「過労自殺」に関する民事訴訟が起こされるようになった。「過労自殺」に対しての国の判断が初めて下されたのは、いわゆる電通裁判である。

1991年電通社員（当時24歳）の自殺について、両親から会社への問い合わせに対して、会社側の説明不十分と責任を問うた両親が起こした裁判である。当時の風潮は、社員が自殺してもそれは本人の問題であって、会社側がむしろ損失をこうむったというような時代であったから、そうした中での訴訟は画期的であった。

この裁判では、1週間に5時間以上の残業を8か月以上継続していたこ

とも明らかにされた。当時の法定労働時間から勘案すると、年間 3,570 時間程度働いていたことになり、3,000 時間を大幅に超えている。東京地裁は、1996 年に原告の訴えを全面的に認めて、約 1 億 2,600 万円の損害賠償を命じた。さらにその後、2000 年に最高裁の判断が下され、業務と「過労自殺」との因果関係を認めた。また、会社側の社員のメンタルヘルスに関する安全配慮義務違反を認め、自己責任を否定し、約 1 億 6,800 万円で和解をした（高橋 2005）。

　これを契機として、その後雇用環境に関連する自殺の判例が次々と出され、それが労災認定への道筋となった。労災認定も 2001 年は 7 年ぶりに認定基準が改定され、より一層申請件数も増加し、さらに、2005 年には「過労死・自死相談センター[10]」も立ち上がり、「過労自殺」に関するアプローチは当時からは飛躍的に発展している。

　しかし、景気が回復した 2000 年代になっても、自殺率は高いままである。特に目立つのは、高齢者の自殺率が下がる一方、雇用が不安定化した 30 代以下の自殺率が上がっていることである。失業で自殺が増えるのは当たり前だと思いがちだが、これは日本に特有の現象であるとも指摘されている。たとえば、スウェーデンでは 1992 年の金融危機で、失業率はおよそ 2％から 10％に激増したが、自殺者は減り、その後も減り続けている。その理由は、欧州では失業給付が手厚く、職を失ってから数年間就業中とあまり変わらない所得が保障される。さらに、職業訓練によって転職を促進するなど、失業を前提にした制度設計ができているからである（河西 2009）。

　ところが日本では、失業率が上がると自殺率が上昇するという現象は幾度も繰り返されている。そこで、雇用対策など社会経済的なセーフティネットの充実がかかせないことは事実で、特に配置転換や昇進による慣れない仕事をこなさなければならない時期に抑うつになりやすい。つまり日本においては、スウェーデンとは異なり、「終身雇用」によって会社が従業員の職を保障する建て前はまだ現存している。しかし、その一方で失業給付は短く、職業訓練もほとんど行われていない。

他方、企業が自宅待機の休職者に支払う手当を政府が補填する雇用調整助成金は、2008 年度の 10 億円弱から 2009 年度には過去最多の 6,000 億円以上と激増した（厚生労働省 2010）。その理由としては 2008 年秋のリーマンショック後、完全失業率の急上昇を抑えるため、支給要件を緩めた影響もあろう。

　このような潜在失業者は、経済産業省の推定によれば 905 万人、潜在失業率は 13.7％に上ると予想されている。雇用環境の変化に伴う失業者増加による自殺者増加の抑制には、抜本的な雇用環境の見直しが必要と考えられる（経済産業省 2010）。

　2012 年度では、過労や仕事のストレスから、うつ病などの「心の病」になって労災を認められた人は 475 人である。前年比の 1.5 倍となり、過去最多を更新し、今後「過労死・過労自殺」を減らすための基本法の制定の動きが注目されている（朝日新聞 2013 年 6 月 22 日付）。

3　自殺と失業率・世代依存

　景気変動と自殺者数について数量化分析を行った先行研究から、失業率と自殺について検討する。その内容は、まず歴史的に自殺を概説している。

　日本は明治以降、歴史的に見て過去 3 回の自殺増加の波を経験している。明治、大正、昭和初期の自殺者数は多少の増減はあるものの、ほぼ単調に緩慢な増加を続けてきていたことを示し、その後の自殺者数の変化と景気との関係について分析している。池田らによる研究[11]をもとに景気変動と自殺者数について作成した図は、**図 3-7** のとおりである。

　つまり、1936 年の男 9,766 名、女 5,657 名をピークに減少傾向となり、戦争たけなわの 1943 年にはピーク時の約半分まで減少したことを示している。その後人口動態統計が未実施の 3 年間を過ぎ、1947 年から急速に増加し、1958 年には男 13,895 名、女 9,746 名となり、男子 10 万人対 15 歳階級死亡率でみると 15 歳～29 歳で顕著な自殺率の増加が見られ、これが第一次自

殺ブームのなべ底不況と言われたことを指摘している。

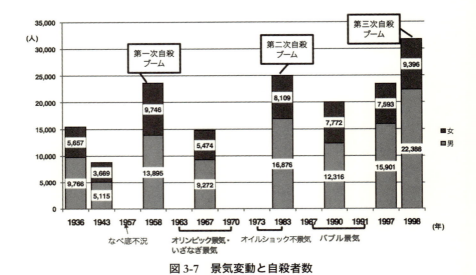

図 3-7　景気変動と自殺者数
（池田他 2000）から作成

　また、第一次自殺ブーム以降にこの型は大きく変化し、青年期のピークは高齢期に裾野を広げ、その後オリンピック景気（1963 年～64 年）、いざなぎ景気（1965 年～70 年）で自殺者は減少した。1973 年オイルショック以降の 10 年間に及ぶ不景気で、1983 年には第二次自殺ブームを迎えたことについて統計的に分析を加えている（池田・伊藤 2000）。

　さらに第一次自殺ブーム時（1953 年を基準とする）の 21 歳～23 歳が、第二次自殺ブーム時には 51 歳～53 歳となっている。そのことから、このピークは 1932 年～1934 年生まれの昭和戦前時代で世代依存型ピークである点について明らかにした。一方、年齢依存型が、戦前から一貫したピークとして 50 歳～70 歳にみられることから、景気対策を講じても、今後団塊の世代が自殺好発年齢を通過し終わるまでは、大幅な自殺者の減少は困難であるとも考えられると指摘している（池田・伊藤 2000）。

ここで述べられている第一次自殺ブーム時は自殺論も盛んで、自殺を美化し合理化する風潮もあった。1954年の警視庁調べでは、1年間に「複数自殺」とされるものが1,231件あり、そのうちいわゆる情死が58%、母子心中が16%、父子心中が3%、夫婦が10%となっている（大原2004）。

　また、歴史的に日本の自殺は青年型で、総数の4割から5割が20歳代に集中し、3割前後が50歳から60歳に分布していたことが人口動態から読み取れる。そこで、景気変動と自殺者数の間には確かに相関が見られるが、第一次自殺ブームと第二次自殺ブームの自殺者数は、いずれも不況時の30%程度の増加である。1998年時について、ここから推測すると1万6,000人程度の増加となる。

　しかし、実際は3万人を超えた数であり、不況によるリストラにあい、失業し自殺するという構図では説明しきれないことを示唆している（池田他2000）。図3-7からも明らかなように、第一次自殺ブームから第二次自殺ブームの差と第二次自殺ブームから第三次自殺ブームとの差は大幅に異なっている。

　1998年以降の年齢別完全失業率（厚生労働省2006）を見ると、25歳から34歳までが5.7%、35歳から44歳までが3.4%、45歳から54歳までが2.9%、55歳から64歳までが3.9%となっている。そして、25歳から34歳までの完全失業率が最も高いが、自殺率はむしろ45歳から54歳までのほうが高い。つまり、1998年以降の急激な自殺者増加は景気変動だけでは説明がつかないことは、その後のデータからも明らかである。この池田らの研究では、結論として「景気対策だけではなく、自殺の大幅減少には、社会基盤の強化に努め0次予防を図ることが極めて重要である」と結んでいる（池田他2000）。ここで言う0次予防とは、医学的な手法によらず、社会の構造や機能の改善によってもたらされる疾病の抑制を指す（厚生労働省2013）。

　また、1932年から1934年までに生まれた昭和戦前時代で世代依存型ピークについては、石原らの研究[12]でも指摘されている。そこでは、「無職者の自殺リスクは、就労者より5倍以上と高いのは確かであるが、失業率の高い

時期は、低い時期と比較して人口の大多数の占める就労者の自殺率も大きく上がり、社会全体の自殺人口が増える。世代的には、50歳から70歳の年齢域において自殺ピークが観測され、このピークは戦前から現在まで一貫して存在し、年齢依存型を持つと考えられる。自殺の死亡率が今までと変わらなければ、必然的に自殺実数は大幅に増加する。」と述べている（石原他 2002）。

4　自殺者の推移とその要因

　これらの研究で指摘された世代依存型ピークについては、1932年から1934年までに生まれた昭和戦前時代の世代で、いわゆる「私生活重視の予定調和世界を生きた世代」である。この世代が後半に差し掛かり、リストラや不況倒産、地下鉄無差別殺戮事件、阪神淡路大震災、年金財政破綻などにより、1998年以降の自殺者増に大きく関与し、戦後日本の自殺率曲線に大

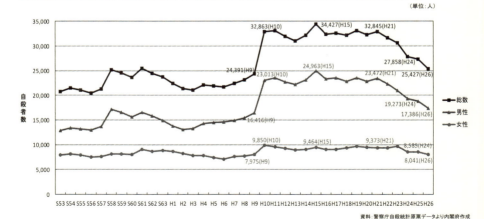

図 3-8　**自殺者数の年次推移**（警察庁 2014）

きな影響を与えたものと考えられる（清水 2007）。

　今まで述べてきたように、自殺には世代依存型があり、景気変動の影響を失業率から見ると相関が見出せる。しかし、それだけでは 1998 年以降の自殺者急増について説明しきれないことが推測される（**図 3-8**）。またこの先も、高齢者人口の増加によって、自殺率の低下にも関わらず自殺者数は、高水準で推移すると予測される（前田 2007）。

　しかし、1998 年以前の日本の自殺は二山型（大橋 1976）と言われ、若年層と老年層にピークを持つ型である。1970 年代あたりまでの若年者の自殺は、「家」制度に基づく親の支配が子の側での絶対的な随順を期待し得なくなり、因習の打破、家族制度からの脱却などの葛藤を抱える時期であったことが影響しているとも考えられる（姫岡 1966）。

　さらに、1970 年代以降すべてのコホート分析[13]の結果、どの出生年からもほぼ同時期に自殺死亡率の上昇が認められた（佐藤他 1989）ことは、時代の転換点の影響とも考えられる。また、年次推移から自殺率は年によって変動が極めて大きく、性別や年齢層、職業によっても大きな違いがある。よって自殺がいかに社会の影響に大きく関わっているかが窺える。

　ところで、日本の自殺者についての公式的な統計は、厚生労働省の人口動態統計と警察庁の自殺の概要の 2 種類のみであるから、ほとんどの研究がこのデータを基礎として行われている。厚生労働省の人口動態統計が、死亡届と医師による死亡診断書（死体検案書）に基づいたものであるのに対して、警察庁の生活安全局地域課による自殺の概要は、警察が自殺と判断したケースの統計である。ゆえに二つの統計には差があり、警察庁のほうが自殺者数が多少多くなっていて、さらに警察庁の統計には自殺動機の統計もある（**図 3-9**）。

　しかし自殺の動機は複合的であることが指摘されている昨今では、一つの動機に分類することは極めて難しく、またその情報は遺書や周囲の聞き取りからであり、実際のところは不明確である。そのため動機別統計は、自殺者の属性である性別や年齢、配偶関係といったものと比較すると客観性は低く、

あくまでも目安であると思われる。

自殺要因についての研究は『自殺実態白書[14]』が唯一と言ってもよい（自殺実態解析プロジェクトチーム 2008、自殺実態解析プロジェクトチーム 2013）。そこでは、自殺は複合的要因によって、負債のごとく雪だるま式に負の連鎖が続き、自殺の危険度は高まりつつ、最終的にはうつ病などに罹患する場合が多い。この悪循環にはまってしまうと、そこからの脱却には相当のエネルギーが必要となり、精神療法をはじめとする精神科治療中心の包括的な支援システムが急務となることが明らかにされた。

また自殺という最終段階に入る以前の段階で、早期に介入をすべきであることも提言されている（自殺実態解析プロジェクトチーム 2008）。それは、長期的失業との関連による自殺原因・動機の中で第1位を占めている「健康問題」「うつ病」は、自殺に至る直前である可能性が高いからである。そうした状況に自殺者が追い込まれる社会経済的背景・構造を明らかにしなければ有効な自殺対策を立てることは難しいと指摘している。この点について本書では、雇用環境の変容によって脆弱な層が長期的失業に追い込まれ、自殺の直接的

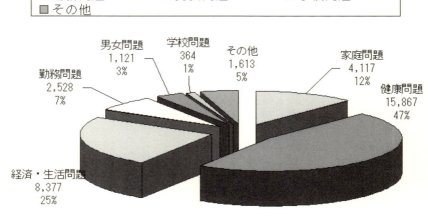

図3-9　原因・動機別　自殺者数（警察庁 2012）（単位：人）

な引き金になりやすいことが予想されることから、雇用環境の抜本的な改善が必要と考えられる社会構造について先に述べた。

この『自殺実態白書』ではさらに、自殺が社会経済に与える影響として「自殺による経済損失[15]」を推計している。「自殺による経済損失」とは、推計の前提として生涯の賃金プロファイルは自殺死した年次のプロファイルがそのまま続くと仮定する。賃金は生産関数の労働力の投入の限界生産力とし、資本ストックや貯蓄などを捨象して、賃金で労働力の生産力を計るという部分均衡分析的な観点から推計している。これらの手続きに基づいての推計では、1998年から2007年までの10年間で発生した20歳以上65歳未満の人々の自殺死亡による逸失利益、すなわち自殺によって失われる生涯賃金所得の総額は、累計で約22兆1,200億円となった（自殺実態解析プロジェクトチーム 2008）。この「自殺による経済損失」には、命が失われたことによる遺族の精神的苦痛や、それに伴う労働力低下のより広い損失を数量化していないことから、経済的損失の下限値といっても差し支えないと思われる。

一方、『自殺対策白書』（内閣府 2010）によると、2006年度184億円、2007年度246億円、2008年度225億円の予算が自殺防止対策で執行されていることから、これらの損失や支出を勘案して、雇用環境の見直しが予算化されても当然とも考えられる。

5 遺族の状況

自殺者の性・年齢分布や家族構成、生存率などをもとに自殺者遺族数[16]を推計する。1993年から2006年までの14年間で自殺者が約170万人と算出すると、2006年時点で現存する自殺者遺族の総数は300万人前後と見積られている（自殺実態解析プロジェクトチーム 2008）。『自殺実態白書』ではこれら遺族が直面する現実についてのヒアリングを実施し、4人に1人の遺族が「死にたい」と答えるほどに生活に憤りや生きづらさを抱えなければならないと指摘した。

また、自殺で家族を失った人々は、甚大な喪失感に襲われ、自殺の兆候に気づくことができなかった自責の念からさらに自らを追い込んでしまい、過重な精神的ストレスに苛まれる。その結果、うつ病や不安障害、PTSD（心的外傷後ストレス障害）などの重篤な症状をきたし、専門家の治療が不可欠となることもある（自殺実態解析プロジェクトチーム 2008）。

　そして遺族支援については、つどいのように語りあう場の提供だけでなく、語ることのできる足場を整える生活再建も重要である。また、中高年の自殺では経済問題や生活問題が大きな要因になっていることから、その遺族支援について生活再建を中心に据えるのは必須と考えられる。

　しかし、自殺者遺族は被害者としての扱いを得られていないのが日本社会での実情とも思われる。そのため、政策展開として自殺者遺族への経済的支援等については、かなりの困難が予想され、日本社会での自殺に対する認識を変化させることが当面の課題と考えられる。日本社会での自殺に対する認識は個人の選択であり、社会の仕組みによって追い詰められた被害者という認識には程遠いと考えられるが、この点については第4章で検討する。

　ところで現在の遺族支援については、自殺対策基本法[17]に基づき平成22年度国家予算では1千800万円である。その主な内容は、「自殺未遂者ケア研修」と「自死遺族ケアシンポジウム」の開催である。これは自殺未遂者・自殺者遺族ケアに関する検討会[18]で「自殺未遂者・自殺者親族等のケアに関するガイドライン作成のための指針」を公表し、その指針から「自殺未遂者および自殺者遺族等へのケアに関する研究[19]」を実施したものである。つまり、公表されたガイドラインに沿って行っているものである。ガイドラインは、自殺に傾いた人と自死遺族を支えるための相談担当者の指針や自殺未遂者への対応として、救急外来・救急科・救命救急センターのスタッフのための手引きや、精神科救急医療ガイドラインから構成されている。国の施策は、いずれも支援者養成に関するものである。

　一方、地域によっては、自殺者遺族を対象にした遺族外来を開設している病院[20]や、遺族のピアカウンセリングを行っている団体など、民間機関では、

現実的な水際でのアプローチを積極的に実施しているところもある。

　遺族支援活動では、子どもを亡くした親の会「ちいさな風の会[21]」がある。当初13名で始まった会も全国規模となり、現在200名以上の会員がいる。子どもを亡くした理由はさまざまであるが、現在は自殺で子どもを亡くした親の分科会もでき、ピアカウンセリングの活動をしている（若林 2003）。

　こうした自殺者遺族を含め、自殺の危険度の高い人へのアプローチは必須である。しかし危険度が高まるほど対応策の余地は狭まるし、効果の期待度は限定的になりやすい。そのため自殺の危険度の高い人に対するピンポイントでの自殺予防には、メディカルモデルは欠かせないと思われる。

　治療に際しては、3本柱として心理療法、薬物療法、周囲の人との絆の回復などが重要とされている。一方で自殺の危険の高い人に対する治療は、治療者にとっても極めて負担が大きく、アメリカでは医療過誤の訴訟事件も増加し、精神科医が自殺の危険が高い患者の治療を回避する傾向も少なくない（高橋 2006）。

　このようにメディカルモデルの取り組みであっても、他の疾病等の取り組みとは異なり困難さが伴うことは容易に想像できる。さらに自殺予防の取り組みは、自殺者を支えきれなかった遺族を追い詰めることも想定されるため、自殺予防と遺族支援は一体的に行うべきものであると考えられる（自殺実態解析プロジェクトチーム 2008）。

6　うつ病対策としての雇用対策の限界

　今まで述べてきた研究成果から、自殺と景気変動の関連や社会経済的構造の変化に伴う雇用環境の変化により自殺者が増加したことが明らかとなった。さらに世代依存型、高齢者数の増加により自殺者数はこの先も中期的に減少は見込めないことが指摘されている（清水 2007; 前田 2007）。

　一方、自殺者は健康問題や生活問題を中心とした人間関係を含む複合的要因により、追い詰められた末の死であることが指摘された。それは、「社会

の中に自殺に追い込まれるポジションが3万スポット有り、そこにはまった人たちから順々に自殺へと追い込まれていっている」(自殺実態解析プロジェクトチーム 2008) ことである。よって雇用環境の改善やうつ病など、自殺のリスクの高い人へのアプローチに取り組むことだけでは、抜本的解決には至らないと考えられる。そこで予防的視野から人間の発達段階に着目し、自殺に向かうリスクを発達から考察した研究について、次に検討する。

7 発達段階からのリスク

自殺の精神分析から、自殺につながる3つの耐え難い感情として、深い孤独感、無価値感、殺害に至るほどの怒りについての指摘がある (Maltsberger 1994)。特に深い孤独感や無価値感は、発達早期からの体験が重要であり、その発達段階でのアタッチメントの重要性についてはBowlbyの研究[22]に詳細に示されている (Bowlby 1969)。

Bowlbyは、「乳児が養育者との近接を求め、接触を維持しようとすることは、危険から護られ生存を維持していくうえの生得的な行動であり、これらを『アタッチメント行動』と位置づけ、生物学的機能による略奪者などの危険からの保護を得るための行動」とした。また、養育者側の母性的保護行動により、略奪者から身を護るという生物学的な機能を備えている。それと同時に、不安や恐怖などの事態に際して養育者との接触により安心感・安全保障感を得るという、子どもにとっての「安全なる母なる港 a haven of safety」として機能していると指摘した (Bowlby 1969; 久保田 1995)。この「アタッチメント行動システム」は、真の危機事態や疲弊時に特定の対象に保護と心理的安心感を求めるものである。そのため、子ども時代のみならず生涯を通じて活性化し続けるもので、生涯発達にとっても重要な行動システムと位置づけることができる。

しかし、人生早期からの不適切な養育が行われたり養育者との一貫した継続的なかかわりが欠如した場合には、「アタッチメント行動システム」の機

能不全が起こり、歪んだ行動システムを学習することになる。つまり、安定アタッチメントの形成には継続的なケアを一貫して提供する特定の養育者の存在が重要で、「アタッチメント行動システム」をどのように学習したかによって、その後の心理・社会的発達に多大な影響を及ぼすことが指摘されている（Bowlby 1969）。

さらに「内的ワーキング・モデル（Internal working model）」という考え方が示された。内的ワーキング・モデルとは、「基本的人間関係の相互作用体験の表象が組み合わされ、より高次のレベルで抽象化されたものであり、人や世界との持続的な交渉を通じて形成される世界、他者、自己、そして自分にとって重要な他者との関係性に関する表象」である。そして、その中心をなすものは、個人のアタッチメントに関わる問題である（Bowlby 1969）。

つまり、個人のアタッチメントに関わる問題は、人生の早期の経験によって形成される。それは、自分にとってアタッチメントの対象となる人物は誰であり、その人物に対してはどのような反応が期待できるか、自分はアタッチメントの対象となる人物にどのように受け入れられるのかについての期待、確信や考え（notion）が、その後の世界や他者との関わり方に、ある特定のかたちで影響を及ぼしていることを示唆している（Bowlby 1969; 久保田 1995）。

このBowlbyの提唱する発達段階早期の「アタッチメント行動システム」は、前述のMaltsbergerの自殺理論で指摘されている自殺につながる感情と深い関連があると考えられる。養育者との相互作用を通じて最終的には、価値や承認を与える親の機能が内在化されていき、それは子どもの自我の一部を形成する。そして自分自身に自ら承認や自信を与える能力を培っていくのではないかと考えられる。

しかし、「アタッチメント行動システム」の機能不全が起こり、歪んだ行動システムを学習するとどうなるだろう。健康な人の目にはさまざまな解決策が見出せるような状況であっても、自分の置かれた状況から解決策を引き出すことは考えられず諦めてしまう。あるいは、自ら自分を無意識に見限ってしまったりして、極度の孤立感や無価値感を抱きやすいと思われる。さ

に、その状況に置かれていることに対するどうしようもない理不尽さが、怒りの感情のかたまりとなって強く自分に向けられれば自殺を引き起こしたりしやすいとも考えられる。

「アタッチメント行動システム」の機能不全により、心に「安心できるもの」が内在化されない場合を想定すると、思春期で自我に目覚めても自己の中に「安心できるもの」を見出すことができないと思われる。そのため、人との関わりでは、あるときには過剰な同調をしてみたり、あるときには回避して引きこもってしまったといった具合に、人との関わりに多大なエネルギーを使うであろう。そして、この心的な疲弊状態がうつ状態を引き起こし、さらに夭逝したい願望となる場合もある（渡邉 2005）。

このように自殺に対する脆弱性は、発達の過程で十分な自己統御機構を発展できなかったために生ずると考えられる。ある人は耐え難い感情に圧倒された場合、他の人々、信仰、仕事への過度の献身などに援助を求めることで精神的平衡を保っている。

ところが、外部に求める代償が見つからなかったり、あるいはそれらが突然失われたりすると自殺の危機が生じると考えられる。そこで、自殺の危険の高い人の生活史の検討により、自殺の危機介入の鍵が見出せると思われる（Maltsberger 1994）。心理学的剖検による危機介入の手法やリスクの高い人への対応方法などの検討により、日本においてもマニュアルが作成され、一定の効果をあげている。

しかし、現在の日本社会は、本来の「アタッチメント行動システム」が、社会構造上の歪みによりうまく機能していないと思われる。その結果、児童虐待や不登校やひきこもり、ニートなどの社会病理現象が表出しているのではないかと考えられることから、「アタッチメント行動システム」の歪みを個人のリスクとして完結しないことが求められると言えよう。

なぜなら、この生涯発達にとっても重要な行動システムの求めるところは、「安定」や「安心」である。それは、現代社会の「不安定」や「不安」の裏返しの要素であることから、まさに現代社会の「不安定」や「不安」の要因

を明らかにすることこそが、本来の「アタッチメント行動システム」の再生に寄与し、重要であると考えられるからである。

よって、これらのメディカルモデルによる成果を、医療体制を含む包括的で系統的な社会システムの整備へ広げていくことが、社会問題の底流に潜む課題への有効な切り口となる可能性がある。

8　自殺研究の国際比較

(1)　日本

今まで述べてきたように、日本においての自殺研究の成果として、完全失業率と自殺の相関が示され、また心理学的剖検により自殺者のほとんどがうつ病などの精神疾患罹患者だったことが明らかにされた。

さらに、1998年以降の急激な自殺者増加は景気変動に加えて、世代依存型や年齢依存型の影響が存在することが示唆された。また、うつ病予防と失業対策が重要視されるとともに、自殺の危険のリスクを持った人への危機介入の施策が講じられてきたが、自殺予防対策が功を奏しているとは言い難い。

その理由の一つとして考えられることは、日本における自殺研究の多くは、公衆衛生分野周辺の学者や精神科医が関心を示しているものの、これを専門として取り組む研究者の数は極めて少ない。また、自殺についての研究による知見が十分に蓄積され公表されているとは言い難く、人口動態統計の分析といった基礎的なものも含めて、日本の自殺に関する論文の数は非常に限られているのが現状である（石原 2003）。

(2)　アメリカ

アメリカにおける自殺学（Suicidology）という自殺についての専門的研究成果を提出する学問分野については、予防や企図者への治療などの臨床医学や心理学的側面を重要視した「自殺と自殺予防についての学問」という立場が一般的である。アメリカでは予防介入や治療についての研究が進められて

いる。また自殺学は自殺を対象とした学際的な学問分野として、方法論的には、心理学、社会学、精神医学、疫学、生物学、法学、倫理学などの学問分野の手法が適応されると言われている。

しかし、実際には証拠に基づいた政策策定が求められている以上、文化的、社会学的知見を提出するには、中長期的展望が必要であるため、精神医学が中心となることは避けられない。だからといって自殺を社会病理と捉えた場合には、文化的、社会学的知見を求めるべきであるが、Evidence based policy making（以下 EBPM）[23]にとらわれれば、知見の提出に長期間を要する。また EBPM による手法がすべての領域で必須であるかどうかについては、一考に値するとも考えられる。

ところでアメリカの自殺学の教科書[24]による自殺の議論のポイントは、自殺は「死」であり、その人に死ぬ意図があったこと、自分自身が自分自身に行う行為であるが、間接的あるいは受動的なケースも存在するという点である。それは尊厳死や安楽死との関係を想起させるが、具体的な事例には踏み込んでいない。現実には、高度医療技術革新により一度生命維持装置を装着するとスイッチ・オフをしない限り、生命の存続が中長期的に可能となる。同時に高額な医療費の負担がかかるという経済的要因から見過ごし得ない問題も包含しており、安楽死や尊厳死は広義に自殺の範疇として捉えることも可能である。今後更なる検討を要する問題である。

(3) WHO ほか

アメリカの自殺学の教科書のほか、WHO も 6 種類の自殺予防のための冊子[25]を公表している。これは、一般医向け、プライマリケア従事者向け、メディア関係者向けに編集されたものである。この中には、自殺者の 40 ～ 60％が自殺する以前の 1 か月間に受診していること、そのほとんどが精神科ではなかったこと、自殺自体は病気ではないが、精神障害は自殺に関連する主要な要因であること、自殺者の大多数は生前に精神障害に罹患し、アルコール依存症との関連が深いこと、苦痛を伴う慢性疾患に罹患した人の自殺率が

高まることが記されている。これらについては、日本の現状とも共通であることが窺える（自殺実態解析プロジェクトチーム 2008）。さらに離婚歴、配偶者喪失、未婚者は既婚者より自殺の危険が高く、また貧困、社会的孤立、家庭内問題など生物的・遺伝的・心理的・社会的・環境要因が複雑に関与していることが、世界共通の要因として示唆されている。

このように自殺は世界共通の課題である。自殺をもたらす影響を、病気やけが、自殺や事故、また犯罪などが、どのくらい社会にダメージを与えているかについて DALY[26] (Disability-adjusted life years) の指標を用いて観てみよう。

1998年から2002年までの推計値では、OECD[27]ですべての病気がもたらす影響の1.8％が自殺であり、この数値は戦争と他殺を合わせた影響に匹敵する。日本では4.1％となることからも深刻な問題である（WHO 2002）。

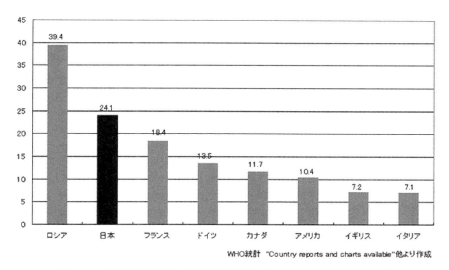

図 3-10　世界の自殺率（自殺実態解析プロジェクトチーム 2008）

また日本の自殺率[28]は、23.7（2004）で、先進諸国ではドイツ 13.0（2004）、イギリス 7.0（2004）、フランス 18.1（2003）、アメリカ合衆国 11.0（2002）

と比べ、圧倒的に高い値を呈している（天野 2005）。世界の自殺率を**図 3-10**に示したが、WHO の推計によると、2000 年には世界中で 100 万人が自殺をしていて、40 秒ごとに世界のどこかで生じているが、その中でも日本は明らかな突出が読み取れる（石濱 2011）。

最近では、近隣アジア諸国として韓国の自殺率が注目されている。韓国の自殺率は 33.5（2010）で、ロシア 23.5（2010）、日本 23.8（2011）を大きく上回っていて、今後の動向を見ながら日本の自殺予防対策に反映できることもあると推測されている。

9　日本における自殺予防対策

(1)　厚生省による対策

国際的にも急激な自殺者急増などの状況から、日本においても国レベルでの自殺対策が実施されることになった。日本では、1998 年に自殺者数が 31,755 人となり前年比 35.2% の増[29]を受けて、厚生省が「21 世紀における国民健康づくり運動（健康日本 21）」を 2000 年に策定した。このなかで、2010 年までに自殺者数を 22,000 人減らすことが目標として記述された。また、同年に策定した「健やか日本 21」においては 10 代の自殺死亡率を減少させることが目標として設定された。一方、労働省でも「事業場における労働者の心の健康づくりのための指針」についての通達を出した。

(2)　厚生労働省による対策

2001 年には厚生労働省となり、12 月 1 日を「いのちの日」とし、いのちの電話の相談活動に初めて助成金を出した。さらに中高年の自殺者数の急激な増加を問題として捉えるとともに、日本の労働者の 3 分の 2 は産業医の選任義務のない小規模事業場で働いていることを考慮し、産業保健に特化した「職場における自殺の予防と対応」を作成した。

2002 年には、自殺予防の基本的な考え方についての提言を行うとともに、

社会全体として自殺予防に取り組む契機とする目的で「自殺防止対策有識者懇談会」を立ち上げ、自殺予防の基本的考え方について『自殺予防に向けての提言』（厚生労働省 2002）を示した。

この提言では自殺が社会全体に大きな損失であることを前提に、うつ病対策の精神医学的観点のみならず、心理学的視点、社会的、文化的、経済的観点からの多角的な検討と包括的な対策が必要であり、人生観や価値観や地域・職場のあり方など統計には現れないさまざまな社会的要因の影響もある点について述べている。自殺者増加の時代背景として、「幸せのものさし」が変わってきていることや、生きる意味・希望など精神面での欲求が満たされ難くなっていること、さらに人と人とのつながりや絆が希薄化したことについて記述された。

しかし、3分の2はうつ病対策であり、文化、社会的背景が重要と言われながらもここでは言及はされていない。一方、この提言は、「予防、危機介入、事後対策」の3段階に応じた自殺予防対策が記されたことが画期的で、「包括的な自殺防止活動の必要性を、国としてはじめて明確にしたことに意義があった」と評された（井田 2003）。

(3) 自殺対策基本法

2003年にはWHOが啓発に力を入れるため、9月10日を「世界自殺予防デー」と定めたことから、日本においても「自殺予防デー」とともに、9月10日からの1週間を自殺予防週間とした。2005年の自殺対策関係省庁連絡会議を経て、2006年には自殺対策基本法が公布された。

同法には、その目的として親族への支援の必要性について示された。また基本理念として「自殺は『個人の問題』ではなく『社会の問題』である」ことや、社会構造や現代社会の価値観の多様化、また死生観の変化による影響もある点について触れられた。そこで、精神保健だけではなく総合的なフォローが重要であることが位置づけられ、国立精神・神経センター精神保健研究所内に自殺予防総合対策センターが設置された。しかし取り組むべき柱は、

自殺実態調査とその成果による施策展開、自殺予防についての国民への啓発、メンタルヘルス対策、精神科医療環境の充実、ハイリスク者対応策、遺族ケアとなっている。結果的に、全体を通じてうつ病予防対策が中心となっており、2000年に公表されたWHOのガイドライン（WHO 2000）にほぼ準じている。

さらに同法による自殺総合対策の指針である『自殺総合対策大綱』（2007策定）では、「自殺は追い込まれた死であること、自殺は防げること、自殺を考えている人はサインを発していること」という三つの基本的な認識が示された（内閣府 2007）。

ところで、この大綱は中長期的視点で継続的に進めることとなっており、5年後に見直すこととしている。この大綱を受けて都道府県の各自治体では、自殺予防対策を進めていくわけだが、従来の感染症予防や生活習慣病予防などの公衆衛生政策の普及と比べ自殺予防対策は遅れがちである。一方財政的には「2008年には225億円が自殺対策で執行され、また自殺によるGDPの損失は、1998年から2000年までの年平均で1兆3,000億円にのぼる実情がある[30]」とも言われている（金子・佐藤 2010）。

2012年に自殺総合対策大綱は全体的に見直しとなり、誰もが自殺に追い込まれることのない社会の実現を目指してという文言が冒頭に書き込まれたことは評価されている。また、地域レベルの実践的取り組みや若年者向けや自殺未遂者向けの予防の推進が図られることとなったが、3万人以下の自殺者とはいうものの先進諸国の中では、依然として自殺者は多く、若年者の自殺者が目立つ点など課題は多いのが実情である。

(4) 自殺対策タスクフォースなど

その後も自殺者は一向に減少せず、1998年以降10年連続で3万人を超えていることから、国は自殺総合対策会議のもとに「自殺対策タスクフォース」を設置し、2010年9月には初会合が開かれた。そこでは、相談体制の充実や全国レベルでの啓発活動の展開、推進体制の強化を柱とする「年内に集中

的に実施する自殺対策の取り組みについて」を決定した。

　タスクフォースは関係府省が協力し、13年振りに年内自殺者数3万人以下を目指すものである。特に15〜34歳の全死因のうち自殺が死因のトップなのは日本のみで、亡くなった10人のうち4人が自殺であるため、今回さらに国が緊急的な自殺対策を重要視することとなった。そこで厚生労働省の自殺・うつ病等対策プロジェクトチームは、「薬物治療のみに頼らない診療体制の構築に向けて」に関する通知を都道府県に出し、チーム医療の重要性に踏み込んだことは画期的であると言えよう。

　また「自殺対策国民会議2010」を開催し、日本医師会や日本公衆衛生学会ほか自殺対策活動を展開する55協賛団体を集め、国民運動として「生きる支援」として切れ目ない対策実施を呼びかけている。

(5) 求められる自殺予防対策とは

　現代社会において現実的、具体的な対策である保健医療政策が重要であることは当然である。しかし、社会構造上の改革や、死生観をはじめとする多様化した価値観の変化による生きる姿勢への影響についての文化、社会的考察こそ、中長期的課題として国を挙げて取り組むべき課題ではないかとも考えられる。

　『自殺予防に向けての提言』をはじめとし、自殺対策基本法や『自殺総合対策大綱』においても文化、社会的背景についての要因の重要性が挙げられてはいるが、具体的な政策展開は、メディカルモデル[31]となっている。表面化した自殺者増加という現象だけに目を向けていては、抜本的な解決にはならない。

　先進諸国で群を抜いた高自殺率（天野2005）を示す日本の自殺問題の解決には、従来のメディカルモデル中心の自殺予防対策だけではなく、日本固有の問題が潜み、絡んでいるとも考えられることから、ソーシャルモデルやバイオ・サイコ・ソーシャルモデル[32]による文化・社会的視点から、明らかにすることが重要であると推測される（石濱2011）。

そこで、メディカルモデルによって進められてきた日本の自殺研究とその成果に基づく自殺予防対策を、ソーシャルモデルやバイオ・サイコ・ソーシャルモデルによって捉えなおすことが重要である点について、第4節で論述する。

第4節　ソーシャルモデルによる自殺研究の意義

1　メディカルモデルの限界

　日本の自殺と自殺予防研究の視座は、臨床医学の精神医学や救急救命学を中心としたその周辺にある心理学、予防医学に基づく研究と人口動態統計や警察庁統計などを使用した疫学、公衆衛生学に基づく研究が中心である。
　また、心理学的剖検は事例性を重視している点で、そのベースはメディカルモデルに傾きやすい。しかし医療現場においてはすでにメディカルモデルだけでは問題解決ができないことが指摘されている。まずその問題点について概説する。
　メディカルモデルとは、近代西洋医学の拠りどころである「特定病因論」、すなわち症状に焦点を当て病気の原因追求をするもので、Hewa らの論文によれば「病気とは身体のあちこちの部分の機能障害の結果として現れる」と解釈できる（Hewa & Hetherington 1995）。つまり「特定病因論」では、医学の関心は「人」そのものというより「症状」で、あるいは症状を呈する「部分」である。このメディカルモデルにより病気を科学的に理解する近代医学は発展し、高度な医療技術や新薬により人類に大きな利益を与えたと言える。
　一方日本では、近代医学の発展がもたらした平均寿命の延長による高齢者人口の増加や、慢性疾患患者の増加は「特定病因論」では治療が完結しない状況を引き起こしている。また近代的なシステムが導入されていない山間部や過疎地域の診療所では、「症状」としてより生活者としての「人」を診る診療が改めて注目を浴びるようになっている。それは Freedman の指摘から

「実際にメディカルモデルではどうしても説明のできない病気や状態が存在する」こととしても理解できる（Freedman 1995）。

2　バイオ・サイコ・ソーシャルモデルの意義

　人の生命を扱う医療現場では、従来のメディカルモデルからバイオ・サイコ・ソーシャルモデル（Engel 1980）にシフトしつつある。それは「Spirituality」が台頭した 1995 年以降、近代西洋医学の拠りどころであるメディカルモデルの限界を克服する形でバイオ・サイコ・ソーシャルモデル[33]が話題となったことが一つのきっかけと言える（石濱 2011）。

　Engel のバイオ・サイコ・ソーシャルモデルについては、「病気は患者の持つ問題の一側面にすぎない、したがって病気は生物学的基準によってのみ判断されるべきものではない」と理解することも可能である。

　さらにその対処方法は「その人を取り巻く文化的、社会的影響や人間関係、社会関係、また家族関係や宗教、信条、生活習慣などについて全人的に評価する。そのうえで、その病気の『人』に焦点を当て、崩れたバランスを取り戻すようなアプローチが重要であるとする考え方」と解釈できる。このことは、文化・社会的側面から「人」を捉える重要性を論じているとも言える。

　Engel の考え方から、「病気とはシステム要素のバランスが崩れたもの」であり、「環境や人間関係が病気を引き起こす」という説明も可能となる。またそのときの「システム要素」とは、「対象を取り巻く環境や家族、友人、生活習慣や宗教」を指していると考えられ、文化・社会的要因と「人」とのアンバランスが病気を引き起こすと示唆しているとも理解できる。

　今まで述べてきたように、メディカルモデルからバイオ・サイコ・ソーシャルモデルへの流れは、「科学的に実証された根拠に基づいた判断がなされなくてはならない」という立場にたった「EBM」という一辺倒では不十分であることを示唆している。それは、「NBM」[34]とのすりあわせの必要性が認識されてきているように、メディカルモデルありきという考え方からバイ

オ・サイコ・ソーシャルモデルとのすりあわせも必要であるという認識も考えられる。

つまり、「NBM」では、「その対象は『人』であり、その人それぞれに生きてきた物語があり、その個々の条件を考慮した配慮が必要である」という考え方に依拠している。そのことから、バイオ・サイコ・ソーシャルモデルの特徴である、「生物」「心理」「社会」という3つの側面から、問題をそれぞれ独立した問題として捉えるのではなく、さまざまな関連要因が包括的、複雑に相互作用し合って、個人の健康や病気に影響していると考える。この考え方を用いることによって、さらに個人に対しても多面的なアプローチが可能となり、また社会の問題がよりみえやすくなると仮定した。

このように医療現場ではメディカルモデルや「EBM」からバイオ・サイコ・ソーシャルモデルあるいは「NBM」へと幅広く研究も展開され、それぞれの強みを生かした新たな方向性を模索しつつあるのが現状であると思う。というのも医療現場においては、目の前の切迫した状況からの転換を迫られる可能性も高く、研究とその成果への期待が大きいからである。まさに日進月歩で、自殺研究においても精神科病床や救急医療現場での自殺者やその遺族、自殺未遂者を対象としたメディカルモデルの研究は進んでいる。また、「どうすれば当事者の自殺を防げたか」という視点で、「NBM」による治療、看護、社会資源としての家族などを視野に症例検討が行われることも多い。

しかし地域社会では、医療現場とは異なり、医療従事者と患者という対極の関係性や治療契約という概念は見えにくい。そのため例えば地域で自殺者がいても、誰が、どのような役割を果たすべきだったのかという評価は存在しにくく、「自殺」の責任の所在は、当事者の「自己責任」や親族の責任と捉えがちである。さらにその事実は個人情報保護という壁で、近隣地域にさえ隠されてしまうのが日常的である。そのため、これらの事例の検証から明らかになることが見えづらくなってしまうのではないかと考えられる。

地域での自殺予防対策の根幹は、特定の対象者である入院患者や通院患者に焦点化したものではなく、地域社会で生活する人々への対策であるとすれ

ば、文化的、社会的側面からの研究が進むことにより、日本社会を「自殺を生み出さない社会」へと転換していくためのアプローチが、もっと重層的になり得るのではないだろうかと考えられる。

3　日本の自殺研究の評価

　自殺と自殺予防研究における文化・社会的視点は重要視されていないのだろうかという点を含め、日本の自殺研究の評価について考えてみたい。

　UN/WH のガイドライン[6]においても日本の「自殺予防に向けての提言」[35]においても、自殺研究に関して心理学的、文化、社会的、経済的観点からの多角的検討が必要であり、人生観や価値観や地域、職場のあり方など統計には現れないさまざまな社会的要因の影響があると推測され、その重要性については明記されている。

　そこで、日本での自殺研究あるいはその成果がどのように評価されているかについては、「自殺予防対策関連 WHO 日本視察最終報告書」（平成 24 年 1 月）から考察する。この報告書は、国立精神・神経医療研究センターの要請を受けて、2012 年 1 月に WHO が専門家チームを日本に派遣し、自殺予防に関する全国的プログラムの進捗状況について視察を行った結果を、自殺予防総合対策センターが「自殺予防対策関連 WHO 日本視察最終報告書」としてまとめたものである。

　この報告書では、2010 年度で 124 億円の予算を投じ、社会全体、学校、職場における自殺問題の認識を高めるとともに、地方自治体レベルで自殺予防に係る確たる基盤が固められたことや、疫学的情報のリソースの質が高いレベルで提供されているとの評価があった。また、メディカルモデルによる研究の成果もあるが、さらに選択的、個別的に焦点化した介入を強化し、治療モデルを確立すべきであることが指摘され、メディカルモデルによる自殺研究をさらに強化すべきであることが示された。

　その一方で、内閣府の自殺対策推進室については、専門的側面より政治的、

社会的視点により関心を向けざるを得ないため、より専門的に自殺予防を推進する部門である厚生労働省や、地方自治体の自殺予防に具体的に携わる部門との自殺予防対策事業に関する調整の改善が求められている（自殺予防総合対策センター 2012）。しかし、縦割り行政のデメリットを補う意味では、内閣府に直轄という組織の意義はあるとも考えられる。一方、メディカルモデルによる研究が更なる自殺による死亡者を減少させるには不可欠であることも然りであろう。今後の省庁の連携体制が望まれる。

4　ソーシャルモデルの必要性

文化、社会的側面の重要性が謳われているにも関わらず、メディカルモデルでは、対象を取り巻く環境や家族、友人、生活習慣や宗教などの文化、社会的要因と「人」との関係性について社会構造的に研究するには限界があると思われる。

そこで今後の自殺・自殺予防研究の視座として、死の捉え方の変化と社会状況の変化、生と死にまつわる通過儀礼や祖先信仰との関連、また自殺などの現代社会病理との関連については、ソーシャルモデルやバイオ・サイコ・ソーシャルモデルの視座での研究が必要であることを改めて強調したい（石濱 2011）。その根拠としては、2012 年に見直された『自殺総合対策大綱』では、自殺や多重債務やうつ病などの自殺に関連するできごとは、不名誉で恥ずかしいものであるといった間違った社会通念からの脱却や、自殺に追い込まれる危険は誰にでも起こり得る危機である点について明記されたこともある。そして、これらを実現性のあるものとするには、ソーシャルモデルやバイオ・サイコ・ソーシャルモデルを用いた研究こそ強化していく必要があると考えられる。

現代社会において現実的、具体的な対策である保健医療政策が重要であることは当然である。しかし表面化した自殺者増加という現象だけに目を向けていては、抜本的な解決にはならず、本質的には社会構造上の改革や、死生

観をはじめとする多様化した価値観の変化による生きる姿勢への影響についてなどの文化的、社会的考察こそが重要である。

清水は、次のように述べている。

> 豊かさをはかる社会の指標があるならば、それは「いかに納得のいく死を迎えられるか」、さらに納得のいく死とは単に安楽さを求め、苦痛を避けることを意味するものではない（ライフリンク講演2010）[36]。

近視眼的にならず、いろいろな価値観や物の見方に触れ、人の感じ方も変化することを体験し、「今の自分がすべてではない」ということを知ることのできる社会を再生することこそ、自殺予防の可能な社会であると考えられる。そのためにはソーシャルモデルやバイオ・サイコ・ソーシャルモデルの視座での研究を推進し、新たな研究スタイルを確立する必要があると考えられる（石濱2011）。そこで、筆者が2008年から2010年にかけてバイオ・サイコ・ソーシャルモデルの視座を意識し実施した「抑うつ高齢者に着目した自殺予防に関する研究」について次に述べる。

第5節　バイオ・サイコ・ソーシャルモデルを意識した地域研究事例

1　地域支援事業について

はじめに、地域支援事業創設の経緯と高齢者把握システムの基本的事項について触れておきたい。

1997年に制定された介護保険法は、高齢化の進行による要介護者の増大や公費財源での限界を鑑みて社会保険方式を導入し、2000年から施行された。介護保険制度は、制度の持続可能性の観点から、5年ごとの改正、3年ごとの介護報酬と介護認定の見直しを行うように規定されている。2005年の一部改正により、新予防給付や地域支援事業が創設され、介護予防事業がその中心となった。

介護保険制度は、人口構造による第1号被保険者の増加と第2号被保険者の減少から、要介護認定者の増加と財源確保のバランスの不均衡による介護保険財政の拡大が大きな問題となった。また、要介護度が低い軽度者の大幅な増加と、軽度者に対する介護予防の改善効果が見られないといった課題が明らかとなった。

　地域支援事業は、身体を使わないために身体能力が衰えるいわゆる「廃用性症候群」と思われる生活機能低下が軽度である対象者に、早期に重点的な施策を講じることで、重度化する以前の予防的効果を期待する予防重視型システムへの転換を図ったものである（厚生労働省 2005; 厚生労働省 2008）。

　2006年度に創設された地域支援事業は、地域支援実施要綱（厚生労働省）によりさまざまな事業の開始が推進された。ここに位置づけられた特定高齢者候補者把握事業は、介護保険認定非該当、あるいは介護保険未申請者のうち、介護保険に該当しそうな虚弱高齢者を抽出し、集中的に介護予防事業に参加させて、できるだけ要介護状態になる時期を遅らせるために創設された仕組みである。

2　特定高齢者候補者把握事業の実施

　私たちが実施した「特定高齢者における運動機能と抑うつ気分の相関について」の研究は、介護保険制度により2006年に創設された地域支援事業実施に端を発している。当時、私は高齢者の健康づくりを推進する部署で、高齢者の第3ステージを全うするための施策を策定する立場にあり、また、大学院生として学ぶ立場でもあった。そこで、自らの担当業務に院生としての学びを反映させられるように意識して実施したものである。

　2006年度から私の勤務する自治体においても、特定高齢者候補者把握事業を実施した。その特定高齢者把握のデータから、高齢者の実態を把握するために統計的手法を用いて研究を行った。その内容は、私の勤務する地方自治体の65歳以上で区民健診を受けた26,965人のうち特定高齢者把握事業（地

域支援事業の一つ）に準じて実施した生活機能評価に関する調査である。何らかの生活機能低下に該当した1,174人を分析したところ、70％が抑うつ傾向に該当したことを憂慮して行った研究である（石濱2009）。

この研究では、データに欠損のない1,035人（平均年齢78.2歳）を対象者として、統計的処理により分析を行った結果、抑うつ傾向を示した69.7％のうち49.2％が中等度以上の抑うつ傾向を示し、45.7％が運動機能低下を示した。運動機能が低下するに従って抑うつ気分が重度化する、あるいは抑うつ気分が重度化すると運動機能が低下することが明らかになった。

今後の日本の都市型あるいは過疎型など、地域に根ざした社会的援助システムを考える際には、社会的支援の授受、つまり提供と受領のバランスを考慮することこそが重要である。それは、他人から必要とされることが、生きていくための強力な推進力であると考えられるためである。対人関係において不均衡な関係であることを認知することは苦痛で、その苦痛を取り除くように個人は動機付けられているものである。この点からも高齢者に対しては個々の尊厳を生かした上での支援交換的なサポートシステムが望ましいと思われる。生きる空間が狭まる老年期においては、人により癒されることの多くは他の方法では代用されないため、本人には選択や拒否ができる自由を保障した上での社会的援助システムが希求される（石濱2009）。

このように高齢者の健康づくり施策を考える際には、心理的支援を含めた運動プログラムの実施や、うつ予防支援プログラムの開発が必要であると同時に、バイオ・サイコ・ソーシャルモデルによるきめ細かな支援システムを検討する必要があると考えられる。そこで、さらに研究を深めていくこととした。

3　バイオ・サイコ・ソーシャルモデルによる研究の必要性

人間の一生は、ある意味で獲得と喪失のプロセスである。老年期には、特に生きるための精神的エネルギーの低下をもたらす大きな喪失が表面化し、

抑うつ傾向を招きやすい。さらに、新しい創造にも多大なエネルギーを要することから、抑うつ傾向が長引きやすい時期でもある。

　また、現在の高齢者の時代背景を振り返ると「家」の変化がある。かつて「老人の世話をするのは子の務め」と言われたのは儒教の倫理観だけではなく、農家や家業から継承される生活共同体にも付随したものであったと考えられる（石濱 2009）。

　しかし、戦後の高度経済成長による激しい社会変動の中で、「家」という生活基盤は、一代限りの家である核家族を普遍化している。そして、今、その核家族は、「孤族」とも表現されるように、単身者が3割を超えている（厚生労働省 2010）。現在の高齢者について想起すれば、若くして生活苦と戦い、敗戦によって価値観の転換を強いられ、成人後は戦後の混乱の中でマイホームを体現し、経済成長を担ってきた世代である。こうした時代を生きてきた高齢者の老後や死後に対してのキーワードは、まさに「迷惑をかけたくない」である（石濱 2009）。

　どのような施策のあり方が良いのかという今後の高齢者対策を考える際には、その世代の人を取り巻く文化、社会的影響や人間関係、社会関係を踏まえた上で、検討する必要がある。こうした視点からも、バイオ・サイコ・ソーシャルモデルによる研究が重要であると考えられる。

　そこで先の研究から、具体的な支援策を講じる必要があると考え、中等度以上の抑うつ傾向を示した高齢者について、バイオ・サイコ・ソーシャルモデルの視点でさらに分析を行うこととした。

4　先行研究の分析

(1) 高齢者の「関係性」に関する研究

　神戸市の高齢単身者を調査対象とした研究[37]では、家族・親族関係の充実や緊急通報などの在宅支援サービスが孤独の対処資源となっていることを指摘している。家族・親族のサポートが弱い高齢単身者や緊急通報システム

の非利用者では、孤独感を訴えた頻度が高かった。また子どもがいない、活動能力が低い人で孤独感が高くなっており、性別、年齢、住居や仕事の有無との関係はみられなかった（下開 2005）。

東京都内の高齢者 12 名に対して行なった質的調査[38]では、高齢者の生き生きとした生活には「居住環境」のようなハードな面の環境よりも「仲間との交流」や「役割」という対人的なソフトの面の環境が、より強く反映されることが示唆された（健康・体力づくり事業財団 2006）。いずれも高齢者の孤独や虚弱を引き起こす要因として、家族・親族関係の充実や仲間との交流などがあることから、高齢者にとって近親者喪失は大きな打撃になるのではないかと推測される。

(2) 社会的ネットワークに関する研究

社会的ネットワークの先行研究では、個人内傾性が孤独感を引き起こすメカニズムについて、(1)社会的ネットワーク媒介モデル（Social network mediation model）と(2)認知的バイアスモデル（Cognitive bias model）という二つのモデルから、それぞれの影響過程を検討した研究[39]（Levin & Stokes 1992）について検討する。

社会的ネットワーク媒介モデルでは、何らかの個人内傾性が対人関係の形成や維持を困難にする結果、社会的ネットワークが希薄になり、孤独感が生じると仮定される。一方、認知的バイアスモデルでは、自己や他者に対するネガティブな感情傾向が、現実の社会的ネットワークを過小評価するために、社会的ネットワークの様態に関わらず孤独感が生起すると仮定される。さらに外向性、抑うつ、他者受容と孤独感との関連が検討され、いずれの個人内傾性も孤独感に対して影響過程を持つことが明らかにされている。また孤独感を高める要因の一つとして、円滑な対人関係を築くための言語的、非言語的な能力である社会的スキルの不足が報告されている（Rowe & Kahn 1987）。

社会的スキルの不足は、対人関係の形成や維持を妨げるだけでなく、対人不安などのネガティブな感情傾向を高めてしまう。したがって、個人内傾性

の一つとして社会的スキルを取り上げると、社会的スキルと孤独感との間にも、社会的ネットワーク媒介モデルと認知的バイアスモデルという、二つの影響過程が存在すると考えられる（石濱 2009）。

よって主観的に健やかな明るい人生を送るには、家族のサポート、在宅支援サービスや「仲間との交流」、「役割」をもたらすようなサポートシステムが有効である。しかし、家族のサポート強化に期待できない現代において、在宅支援サービスがより有益であるための条件や、対人交流や役割を高めるようなサービスのあり方についての研究はまだ途上である。

(3) 死別体験に関する研究

高齢期という特徴からは、近親者喪失を体験する機会が多いと推測されるが、近親者との死別体験は、罪責感や心残りから抑うつ傾向になりやすいことが明らかにされている（Paeks 1969）。

ところで、現代医療や生命倫理の問題を考察する場合の視点に、人称別の死の概念があり、「二人称の死」という捉え方もある（ジャンケレビッチ・仲沢 1978; 柳田 2006）。二人称の死とは、人生を共有した愛する者の死で、それは一人称の死（自分の死）や三人称の死（他人の死、医療現場における患者の死をも含む）とは明らかに異なり、残された者に大きな「喪失感」と「悲嘆」が伴う（浅見 2003）。それゆえ、二人称の死においては、死に遭遇した者の喪失感と悲嘆に対する「癒し」が課題となる。喪失体験の多い高齢期では、ストレスの高い二人称の死に遭遇した後でうつ病を発症することがすでに問題視されている。

このように高齢者の自殺の背景には、慢性疾患による継続的な身体的苦痛や将来への不安とともに、近親者の喪失体験が大きな引き金になることは、十分考えられる（Schulz 1978）。また、うつ状態にあることが死亡や身体機能低下、認知機能低下を予測することが明らかにされている（小澤他編 1999）。

(4) 高齢者の自殺の増加

「国民衛生の動向」（厚生労働省 2003）によれば、全国の自殺率は 25.5（人口 10 万対）で、東京都は 22.2 である。全国の死因で「自殺」は第 6 位、東京都では第 5 位である。2003 年筆者の勤務する区における統計では、同区の自殺率は 24.0 である。

この 2003 年の自殺者総数 56 人のうち 65 歳以上の自殺者は 6 人、2004 年では同様に 57 人の中で 4 人で、いずれも 1 割前後であった。2005 年には自殺者総数が 71 人となりそのうち 65 歳以上は 14 人、2006 年は自殺者総数 62 人のうち 65 歳以上が 12 人でいずれも 2 割前後となり、2007 年は自殺者総数 63 人中 65 歳以上が 16 人で 25％ となった。

このように全国や東京都レベルでは、特に自殺率が高率というわけではないが、自殺者実数が年々増加し、高齢化に伴い今後ますます増加することが予測される。しかし現段階で同区における自殺予防やうつ病予防などに対する施策は、年 1 回の中高年対象のうつ病予防講演会や精神科医によるうつ病特設相談があるのみで、対象を高齢者に絞った施策はない。そこで、高齢者を対象とする自殺予防に向けての地域支援施策を構築するために、抑うつ傾向である高齢者の生活感情の実態と関連要因を把握し、効果的施策を探る基礎資料を得るため、「抑うつ傾向高齢者の生活感情と近親者喪失について」の研究を行った（石濱 2009）。

5 「抑うつ傾向高齢者」に関する研究

私が行った「抑うつ傾向高齢者の生活感情と近親者喪失について」の研究は、先の研究対象者から、抑うつ傾向高齢者の生活感情や近親者喪失に関する実態と共に、関連要因について明らかにすることを目的として実施したものである。その結果、回答者の 8 割が近親者の喪失を体験しており、将来に希望が持てない人は、とりわけ対人交流に関しての期待が持ちにくいことが示唆された。また、抑うつ状態をきたす原因として、種々の身体症状を挙げ

る回答が最多数を占めたことが明確になった。

考察として、自殺予防対策と絡み合わせたバイオ・サイコ・ソーシャルモデルを意識した地域福祉施策のあり方について検討し、施策に生かしたものである。

以下、研究の要旨について記す。

(1) 研究目的

私の勤務する区において高齢者の自殺は増加傾向であるが、今後の自殺予防の施策を考えると、その実数の多い高齢者にもっと注目すべきであり、大都市における有効なソーシャルサービスの開発が必要である。また近親者との死別体験は喪失感に拍車をかけ、高齢者の抑うつ状態を悪化させ、自殺につながりやすいことが明らかにされており（Paeks 1969; Schlz 1978）、抑うつ傾向高齢者には、近親者喪失の影響があることが予測される。

以上から研究目的は、都市部に居住する抑うつ傾向高齢者を対象とした質問紙調査によって、生活感情や身近な人の死による喪失感に関する実態と共に関連要因を明確にすることである。

(2) 研究方法

以下のような方法で、研究を行った。

①対象者　2006年度65歳以上で区民健診受診時に生活機能評価調査を実施した26,965人のうち、抑うつ項目3点以上を抑うつ傾向の顕著な高齢者として抽出すると509人が該当した。そのうち300人を無作為に抽出し、死亡および転出を除いた286人を対象とした。

②方法　郵送による自己記述式質問紙法（郵送配布－郵送回収）

③調査期間　2007年6月～8月

④調査質問内容　成人一般に適用可能な尺度として採用される生きがい感スケール（近藤・鎌田 1998: 73-82）の4因子「現状満足感」「人生享楽」「存在価値」「意欲」と抑うつ理論をもとに作成された絶望感尺度BHS（Beck hopelessness scale）[40]から選択し、現在の日常生活をどのような気持ちで過ごしているか、将来に対しての希望や、対人交流について問うこととした。また身近な人を亡くした経験の有無や、抑うつ気分傾向の誘発要因については、地域でのサポート体制や施策化を意識して作成し、「うつ予防・支援に関するアンケート」とした。生きがい感については設問1〜設問5、ホープレスネス（hopelessness）については設問6と設問7で、設問6は「はい」「いいえ」の2択とし、設問6以外は「はい」「どちらでもない」「いいえ」の3択とした。設問8〜設問10までは身近な人を亡くした経験の有無と喪失感、抑うつ気分、困りごとについて問うている。設問8は「はい」「いいえ」の2択である。「はい」に回答した人には、設問8A、8B、8Cで亡くした後の気持ちや対応を尋ねた。設問9、設問10については回答選択肢のうち該当するものをいくつでもチェックするように作成している。

　具体的な設問内容は以下のとおりである。

設問1　私は今の生活に満足感があります。
設問2　私は他人から信頼されて頼りにされています。
設問3　自分が必要とされ存在価値を感じることがあります。
設問4　自分の趣味や好きなことに出会えることがよくあります。
設問5　私は好きなものを飲んだり食べたりする機会をよく持っています。
設問6　他の人と有意義なつき合いをするという点で、私の将来は暗いと思う。
設問7　将来が私にとって良くなる見込みはあまりないと思う。
設問8　あなたは、身近な人を亡くされた経験がありますか。
　　　　「はい」の方に
設問8A　亡くされた以降、気分の落ち込みが続いている。
設問8B　親身になって話を聴いてくれる人はいますか。
設問8C　身近な人を亡くされた方のグループ活動があれば参加しますか。
設問9　あなたが憂鬱な気分になるのは、どんなときですか。
　　　　①身近な人を亡くした喪失感　②自分の役割がない（社会 地域 家

庭）　③収入に不安がある　④心の通う友達がいないから　⑤以前は楽しかったことに何の興味も湧かない　⑥体調がすぐれない　⑦その他

設問10　現在困っていることについて
①経済的問題　②遺産相続等問題　③家事全般　④孤独感、寂しさ　⑤集中力の低下　⑥睡眠障害（寝つきが悪い　熟睡感がない　朝早く目覚める）　⑦身体的問題（口渇　腹が張る　胃弱　動悸　頭痛　非常に疲れやすい）　⑧死に対する恐怖　⑨終末期の不安

その他調査設問作成に当たり、留意したことは以下のとおりである。

対象者が抑うつ傾向を示す区民で高齢者であることを考慮し、全体の容量がA4サイズ両面に収まること、読みやすくするために字の大きさや行間に配慮すること、理解しやすい内容であることを考慮したうえで従来の当区におけるアンケートの文言を参考に回答しやすくすることに留意して作成した。

(3) 倫理的配慮

この調査は、根拠法令である介護保険法及び地域支援事業実施要綱（H18年6月9日老発0609001号）を遵守したうえで、地域支援事業の実施に関する事項として当自治体の個人情報保護審議会で承認を得ている。さらに生活機能評価結果および基本チェックリストの結果についての個人情報収集および情報提供については、生活機能評価票に対象者のサインを求めたうえで実施している。また自己記述式質問紙は無記名とするとともにリーフレットによるうつ病予防の啓発と相談機関一覧を同封した。

(4) 調査結果

調査票を郵送した286通のうち有効回収数は142人（49.7％）である。以下その回答結果について述べる。

第3章 現代の社会病理現象としての自殺　107

1）調査結果の概要

設問1から設問7の生きがい感・絶望感についての回答を**図 3-11** に示した。

設問1の「満足感」に関しては、抑うつ気分や快感消失があると今の生活に満足するなどの主観的幸福感が得られにくく、自分に価値がないと思いがちであることを示している。設問2「他人から信頼されている」、設問3「必要とされ存在価値を感じることがある」はいずれも存在価値に関する項目である。

設問3の「必要とされ存在価値を感じることがある」人は47.9％で、役割意識の持てる対人交流のあることが示唆された。この項目は具体的場面を想定して肯定しやすかったのではないか。しかし他人から信頼されて頼りにされていると思う人は31.7％で、場面的には存在価値は感じられても総合的に信頼され頼りにされているとまでは疑問だという人が「どちらでもない」（52.1％）に回答したとも考えられる。

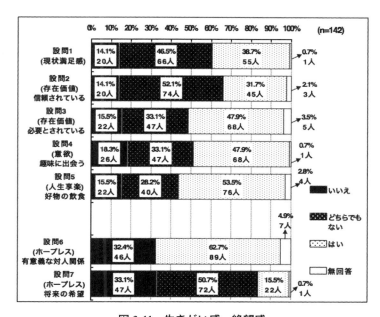

図 3-11　生きがい感・絶望感

注）設問6、設問7は逆転項目で「はい」「いいえ」を逆転させて、図表化している

設問4は意欲を問う項目である。もともと趣味を持っている人でも、経済的理由や身体的理由さらに親しい人の喪失で継続することが難しい場合もある。また個別の環境や社会的条件に影響を受けやすく、高齢者にとっては自ら開拓して新たな趣味に出会うことは難しいため、高齢者向けの社会的仕掛けが必要である。

設問5は、人生享楽についての項目であり、人との交流に関係なく、さらに家族の状況や経済状況といった社会的条件にも左右されにくいため比較的肯定しやすく、また生存欲求に属するもので満足が得やすいものであるため53.5％の肯定的回答が得られたと考えられる。回答しやすかったためか「どちらでもない」（28.2％）が最も少なかったのもこの設問であった。

2) 他者との関係性

設問6は他の人との有意義なつき合いに限って問うている。高齢期において対人関係のあり方が、主観的幸福感や生き方に大きく影響を与えると言われている。有意義なつき合いをするという点で将来は暗くないと回答した人が62.7％という結果であり、人との交流においては6割の人は希望が持てていることを示している。設問3で約半数の人が役割意識の持てる対人交流のあることが示唆されていることからも了解できる。いずれのライフステージにも人との交流が嫌いという人が存在するが、対人関係に期待ができないと回答した32.4％の人は、このアンケートを投函していることからも全くつき合いを拒否している生活とは考えにくい。そうした中でも期待できないという結果は、孤立化した高齢者を反映した結果であると考えられる。

仮に設問6に「わからない」の項目を加えたと想定すると、人とのつき合いに希望が持てると回答した人が、設問7のように「どちらでもない」に半数が移行したかもしれない。人との交流において暗いと思う人が主観的幸福感及び将来に対する希望が持ちにくいのは、自己期待が持てず、無力感に陥りやすいためであろうか。将来に希望が持てない人は、対人交流に関しての期待が持ちにくいことが示唆された。

3）身近な人の喪失体験

　身近な人の喪失と喪失感の設問 8 では、対象者の 8 割、119 人が身近な人を亡くし、そのうち 51 人が、亡くした経験をしていた以降も気分の落ち込みが続いている。その 51 人のうち 33 人は、親身になって話を聴いてくれる人がいると回答している。

　一方身近な人を亡くした以降気分の落ち込みが続き、「親身になって話を聴いてくれる人がいない」という人は 16 人であった。身近な人を亡くした 119 人のうち 81 人は、「親身になって話を聴いてくれる人がいる」で、一方 35 人は、「親身になって話を聴いてくれる人がいない」と回答している。3 人は無回答であった。さらに「身近な人を亡くした人のグループ活動があれば参加したい」という人は 24 人いた。この 24 人について見てみると、「親身になって話を聴いてくれる人がいる」が 14 人、「聴いてくれる人がいない」が 10 人という結果であった。セルフヘルプグループに参加してみたいということと話を聴いてくれる人がいるかどうかでは違いが見られなかった。

　設問 7 において、「将来が良くなる見込みがあまりない」と答えた人 47 人中 42 人が設問 8 において身近な人を亡くした経験がある回答している。残りの 5 人のうち 3 人は別記に「緑内障で視力低下」「夫との気持ちの交流がない」「うつ病で治療中」とあった。将来が良くなる見込みがあまりなく、身近な人を亡くしたと回答した 42 人中 6 割 27 人が「亡くした以降気分の落ち込みが続いている」と回答している。この 27 人のうち 16 人が「親身になって話を聴いてくれる人がいる」で、11 人が「親身になって話を聴いてくれる人がいない」という結果であった。今回の調査では、親身に話を聴いてくれる人の有無による、気分の落ち込みや将来への期待への影響はないという結果であった。

4）「二人称の死」

　このアンケートでは、「二人称の死」を意識して「身近な人」としているが、高齢者は複数の身近な人を亡くしている可能性が高く、回答や分析が複雑化

する恐れがあると判断し、今回の調査では亡くした人との続柄や亡くした原因、亡くしてからの期間については問うていない。なぜなら、続柄がどうあろうが身近な人、言い換えれば「自分にとって大切な人」であることには変わりはないと考えたからである。

しかし誰を亡くしたか、亡くした原因やその際の関与などについて明らかにすることは今後の研究課題である。したがって身近な人を亡くした以降、「憂うつな気分が続いている」51人の気分の落ち込みが当然の時期なのか、あるいは慢性悲嘆として捉えていいものなのかは判断ができない。ただ身近な人を亡くした人の半数弱が現在も気分の落ち込みがあるということは、サポートのあり方や自殺予防の点からも重要視すべきことである。身近な人を亡くした人のグループ活動があれば参加したいと回答した24人は、無記名のアンケートに対して全員が住所、電話番号、記名があり、誘いがあればいつでも参加したいというはっきりとした意思を示していたことは特徴的である。

5) ソーシャルサポート

日本においては、身近な人を亡くした人に対するソーシャルサポートは充実しているどころか、未だかろうじて善意によるグループ活動がいくつかあるだけで、公的には犯罪被害者に対する支援の一部としてのセルフヘルプグループ、あるいは自殺対策基本法の流れによる自治体の試みが始まったばかりである。こうした状況の中では、アンケートの対象者もセルフヘルプグループの役割や期待するものなどについて、よくわからないままに回答した可能性が高い。それにも関わらず「身近な人を亡くした人のグループ活動があれば参加したい」という24人全員が連絡先を記載した返信は、重く受け止める必要があろう。

6) 医療

高齢期の抑うつ状態は、身体症状の訴えが中核症状であることは周知であ

るが、今回調査の設問9の憂うつな気分になるときはどんなときかについて、「体調がすぐれない」が最も多く、それを裏づける結果である。アンケート対象者は当該区の「かかりつけ医」で健康診断をしているため、体調がすぐれないということでかかりつけ医に相談している可能性が高い。近年認知症に関しては、東京都の認知症アドバイザー医認定制度などにより、区の開業医の認知症に対する機運が高まり、高齢者の診察の際に認知症状の視点を持ち得るようになっている。

しかしうつ病や抑うつ傾向の高齢者に対しては、まだその域には達していないと思われる。また区民の「かかりつけ医」のほとんどは精神科ではないため、今後地域の開業医に対して高齢者のうつ病に関する知識の普及や、専門医へつなぐ仕組みづくりが必要である。精神科への紹介が保険点数化されたのもその第一歩である。こうした仕組みづくりにより高齢者のうつ病の早期発見や適正医療が進展し、ひいては高齢者の自殺予防につながっていくと考えられる。

また同じく設問9の回答で「体調がすぐれない」の次に多いのが「身近な人を亡くした喪失感」であった。身近な人を亡くすということは、ライフステージの中で高齢期に限らず起こることである。しかし、高齢期は喪失が多く、さらに将来に対する希望が持ちにくいことから、喪失感が長引いて病的悲嘆の経過をたどりうつ病に罹患したり、あるいは身体症状が強く出現し、病態を複雑にして発見が遅れたりすることもある。

また正常悲嘆であっても、そのライフステージの特徴から抑うつ状態に陥りやすく、二次的な問題を引き起こす確率が高い（金他 1998）。誰にでも起こる身近な人を亡くした喪失感に苛まれている人に対しての何らかのサポートがあれば、またライフステージの早い時期からの予期悲嘆に対する準備教育が整っていれば、身近な人を亡くした高齢者の心の状況はもっとよくなるのではないかと考えられる（青木 1997）。

7) 困りごと

　設問10の現在の困りごとでは、身体的問題のうち「非常に疲れやすい」に半数以上の人がチェックをつけていた。うつ病の診断において「非常に疲れやすい」は典型的症状であるが、内科など精神科以外の科においては胃弱、頭痛や動悸とは異なり不定愁訴と受け取られがちであるため、うつ病の診断にはつながりにくいのではないか。

　さらに次に多かった集中力の低下や睡眠障害についても、うつ病の症状としては一般的症状であるが、高齢者のように複数の合併症を抱えている場合には、他の疾病症状に隠れて見逃されてしまう可能性もある。

　設問9、設問10に一定数を占めている経済的不安については、平均寿命の延長と定年後の第3ステージと言われる20年近くの生計を、もはや年金だけでは確保しきれないという不安、さらに高齢者の働く場や住宅問題の整備がまだ不十分な状況であり、こうした状況を反映した結果とも考えられる。また孤独感や寂しさ、相談相手がいない、仲間がいないなど対人交流について考えてみると、高齢期は親しい人を失う頻度が高く、それでいて新たな人間関係の構築がしづらい。まして調査対象者が抑うつ状態の高齢者であることを考えれば、自己期待や意欲も持ちにくいためなおさらである。

(5) 考察

1) 対象者について

　この研究では、「かかりつけ医」はあるものの抑うつ傾向の顕著な対象者に対して調査を行ったため、調査内容がどのような反響をもたらすか計りかねない点も多くあったが、行政に何らかの期待を持っている対象と考えられる。というのも無記名の郵送回収でありながら記名があるものや、電話・直接来所が有効回答者の4割を占めたからである。

　一方返信のなかった対象者について考えてみると、まさに抑うつ傾向、閉じこもり傾向、認知症傾向の高齢者が多く含まれていることが予測された。この調査では、返信のなかった対象者に対しての追跡調査は課題である。

本調査対象者の訴えとして体調がすぐれない、身近な人を亡くした喪失感、億劫、だるいなどの陰性症状と思われる訴えが多かったが、専門医で治療している人は2人のみであった。深刻なうつ病エピソードへの早期介入のためには、かかりつけ医がうつ病のリスクと利用可能な治療選択肢を自覚していれば、かなりの確率で重症化を予防できるのではないだろうか。その点からも地域のかかりつけ医に対しての啓発が望まれる。

2) 行政への期待

今回のアンケートにおいて、身近な人を亡くした人のグループ活動があれば参加したいという24人全員が氏名と連絡先を記載していることに、筆者は行政に対する対象者からの期待あるいは癒されたいという希望を実感した。このことは、真の心のありようと言語レベルの表記には差があるが、一方で自分が過去を解釈し理解し主体的に意味づけしながら言葉にしていく作業を通じて、過去の体験が加工・統合され、新たな認識や洞察が創発することによって、逆に新たな内的Workingモデル[41]が再構成される可能性もある（久保田1995）。

つまり高齢期に多い身近な人を亡くしたという共通の喪失体験を語り合うことにより、それらの周辺にある自身の足跡をも含め自己認識が再構築される可能性という点で、抑うつ予防、症状悪化防止のみならず、支え合いの仕組みとしてこうした試みは重要である。すでにグループ活動を実施している自治体もあるが、NPOの活動も含め参加対象者が高齢者であることから、場所や時間帯を配慮した、グリーフワークのためのグループ活動の開催も検討する必要がある。

またQOL（quality of life）を維持し、何らかの役割を持つためには「仲間との交流」が重要である。今後は自主グループ活動の支援として重要な活動の場の提供を含め、「集まりの場」としての機能を重視した行政施策の展開を検討していく必要がある。本調査対象者では、身近な人を亡くした気分の落ち込みが続いている人は、親身になって話を聴いてくれている人がいても、

いなくても気分の落ち込みに有意差はなかった。実際には話を聴いてもらうことで癒される人もいることから、傾聴ボランティアを身近な地域での制度として確立すべきである。

さらに客観的に感情のプロセスの理解を欲する人にはデスエデュケーションが有効ではなかろうか。高齢者に対するデスエデュケーションは未だ模索期あるいは発展期である。今後はさらに研究を進めるとともに、地域での学習会等を企画していくことで啓発、普及を促していく必要がある。

3) ソーシャルサポート

今後のソーシャルサポートを考えるうえで派遣者側あるいは民生委員等協力機関を含め、高齢者に関わる人に対する「高齢者の抑うつ」に関しての研修制度を設ける必要があるのではないか。たとえば、家事援助は手段的支援であると同時に情緒的支援であるという点で、担当者は抑うつ傾向の高齢者を発見する機会や「傾聴する」機会を常に持つため、「高齢者の抑うつ」についての視点や対応方法についての知識があるかないかが極めて重要であると考える。

対人交流の疎遠がちな個人差の大きい高齢期に対して、何らかの社会的交流を政策的に確保する必要があり、支援内容は多様化すべきである。高い就労意欲を有する高齢者には長年培ってきた知識と経験を生かし、年齢に関わりなく働き続けることができる社会環境の整備が求められる。さらに就労を欲しない、あるいはできない高齢者には趣味や社会奉仕等を通じて社会参加できる場の提供や推進が急務である。そして高齢者やその下の世代からのQOL維持や健康増進のためには、老後の楽しい生活像を明らかにできるような長期的な構想に基づいた「支えあいのまちづくり」が望まれる（石濱2009）。

(6) 結論

私の勤務する区における住民調査において、高齢者の抑うつ傾向は今の生

活に満足するなどの主観的幸福感を抑制し、自分に価値がないと思いがちであることが示された。

また将来に希望が持てない人は、とりわけ対人交流に関しての期待が持ちにくいことが示唆された。さらに回答者の8割が近親者喪失を体験し、その半数に気分の落ち込みが持続していた。一方、身体症状の訴えは多岐にわたり、高齢者の抑うつ状態を示す中核症状は身体症状であることが裏づけられた（石濱 2009）。

6　施策化

(1)　地域の仕組みづくり

この「生きがい感」や「絶望感」を軸としたアンケート調査を通じて、日々の暮らしの中で「自尊感情」や「信頼できる人とのつながり」を確かめて生きることの重要性を結論として得たことから、自殺の第一次予防として地域における支え合う仕組みづくりが、重要と考えるようになった。

また、抑うつ傾向の高齢者に限らず抑うつ傾向の人は、「自尊感情」が持ちにくい状態、あるいは持ちにくいタイプであったり、また「信頼できる人とのつながり」を求めるエネルギーが不足しているか、コミュニケーションが苦手なタイプである可能性も推測される。高齢者人口の急速な増加とともに、単身高齢者、日中独居高齢者、高齢者のみ世帯も増加し、将来への不安も増幅していると考えられる。2012年の当区における70歳以上の単身者は6,968人で70歳以上人口のおおよそ15％を占める。また、75歳以上のみ世帯は2,352世帯で、今後もさらに増加することが予想されている。

(2)　「閉じこもり予防訪問事業」の創設

対人交流を高めるための支援として、抑うつ傾向高齢者への介護予防サービスである「閉じこもり予防訪問事業」を創設した。

この事業は、地域支援事業の中の訪問型介護予防事業として実施したもの

で、財源は介護保険特別会計である。事業創設にあたり、区内いくつかの受託想定先にアンケートによる調査をし、事業のフレームづくりから開始した。介護予防事業の基本は、本人申請であるため、閉じこもりがちな人にどのようにアプローチし、事業参加を促すかなど、事業開始以前の段階から地域包括支援センター職員の協力は重要となった。

　行政上の手続きを経て創設したこの事業は、本人の意思確認という点での困難さの課題もあり、創設以来利用者が100人にも満たない。しかし、半年間の対象者への訪問事業において「自尊感情」を高めるための試みとして、対象者への聞き取りから自分史作成を支援している。また、中長期的なフォーマル・インフォーマルのサービスにつなげていくなどの支援を通じて半年後には何らかの継続支援に結びついている（石濱2009）。

(3) **今後の課題**

　今後、超高齢社会に即応した社会保障制度を確立するには、人口構造、社会構造の急激な変化に伴う単身高齢者、日中独居高齢者、高齢者のみ世帯や認知症高齢者の増加に対応可能な政策展開が必要と考えられる。また、地域特性を生かした環境整備や活動支援、在宅支援システムの強化や医療と介護の連携などを通じて、高齢者が生き生きと活動できるような地域づくりが重要であると思われる。

　国は介護保険制度改正について検討を進めてきた。その中で、現在の介護予防は心身機能を改善する機能回復訓練に偏りがちで、国際生活機能分類（ICF, International classification of functioning, disability and health）[42]の生活機能の要素である「活動」や「参加」に焦点を当ててこなかったことを問題点に挙げた。一方、「閉じこもり予防訪問事業」のようなハイリスクアプローチについては、「費用対効果に課題がある」とした（厚生労働省2013）。国の動向を見ながら、今後の施策策定について新たな展開を考えていく必要がある。

第6節　まとめ

　自殺の増加要因については、生活の経済的基盤を取り巻く社会状況を掘り下げたうえで、失業率との関係では、失業率が上がると自殺率が上昇するという現象は幾度も繰り返されていることについて改めて整理した。本章では、雇用対策など社会経済的なセーフティネットの充実は欠かせないこと、特に配置転換や昇進による慣れない仕事をこなさなければならない時期に抑うつになりやすいことを論じた研究の成果について紹介した。

　そこで、景気変動の影響を失業率から見ると相関が見出せることから、雇用環境の変化に伴う失業者増加による自殺者増加の抑制には、抜本的な雇用環境の見直しが必要と考えられる。その一方で、自殺には世代依存型があることや、自殺率は年次推移からも年によって変動が極めて大きいことが示された。さらに性別や年齢層、職業によっても大きな違いがあることなどが先行研究から明らかにされていて、自殺には社会的要因が大きく関わっていることが窺えた。

　また、1998年以降の自殺者急増については、景気変動や失業との相関だけでは説明しきれないことが推測され、文化的影響についても十分検討することが、必要であることが示唆された。

　次に、自殺予防対策がメディカルモデル中心となった背景について述べ、現代社会において現実的、具体的な対策である保健医療政策がメディカルモデルとして一定の成果をあげていることについて触れた。例えば、精神科病床や救急医療現場での自殺者やその遺族、自殺未遂者を対象としたメディカルモデルの研究では、治療、看護のあり方や、自殺のハイリスク者である家族などを視野に入れた症例検討が行われることも多い。翻訳された「WHOによる自殺予防の手引き[43]」に加え、これらの研究の蓄積から医療従事者向けのマニュアルも完成され、日々検証されている。

　一方、自殺予防対策の危機介入や事後対策では、特定の対象者である入院患者や通院患者、あるいは未遂者、遺族に焦点化している。しかし、地域で

の対策は、予防であり、地域社会で生活する人々に対する対策であるとすれば、文化、社会的側面からのアプローチが必須であると考えられる。
　それは、地域社会では医療現場である病院とは異なり、医療従事者と患者という対極の関係性は見えづらい。かかりつけ医の範疇になれば、その関係性は地域で生活する者同士という別の関係性も存在しているため複雑であり、さらに治療契約という概念は見えにくく、カルテには実際に保険診療に必要な書面以外のプロフィールは存在しない場合すらある。そのため近所に自殺者がいたとしても、その事実も見えにくいし、その自殺者の自殺を回避するために、地域のかかりつけ医や近隣の人々が役割分担をして防げたのかというような評価は存在しにくい。そのため、「自殺」の責任の所在は、当事者の「自己責任」や親族の責任と捉えられがちである。
　遺族の生活再建のための経済的支援は別としても、本来は、地域支援として有効と考えられる二次被害を抑制するような近隣の心理的支援などのソフト部分での遺族支援についても、現実にはあまり存在しないことが推測される。それは、自殺者遺族は被害者としての扱いを得られていないのが日本社会での実情とも思われ、日本社会での自殺に対する認識の変化が大きな課題であると考えられる。
　そこで、これまで「自殺は個人的な問題であり自己責任の問題」と捉えてきたように思える我が国の自殺についての認識（本橋他 2006）を改める必要がある。今後、日本で効果的な自殺予防対策を確立するためには、まず「自殺」についての捉え方として「自らの意志で選択した死」ではなく「追い込まれた死」として「自殺」を捉えることの一般化が先決であると考えられる。そのためには、社会構造上の改革や、死生観をはじめとする多様化した価値観の変化による生きる姿勢への影響についてなどの文化、社会的考察こそ必要である。また、中長期的課題として国を挙げて取り組むべき課題と考えられることから、ソーシャルモデルやバイオ・サイコ・ソーシャルモデルによる自殺研究の視座について論じた。
　研究を施策化に生かした実践としてバイオ・サイコ・ソーシャルモデルを

意識した地域研究事例の概要を紹介するとともに、自殺の大幅減少には、社会基盤の強化に努め零次予防を図ることが極めて重要であることを指摘した。

注

1 石濱照子,「自殺増加の要因とその抑制に向けての一考察」の研究に基づいている。(生命倫理), Vol.21, no1, 2011, pp.36-38。
2 The health for all policy framework for the WHO European Region:2005update Copenhagen;WHO:2005。
3 第2章図2-3参照。
4 仕事をせず、失業者として求職活動もしていない非労働力のうち、15歳から34歳で卒業者かつ未婚で、通学や家事を行っていないもの。
5 林伴子他編,『安心・安全な社会を目指して―現代社会病理の背景に関する有識者ヒアリングとりまとめ』, 内閣府経済社会総合研究所, 2004。
6 「自殺予防；国家戦略の作成と実施のためのガイドライン」。
7 1996年の米国国立科学アカデミー（National Academy of Sciences, NAS）医学部門によると「プライマリーケアとは、患者の抱える問題の大部分に対処でき、かつ継続的なパートナーシップを築き、家族及び地域という枠組みの中で責任を持って診療する臨床医によって提供される、総合性と受診のしやすさを特徴とするヘルスケアサービスである」と定義されている。日本ではまだ明確な定義はなく、かかりつけ医がそれに当たるように理解されている。また、最近では総合医という考え方もできている。
8 ゲートキーパーとは、悩んでいる人に気づき、声をかけ、話を聞いて、必要な支援につなげ、見守る人のこと。
9 現在は、加入年限などの条件つきではあるが、自殺によっても保険が支払われるようになった。
10 上畑鉄之丞氏主宰。
11 池田一夫、伊藤弘一 (2000),「日本における自殺の精密分析」,（都立衛生研究所年報）50巻, pp.327-343。
12 石原明子、清水新二,「中高年の自殺急増とその背景」平成13年度報告書,『地域における自殺防止対策と自殺防止支援に関する研究』, 国立公衆衛生院, 2002。
13 ある疾患の年齢別有病率を出生年の異なる年齢（ある出世年の対象をコホート (cohort) という）の間で比較する疫学の一方法論。
14 自殺実態解析プロジェクトチーム,『自殺実態白書』, NPO法人自殺対策支援センターライフリンク, 2008。
15 自殺死亡時点以降にその人が生きていたならば得られたはずの賃金総額をもって自殺死亡による逸失利益とし、その自殺者全員分の逸失利益累計額を算出したもの。
16 自殺者の配偶者、兄弟姉妹、両親、子どもの4者を自殺者遺族として対象としてい

る。現実には、祖父母、孫をはじめその他の親族や近しい友人・知人などの多くの人が自殺による直接的・間接的な影響を受けていることは当然想像できる。しかしこの報告書では、自殺者遺族数（報告書では自死遺族）を推計するために家族として同居する可能性の最も高いこの4者に限定している。なお、報告書の自死遺族を本書では自殺者遺族とした。

17　自殺対策基本法第17条自殺未遂者に対する支援及び第18条自殺者遺族に対する支援に基づき実施。
18　2006年12月から2008年3月までの検討会で「自殺未遂者・自殺者親族等のケアに関するガイドライン作成のための指針」を公表。
19　平成20年度厚生労働科学研究費補助金こころの健康科学研究事業で、「自殺未遂者ケア・自死遺族ケアに関するガイドライン」を作成。
20　埼玉医科大学病院で2007年から大西医師による自死遺族外来が開設されている。
21　若林一美が、1998年1月から半年間新聞紙上に連載した死の周辺に関する記事をきっかけに生まれたセルフヘルプグループ。
22　庄司順一，奥山眞紀子，久保田まり編著、『アタッチメント 子ども虐待・トラウマ・対象喪失・社会的養護をめぐって』、2008年，pp.24-78
23　政策策定の前に事前に実証分析し、施行後効果のフォローアップをするための政策サイクルの基礎となる公式統計等。
24　Comprehensive Textbook of Suicidology
25　WHO, International Statistical Classification of Disease and Related Health Problems. 10th Revision. Vol. Geneva, World Health Organization, 1992
26　WHO定義では、「死が早まることで失われた生命年数と健康でない状態で生活することにより失われている生命年数を合わせた時間換算の指標」。日本では「障害調整生命年」と訳されることが多いが、実際には死亡により失われた年数と障害により失われた年数が構成要素である。つまり障害を持ちつつ暮らした時間と死亡が早まることで失われた時間を一つの指標に統合している。失われた健康寿命の計算に当たっては、すべての人口グループについて同じ平均余命を使用し、年齢や性別以外の人種や社会経済的地位、職業などの要因は排除し、世界共通の係数を使用している。(Global Burden of Disease Study)
27　Organisation for Economic Co-operation and Development の略。
28　自殺率は、人口10万人当たりの自殺者数を算出している。
29　http://www.mhlw.go.jp/wp/hakusyo/jisatsu/16/dl/1-01.pdf（第1-2図）, 2017/8/4。
30　国立社会保障・人口問題研究所、自殺者の生涯所得損失 GDP1兆3000億円減と人口問題研究所は試算を公表、毎日新聞、2002年8月8日付朝刊。
31　近代西洋医学に基礎を置き、症状に焦点を当て病気の原因追及をするモデル。
32　Engel, G.L., The clinical application of the bio-psychosocial model, *American Journal of Psy-chiatry*, 137, 534-544, 1980.
33　Cedars-Sinai 医療センターのフランツ・アレグサンダーが先鞭をつけ、ロチェスター大学のジョージ・エンゲルが命名（1978年）し、ジョン・ロマーノにより詳しく論じられた。

34　イギリスのジェネラル・プラクティショナー（日本では開業医のこと）の中から出てきた運動。
35　自殺防止対策有識者懇談会（2002），『自殺予防に向けての提言 平成14年12月』，厚生労働省。
36　ライフリンク主催自殺予防セミナー , 第2回公開講演会 2010年11月22日。
37　下開千春（2005），「高齢単身者の孤独の要因と対処資源」，第一生命経済研究所。
38　健康・体力づくり事業財団研究企画委員会，『寝たきりや虚弱を引き起こす生活要因に関する生活史的調査研究事業報告書』，2006。
39　Levin & Stokes（1992），"The effect of social skills on loneliness through mediation of CMC social networks", American Journal of Psychiatry 149（4）pp.579-580
40　堀洋道監修（2001），『心理測定尺度集Ⅰ』，『心理測定尺度集Ⅲ』，サイエンス社
41　一瞬のうちに判断する心の領域をさす。
42　人間の生活機能と障害に関して、アルファベットと数字を組み合わせた方式で分類するもの。人間の生活機能と障害について「心身機能・身体構造」「活動」「参加」の三つの次元及び「環境因子」等の影響を及ぼす因子で構成されており、約1,500項目に分類されている。これまでの「ICIDH」が身体機能の障害による生活機能の障害（社会的不利）を分類するという考え方が中心であったのに対し、ＩＣＦはこれらの環境因子という観点を加え、例えば、バリアフリー等の環境を評価できるように構成されている。このような考え方は、今後、障害者はもとより、全国民の保健・医療・福祉サービス、社会システムや技術のあり方の方向性を示唆しているものと考えられる。
43　この「手引き」の翻訳は、高橋祥友の協力のもとに「こころの健康科学研究事業」として取り組んで日本語版に作成されたものである。

第4章 「追い込まれた死」としての「自殺」

第1節 本章の課題

　先進諸国において群を抜いた高自殺率[1]の日本社会において、自殺対策基本法（2006 公布）の基本理念では、「自殺は「個人の問題」ではなく「社会の問題」である」[2]ことが明確に謳われた。また、同法に基づき定められた『自殺総合対策大綱』（2007 策定）では「自殺は追い込まれた末の死であること、自殺は防げること、自殺を考えている人はサインを発していること」[3]という三つの基本的な認識が示されている。

　ところが都道府県と市区町村では、従来の感染症予防や生活習慣病予防などの公衆衛生政策の普及と比べ自殺予防対策が遅れがちである。一方財政的には「2008 年には 225 億円が自殺対策で執行され、また自殺による GDP の損失は、1998 年から 2000 年までの年平均で 1 兆 3,000 億円にのぼる実情がある。」[4]とも言われている。

　従来、必要と考えられる範囲で予算を投じても、国を挙げての自殺予防対策が功を奏しない要因は、日本の自殺問題に潜む本質的な問題があるという視点では捉えられていなかったことにあると推測した。そこで本章では、ソーシャルモデルにより、自殺を取り巻く日本の文化、社会的状況について考察し、明らかにしたい。そのうえで、自殺を取り巻く社会の再生に向けて必要な視点について提案することが、本章のねらいである。

　本章の構成は、第 2 節以下次のとおりである。
　第 2 節では、自殺の捉え方について改めて検討する。

自殺対策基本法に基づき、自殺未遂者、自殺者親族等のケアに関する研究が行われている。自殺に傾いた人と遺族を支えるための相談担当者の指針や自殺者などに関わる現場の医療従事者向けの手引きなどが作成されているものの、医療従事者の他にはその存在すらほとんど知られていないのが現状である。

　また、地域社会では自殺に対する認識は個人の選択であり、社会の仕組みによって追い詰められた被害者という認識には程遠いと思われる。さらに、自殺者遺族についても、被害者としての扱いを得られていないのが日本社会での実情と考えられる。自殺者遺族の支援では、中高年の生計中心者の自殺が多い現状から考えれば、政策展開として自殺者遺族への経済的支援が、自殺傾向者や自殺未遂者への自殺防止に関する支援者の養成とともに行われるべき施策と考えられる。

　しかし、現状ではこうした政策展開にはかなりの困難が予想される。そこで、日本社会での自殺を、自殺対策基本法の趣旨である「追い込まれた死」として明らかにしていくことが当面の課題であると考えた。第2節では「追い込まれた死」という視点で自殺を捉えることについて検討する。

　第3節では、我が国における自殺の文化的考察を行う。

　自殺が「追い込まれた死」であるという認識が可能と考えたとしても、我が国における自殺についての認識は、「個人の選択」として捉えられがちであることが先行研究から明らかである（自殺実態解析プロジェクトチーム2008）。そこで改めて「個人の選択」としての自殺に焦点を当て、先行研究から「個人の選択」について考察する。

　さらに文化的考察として、歴史的に自殺がどのように認識されてきたのかということについて検討し、現代社会に与えている影響について考えてみたい。なぜなら、先進諸国で群を抜いた高自殺率を示す日本の自殺問題には、他の先進諸国とは異なる問題が潜んでいると考えられるからである。そこで、自殺についての歴史的考察から、現代日本社会へ綿々と引き継がれてきた自殺についての感じ方や捉え方について論じる。

第4節では、死を取り巻く現代社会の諸相について検討を試みる。

　我が国における自殺に対する感じ方や捉え方が、過去の日本社会から引き継がれてきた「暗黙の社会的規範」のようなものの影響を受けていると考えた場合、それはまた現代社会での生と死を取り巻く社会状況からも影響を受け、あるいは影響を与えていると思われる。

　そこで、現代社会で生と死がどのように扱われているのかという点について検討する。また、自殺者3万人で推移する現代社会に対する認識を喚起するためには、どのような視点が必要か考えてみたい。

　さらに第5節では、我が国の3万人を推移する自殺者が生み出される社会が抱える問題意識を、どのようにしたら個々人に引き寄せて持ち得るのかという点について、第4節で必要と考えられた視点を踏まえて検討する。

　自殺など生命をめぐる事柄に大きな影響を与えていると考えられる「生と死の捉え方の変化」や「先祖や家族、地域との関係性の変化」に着目する。かつて伝統的共同社会の中で、システム化されていた人々の「関係性」によって、互助性や帰属意識が存在し培われていたと考えられた。こうした共同体の衰退に伴い、個人主義、家族機能の変化や格差社会とともに人々の「関係性」は変化したと推測される。現代社会に適応した互助性や帰属意識を人々の「関係性」に取り戻し、また生と死が身近に感じられるような社会を再生するための骨子について考察する。

第2節　自殺の捉えなおし

1　「追い込まれた死」について

(1)　自殺対策基本法の理念

　本書における自殺についての捉え方の一つの側面は、前述の3章で明らかにしたように、社会病理現象の一つとしての捉え方である。本節では、自殺をもう一つの側面である「追い込まれた死」として捉えることの重要性につ

いて明らかにする。

　自殺対策基本法（2006公布）第2条の基本理念において、「自殺対策は、自殺が個人的な問題としてのみ捉えられるべきものではなく、その背景に様々な社会的な要因があることを踏まえ、社会的な取組として実施されなければならない。」と謳われている。

　また同法に基づいて定められた『自殺総合対策大綱』（2007策定）の基本認識として、はじめに掲げられているのは、自殺は「追い込まれた末の死」である。その中で、「自殺は、個人の自由な意思や選択の結果と思われがちであるが、実際には、倒産、失業、多重債務等の経済・生活問題の外、病気の悩み等の健康問題、介護・看病疲れ等の家庭問題など様々な要因とその人の性格傾向、家族の状況、死生観などが複雑に関係している。」と記されている。そして、「様々な悩みにより心理的に「追い込まれた末の死」ということができる」と結んでいる。

1）　メディカルモデルによる自殺

　本稿で自殺を「追い込まれた死」として捉えるのは、この『自殺総合対策大綱』の基本認識を前提としている。しかし、地域社会に携わるうえで、私の経験による捉え方との間に乖離を感じたため、「追い込まれた死」として捉えなおす重要性について検討することが必要であると認識している。

　さらに「追い込まれた末の死」の説明の中には、「自殺を図った人の直前の心の健康状態を見ると、大多数は、さまざまな悩みにより心理的に追い詰められた結果、うつ病、アルコール依存症などの精神疾患を発症しており、これらの精神疾患の影響により正常な判断を行うことができない状態となっていることが明らかになってきた。」と明記されている。このことにより、緊急的課題として自殺傾向にある人や自殺企図者を対象に、メディカルモデルによる研究が進んできたのではないかとも考えられる。

2） 社会的要因への注目

　自殺問題の本質的課題は、「自殺の増加やうつ病の広まり」が指摘されている（林他編 2004）現代社会をどのようにしたら改善できるのかということである。『自殺総合対策大綱』を見ると、「第2　自殺対策の基本的考え方」の「1　社会的要因も踏まえ総合的に取り組む」＜社会的要因に対する働きかけ＞の中で、「長時間労働を余儀なくさせている現在の日本人の働き方を見直したり、失敗しても何度でも再チャレンジすることができる社会を創り上げていくなど、社会的要因の背景にある制度・慣行そのものの見直しを進めることが重要である。」と明記されている。

　具体的施策としての「第4　自殺を予防するための当面の重点施策」では、「6　社会的な取組で自殺を防ぐ」において10項目が掲げられている。そのうち7項目が多重債務や失業者、高齢者の介護者やいじめ問題、あるいは地域住民向けの相談体制の整備が挙げられている。そのほか環境整備として「危険な場所、薬品等の規制等」、有害情報の規制等として「インターネット上の自殺予告事案への対応等」、「報道機関に対する世界保健機関の手引きの周知」で10項目となっている。

　この10項目は、いずれも現状の問題点に関する対応策であり、いわば予防策や抜本的な解決策としては不十分と考えられる。さらに社会的要因の背景にある制度・慣行そのものの見直しを進めることについては、何ら方策が示されていない。

3）　自殺総合対策大綱の見直し

　今般、『自殺総合対策大綱』の見直しの全体像が示され、その中で改めて目指すべき社会の提示として、「誰も自殺に追い込まれることのない社会の実現を目指す」ことが明記されている。「第2　自殺総合対策の基本的考え方」では、「自殺や多重債務、うつ病等の自殺関連事象は不名誉で恥ずかしいものである」という間違った社会通念からの脱却の重要性を指摘している。また、「自殺に追い込まれようとしている人が、安心して生きられるようにし

て自殺を防ぐためには、自殺対策の現場の活動だけではなく、自殺の要因となり得る生活困窮、児童虐待、性暴力被害、ひきこもり、性的マイノリティ等、関連の分野においても連携体制を確立して、より多くの関係者による包括的な生きる支援を展開していくことが重要である」ことを明記した（内閣府 2012）。

　この 2012 年 8 月に改正された『自殺総合対策大綱』の「自殺を予防するための当面の重点施策」の中で、「6　社会的な取組で自殺を防ぐ」項では、「インターネット上の自殺関連情報対策の推進」を新たな施策として挙げている。

　改正前の「インターネット上の自殺予告事案への対応等」と比較すると、インターネットの活用により、単に有害情報の掲載を規制することに留まってはいない。さらに、支援を必要とする人が簡単に適切な支援策にたどり着けるようにすることを目指すように改正された。

　つまりインターネットを積極的支援のツールと位置づけ、今後若い世代を対象の中心として情報媒体を通じた働きかけにより、自殺に対する感じ方や考え方が変化することを期待したいところではある。しかし、社会的要因の背景にある制度・慣行そのものの見直しを進めることについては、やはりまだ不十分であると考えられる。それは、社会的な要因に対する働きかけとしての政策展開の難しさとともに、「暗黙の了解」というような明らかにし難い文化的背景があるとも考えられるからである。この文化的背景については第 3 節で検討するが、本節では自殺の捉え方について整理をしたうえで、『自殺総合対策大綱』において自殺は「追い込まれた末の死」とされていることを踏まえて、「追い込まれた死」としての自殺について検討する。

(2)　日本人の自殺観

　そもそも「自殺行為」はすでに記紀神話に用例が認められ、「日本では西欧に比べ自殺を促し許容する傾向が強い」（大星 2005）と言われている。

　自殺による死を、病気や事故による死との対比で考えた場合、病気や事故による死は望まずして被ったもの、あるいは受動的なものとして認識される。

一方、自殺による死は自ら望んだもの、あるいは能動的なものとして認識されている傾向がある。自殺を「自らの意志で自らの行為により自らの生命に終わりをもたらす行為」（加藤 2010）と定義した場合には、能動的な死を自らが実行した構図となり、「英雄的」「哲学的」「自己犠牲」「殉教」など肯定的にも捉えられる。

　肯定的な考え方としての自殺については、歴史的にはイマヌエル・カント（Immanuel Kant）の「道徳論」（平田 1996）における自殺をはじめとして、法や生命倫理の分野において、その是非に関する本質的議論がある。生命倫理学領域では、H・T・エンゲルハート（H.Tristran Engelhardt）がジョン・スチュアート・ミル（J.Stuart Mill）の「自由概念」「他者危害原則」に基づき自殺を擁護[5]している。究極的には自殺の目的、動機の如何に関わらず、他者の権利を侵害しない限り自己決定を尊重し、自由であるという考え方も成り立ち得る。

　しかし、法や宗教により自殺が伝統的に禁止と捉えられていた文化や、個人主義を軸にした議論を、そのまま日本に当てはめるのは拙速とも言える。なぜなら、倫理的規範が明確であると考えられる西欧社会とは異なると考えられよう。日本の自殺についての文化的背景においては、習慣により形成され、共有されている社会的価値があるとすれば、日本社会の自殺の捉え方についての議論から改めて検討しなおす必要があると考えたからである。また、自殺を「自らの意志による死」とする定義では、「追い込まれた死」として自殺を捉えにくくなる。

　例えばわが国では、1894 年の北村透谷の縊死が文化人の自殺として知られている。また、1903 年の藤村操の自殺以降 1911 年までに、彼の自殺現場である華厳の滝では 200 人余りの投身自殺や未遂者がいたといわれ、当時の日本では自殺を讃美する傾向があったとも言われている（大原 1993）。このような流行現象は、1986 年に起こったタレントの岡田有希子の飛び降り自殺後にも、女性の投身自殺が相次いだことにも現れている。

　特に若い世代の著名人の自殺の影響として、現代社会にも規模は別にして

も後追い自殺が流行するが、これらの自殺について単純に「個人が選択した死」として取り扱うことには疑問がある。

なぜなら、表出した後追いは単なるきっかけとも考えられ、耐え難い環境からの逃避願望が、それ以前の動機として存在するとも思われる。人が抱く不安の多くは根源的には死の恐怖と結びついているとも考えられる。そのため、耐え難い複合的要因が重なり逃避願望が起こった際に、人は「死にたい」傍ら「助けてほしい」という両価的な気持ちの間で激しく揺れ動いていると推測される（高橋祥友 2006）。そこにささいなきっかけが重なると既遂に至るのではないかとも考えられる。

(3) 自殺という言葉

日本において「自殺（suicide）」という言葉は日常的に用いられているが、言葉から与えられる印象がその事象を規定することを考えると、言葉の使用から十分な配慮が必要である。「自殺（suicide）」の語源をたどると、ラテン語の sui（自らを）を caedo（殺す）の合成語として「自殺」と翻訳されたとも推測できる（石原 2003）。

「自殺」は「自ら自分の生命を絶つこと。自害。」（広辞苑 2011）とされ、行為として自らを殺すことを示している。しかし学問的には、「みずからを殺す行為であって、しかも死を求める意志が認められるもの」（大原 1965; 大原 1970; 大原 1971）など死を求める意志が認められるという部分が追記される。それゆえ、「自己決定」の考え方と相まって、自らの「意志[6]」で選択した死として受け取られるような風潮も出てきたのかもしれない。

ここで「意志」と「意思」について考えてみたい。「意志」は「ある行動をとることを決意し、かつそれを生起させ、持続させる心的機能」（広辞苑 2011）とされる。一方、「意思」は「考え。おもい。」（広辞苑 2011）であるとすると、自殺という行為について検討する際の漢字の使用にも配慮が必要であると考えられる。

本書では自殺を「追い込まれた死」として扱い、「死にたい」と「助けて

欲しい」という両価的感情が伴うものとする立場から、死を求める場合には「意思」を使用することが妥当と考える。

　また最近では「自死」という言葉を選んで使用する傾向もある。例えば、島根県では、「公文書」の用語を「自殺」から「自死」に変更した。その経緯は、「自死遺族の会[7]」から自殺の「殺」の文字の印象が犯罪者のイメージであるので「自殺」から「自死」に変更して欲しいという要望があり、2012年「自殺総合対策連絡協議会」にて方針を決定したものである（島根県ホームページ 2012）。

　しかし、「自死」という言葉からは、より一層「自らの意志」の印象を受けやすいのではないかとも思われるが、「自殺」という文字より「自死」という文字の方が、漢字の印象が好まれるのかもしれない。

　今後、「追い込まれた死」として社会的あるいは社会構造的な仕組みについて問題提起をするとすれば、もっと慎重に言葉や文字の使用も考えるべきである（石濱 2011）。全国自死遺族総合支援センター事務局長の南部氏によれば、「『自死』という受け入れやすい表現にすれば、死へのハードルを下げかねない。だからといって大切な人の死を語るときには「自死遺族」といった表現を尊重してほしい。」（南部 2013）など、状況による使い分けが必要であると述べている。また、清水氏は「自殺」の表現は遺族の自責感を強めることや、「自殺」という表現には「いのちを粗末にした」という格下げされた死のレッテルという印象を否めない点について指摘している（清水 2013）。

⑷　自殺を求める意思・意図など

　自殺を求める意思や意図について、それらが確固たるものなのかどうかを検討するにあたり、自殺企図者を対象とした実証的先行研究がある。高橋が明らかにしたことは

> 自殺の危機は「死にたい」と同時に「助けてほしい」「もっと生きていたい」という両価的な感情であり、自殺を選択しようとする大部分の人は何らか

の精神障害に罹患しているため、治療によって人生を意味のあるものにすることは可能である（高橋 2006 pp.146-181）。

と、人の死を求める意思のあいまいさについての指摘である。また救命救急センターで自殺未遂で収容された人の7割が「助かってよかった」という結果がある。また、自殺企図の予知について詳細に検討し、救急救命センターで使用する自殺企図患者ケースカードの提案や、より具体的な水際作戦の展開に寄与している研究もある（黒澤 1989）。このように、自殺が当人の「自由意思による死」としても、時間経過とともに変化する意思では、死が不可逆性であることを考えると、「自由意思による死」という自己決定の立場から関与してはならないとは言えないであろう。

さらに『自殺実態白書』においても「自殺で亡くなった内の72％が、亡くなる前に何らかの専門機関に相談に行っていたこと」を明らかにしていて、「生きる意志[8]」があったことを裏付けている（自殺実態解析プロジェクトチーム 2008）。また、WHOのガイドライン（2000 公表）にも、患者の精神状態で、「死にたい」と「生きたい」の両価性についての指摘がある。これらのことから「死を求める意思」が認められることを「自らの意志で選択した死」と解釈するには疑問があり、むしろ「死を求める意思」の有無に関わらず「生きる意志があった」と解釈できる（石濱 2011）。

また「自殺」についてエミール・デュルケーム（Emile Durkheim）は『自殺論』の中で

　　当の受難者自身によってなされた積極的あるいは消極的行為から直接的あるいは間接的に生ずる一切の死（デュルケーム 1971 p.19）

と名づけた。結果の予測が困難な対象や場合についてさらに検討を加えた結果「自殺の定義」として

死が、当人自身によってなされた積極的、消極的な行為から直接、間接に生じる結果であり、しかも、当人がその結果の生じうることを予知していた場合を、すべて自殺と名づける（デュルケーム 1971 p.22）

と述べた。「当人がその結果の生じうることを予知していた場合」を加筆したことで、「自らが予知しうることを選択」し、「自らの意志で選択した死」という解釈も可能となる。そのことにより、当初の定義から低年齢児、知的障がい者などの「死因としての自殺」であっても、「死ぬことを予測していなかった」あるいは「予測しきれなかった」人については、除外または検討の余地が加わるとともに、より「意志的な死」の方向にベクトルが向くことになったのではないかとも考えられる（石濱 2011）。

さらにデュルケームは、自殺動機や意図について次のように述べている。

どんな動機が行為者を動かしたのか、かれが決心をしたときかれは死そのものを欲していたのか、それともなにか別の目的を目指していたのか—こういうことはどうにも知るすべがない。意図というものは、あまりにも内面的なものであって、外側からはおおよそのところしかしることができない。それは、内省的な観察の目からものがれさる。われわれは、自分の真の動機を見誤っていることのなんと多いことか（デュルケーム 1971 p.20）。

このように、『自殺論』の中で人の意図や意思の解釈の限界についても示し、自殺の要因を文化的、社会的側面に求めたとも考えられる。

そのほかデュルケームは、自殺を「集団本位的自殺[9]」（Altruistic suicide）、「自己本位的自殺[10]」（Egoistic suicide）、「アノミー的自殺[11]」（Anomic suicide）、「宿命的自殺[12]」（Fatalistic suicide）の四つの類型に分類した。当時は、「自殺」を「自らの意志で選択した死」として、推測可能な時代的要請もなかったと思われる。然るに、現代日本社会で捉えられていると考えられる「自らの意志で選択した死」としての自殺を、デュルケームの四つの分類に当てはめるには慎重な議論が必要と思われる。

しかし、一方では現代にも通用する議論として、デュルケームは、社会の統合性、また人々の連帯性の強さの指標として「宗教的結合」「家族的結合」

「政治的結合」を取り上げた。それは、「自殺の類型論としては現実態では混交した形で生じているようにみられるが、本格的に自殺の文化、社会的背景に言及した研究として現代にも有効」（清水 2007）である。自殺をもたらす背景に、個人や集団が置かれているその時代や文化、価値観が複雑に関連していることを指摘している点では、現代社会においても広く支持されている（高橋 2004）。

　自殺願望や自殺動機に関する研究は、日本ではまだ蓄積がないといっても過言ではないであろう（石原 2003）。それは、自殺そのものがタブー視され、自殺を取り上げること自体が自殺を誘発するかのような風潮が未だに存在している向きがあるため、踏み込んだ研究がなかなか進まない現状もあり得ると考えられる。

　デュルケーム以降、文化、社会的側面から示唆したエドウィン・シュナイドマン（Edwin S. Shneidman）、「自殺」と「孤独」に着目し、自殺を

　　今日の西欧社会において、自殺は、自ら手を下した意識的行為によってもたらされた死とされる。その行為は、死ぬことが最良の解決法と認識された出来事に直面し、窮地を脱することを願った人物の、多くの次元をもった苦痛によってもたらされる、と考えると最も理解しやすい（シュナイドマン 1993, p.244）。

と定義した。さらにこの行為は「意識的かつ無意識的な多くの動機」を含むとし、人生観、心理的欲求、抱負、同一化、無意識の要素と関係していることを指摘した。

　また、誰もが急速に短期間に状態が悪化し、自殺の衝動に向かって突然押し流される危険性がある点について示した。それは、「自ら手を下した意識的行為によってもたらされた死」とされていても、「窮地を脱するために選択せざるを得なかった」その行為は、「意識的かつ無意識的な多くの動機」を包含するとも解釈できるということを示唆している（シュナイドマン 1993）。

一方、「意識的かつ無意識的な多くの動機」については、近年の自殺研究においても重要視されている。日本では、そのライフスタイルから、就労者の多くが60歳で定年を迎えることが、60歳以上の自殺死亡率が大きく変化することと関連があるという指摘がある（清水2000）。また、男性では失業の可能性がある者、健康状態が悪い者、友人との交際が全くない者が自殺願望を抱きやすく、1990年代後半以降の雇用状況が急速に不安定化したことにより「先取り不安[13]」が生じているのではないかとも指摘されている（森田2008）。

しかし、現実には自殺者から自殺願望や自殺意図を聴取することは出来ず、研究者の分析の偏りや都合の良い解釈に落ち込む恐れもあり、自殺願望に関する研究には限界があることが推測される。

⑸ 自殺の要因

メディカルモデル中心の研究では、要因分析から主な要因を特定し考察し、治療パターンモデルの検討をする研究が進んでいる。しかし、複合的要因を導き出し、それを中心課題とすることは考えにくいと思われる。

日本の自殺動機の傾向として導き出されているものは、健康問題が47%を占め最も多く、次に経済・生活問題が25%、家庭問題12%と続き、この三つで8割を占めている（警察庁2010）。健康問題では、「うつ病」に罹患している場合が最も多いという結果が、多くの自殺研究で導き出されている（河西他2008、松本・勝又2009）。これらの場合、うつ病は自殺の原因であると同時に、他の複合的要因による結果であるとも考えられる。

つまり、健康問題、経済・生活問題、家庭問題が複雑に絡み合って、追い込まれた結果であると思われる。直接のきっかけや問題の比重は人によって異なるものの、この三つの問題の側面についての対策を、同時に並行して、それぞれの関係を考慮しながら取り組む必要があることを示唆していると考えられる。

また、平均四つの危機要因が重複し自殺に至ったと報告した研究もある（自

殺実態解析プロジェクトチーム 2008)。これは自殺者 1,000 人について個別的に調査し、危機連鎖度[14]、危機複合度[15]という分析方法を用いて自殺に至った要因を分析している。

　このように自殺願望や自殺動機は複雑に絡み合っていると思われるが、「既遂者」からのヒアリングは不可能である。シュナイドマンの研究では、デュルケーム同様その動機は当事者自身さえも「意識化できない」あるいは「自らの意志で選択した死」とは納得しかねる点を導いた。さらに「誰もが急速に短時間に状態が悪化し、自殺の衝動に向かって突然押し流される危険性がある」（シュナイドマン 1993）ことについて考えてみたい。

　人間は精神性を備えた動物である。思春期などの衝動性が強い時期に、絶望感に圧倒されて何らかの行動を起こそうとした場合はどうだろうか。その際は、結果としての死の予測は立つが実感としての死はなく、あるいは死に至るであろうことさえ考えられず、目の前の現実から逃避する結果として死につながる可能性は否めない。それらを意志的な死と言えるかどうかは検討の余地があり、これらの点からも「自らの意志で選択した死」についての検討をすべき視点を示唆している（シュナイドマン 1969）。

(6)　「個人の選択」の視点

　以上述べてきたように、自殺をする意思はあいまいであると推測された。自殺を「個人の問題」で「個人が選択した死」とする枠組みで考えた場合、日常生活におけるさまざまな場面においても「個人の選択」については確固たるものとは考えにくい。また、日々の生活上の選択、例えば進学や就職、結婚であっても、選びなおしは可能である。

　しかし、死を選びとった場合には選びなおしができないことから、「個人の選択」による死という考え方には、慎重な検討を要すると考えられる。

　一方、自殺へ向かう行動として、解決策は死ぬことが最良の解決法と認識してしまうような病的な心理状態への発生予防としては、うつ病予防のメディカルモデルだけでは、不十分であろう。「追い込まれた死」を社会の仕

組みとして防ぐ対策には、ソーシャルモデルが欠かせないと考えられる。とは言うものの日本では第3章でも取り上げたように、証拠に基づいた政策策定が早急に求められている以上、精神医学が中心となることは避けられないのが実態である。また文化、社会的側面からアプローチをするには、中長期的なスキームとなることが予想されるとともに、日本社会での「自殺」に対する価値観も多様であることから、主題として取り上げること自体に困難さが伴うとも考えられる。

そこで今後、日本で効果的な自殺予防対策を確立するためには、まず「自殺」についての捉え方として「自らの意志で選択した死」ではなく「追い込まれた死」として「自殺」を捉えることが一般化される必要があると言えよう。

第3節　わが国における自殺の文化的考察

自殺は事故や病気の死と異なり、忌み疎まれるような実態が明らかにされている（自殺実態解析プロジェクトチーム 2008）。一方、地域社会では、自殺は「個人が選択した死」のように自殺を容認する態度や認識が見受けられる。

そこで本節では、私のフィールドである「地域社会」についての住民調査の先行研究を中心に自殺に対する態度について検討し、日本社会での自殺についての認識を探り、容認しがちな現状について考察する。

また自殺を容認しがちな態度や認識は、日本の文化や死生観とも関連し、現代社会に影響をもたらしているのではないかと考えられることから、日本の文化史などを参考に日本社会の自殺に関する態度や価値観について検討してみたい。

はじめに自殺に対する態度についての先行研究について概観する。

1　自殺に対する態度

⑴　自殺に対する態度に関する日米調査「*Culture and suicide*」(Takahashi 1997)

自殺に対する態度に関する日米調査によると、

> アメリカ人が自殺は多くの場合、何らかの心の病の結果として生ずると考える傾向が高いのとは対照的に、日本人は自殺を正常な行為の範囲にあるもので状況によっては、自殺は許されるべきであると考える傾向が高かった（Takahashi 1997 pp.137-146）。

という結果から、日本人の自殺に対して容認する態度が示唆されている。自殺は病気というより「個人の選択による死」であり、許されることもあるという傾向である。アメリカをはじめ、キリスト教やイスラム教の信者の多い国の中には、自殺は教義上禁止と解釈されている場合もあり、日本での自殺に対する感じ方とは大きく異なることは予想される。そのことを実証的に示した研究としては、数少ない研究の一つであると思われる。

⑵　自殺問題に関する地域住民調査[16]（長野県佐久市 2003）

地域住民の自殺への態度、認識についての先行研究として、長野県佐久市の調査（2003）がある。

この調査の対象は、50代および60～64歳の中高年500名、調査の方法は、住民基本台帳から無作為抽出した自記式アンケート調査で、有効回答率は79.2％であった。調査内容の分析方法は、「自殺態度尺度[17]」の因子分析を用いている。

調査の結果では、住民の自殺に対する態度は「自殺容認の態度」と「自殺を病理・異常と見る態度」の因子が見出された。

「自殺容認の態度」とは、「他人に迷惑をかけないのであれば自殺をしてもかまわない」「自殺をしようとするのは、その人の問題なので止めるべきではない」という項目を含んでいる。一方「自殺を病理・異常とみる態度」は

「自殺をする人はストレスをため込む人である」「自殺をする人は、頭の中が混乱して自分でも何をしようとしているのかわからない」などの項目を含んでいる。

このことは、地域社会には自殺に対して「病理的であると考える態度」と「容認する態度」が存在している。自殺する人を単にうつ病などの精神疾患に罹り、その結果として自殺したと捉えているのではなく、自殺の背景には社会状況や複雑な態度や認識が存在し、影響を与えていると捉えているとも推測できる。

さらに自由回答では、「非常識なアンケート」と非難する態度や、「自殺など目にしたくない」「不愉快」とする記述もあった。こうした意見には、遺族が受けた二次的被害と言われるような近隣からの無関心や、忌避的な態度と共通する感じ方があると考えられる（清水他 2003）。

このような地域の実情は、佐久市に特別なわけではないと思われる。むしろ佐久市のような自殺予防を含む健康に関する普及啓発が推進されている地域であっても、自殺を「個人の問題」と考えがちな傾向があり、それが自殺予防対策が「社会の問題」として地域社会に浸透しづらいことに関係していると思われる。

ところで一般的な社会調査では、作成した質問票を基本に実態調査部分は調査会社に委託するのが通例であろう。しかし、この調査では調査票の各戸配布、回収は地元自治体の協力で住民団体が行なっている。調査内容に配慮したためと考えられるが、これが調査の成功の鍵とも言える。

なぜなら日本では、現在でも自殺というテーマでは、フィールド調査が進みにくい実情がある。国から自殺予防の推進を義務づけられている地方自治体でさえも、協力要請には消極的である。筆者の経験からも、自殺に関する調査は自殺を誘発する危険が潜んでいることや、自殺の直接的な引き金にならなくてもメンタルヘルスの視点で、何らかの情緒的反応や行動を引き起こす可能性がある。したがって、躊躇する自治体が多いのが実情であると考えられる（岡本 2007）。

(3) 「自殺に関する意識調査についてのアンケート[18]」(東京都 2011)

　調査の対象は、インターネットモニター合計 290 名のうち 40 歳以上が 86.9%、40〜59 歳が 36.2%で、60 歳以上が 50.7%である。そのうち 73.3% の人が配偶者のある人で、有効回答率は 76.2%、調査方法はアンケート専用サイトからの入力である。

　調査の結果は、「悩みやストレスについて相談したり、助けを求めることは恥ずかしいことではない」が 74.7%であった。一方、うつ病の初期症状の「仮によく眠れない日が 2 週間以上続いたら医療機関を受診するか」の設問では、「受診しない」が 39.4%、「受診するが精神科以外」が 31.7%であった。さらに「自殺したいと思ったことがある」と回答した 30.8%の人への設問「自殺を考えたときに誰かに相談したか」では、「相談したことはない」が 73.1%であった (東京都 2011)。

　この結果から、精神科へ受診することに対する偏見、または受診への抵抗感のようなものが見受けられた。また「相談をしたり、助けを求めることは恥ずかしいことではない」という建前と、「実際には相談しない」という本音が垣間見える。さらに対象者の属性の 73.3%の人には配偶者があるという状況を考慮すれば、配偶者にも相談しないという家族機能のあり方についても、検討の予知があることが推測できる。

　以上の先行研究から、自らの命を絶つ行為をどこかで「認める態度」や、「忌避する態度」が日本社会には共存していることが示唆された。また、自殺が病気であるという認識のあいまいさや、不眠とうつ病との関係への関心の薄さが、危機意識につながりにくいとも考えられた。さらに、日本社会での自殺をはじめとする精神科疾患についての認識として、精神科受診に対する偏見が浮かび上がった、あるいは、建前と本音という心性が未だに存在していると考えることも可能である。

　これらの先行研究から導き出された道徳的判断は、日本社会の歴史・文化の影響を色濃く反映していると推測できることから、日本の文化史から日本の自殺への認識について次に検討する。

2　日本社会の自殺の認識について

(1)　歴史的背景

　死を求める意思は「死にたい」と「生きていたい」という両価性があるにも関わらず、日本社会では自殺は「個人が選択した死」のように捉えられがちである（高橋祥友 2006）。その手がかりとして日本において自殺がどのように扱われてきたのか、歴史をたどるとその記録は『日本書紀』までさかのぼる。

　『日本書紀』巻第七のオトタチバナヒメ（弟橘媛）の自己犠牲による海への身投げは、肯定的に扱われ、憧憬の観さえ窺える。また、自殺の多発に関する「自殺禁止令」が出されていたことは、当時、自殺が問題となっていたとも考えられる。「『自殺禁止令』は、646 年聖徳太子の嫡子山背大兄王の自害と一族の殉死などに対して、朝廷が殉死禁止の詔を発し、違反者の一族を罰したが、自殺の抑止力効果はあまりみられなかった。」（黒板 2000）とされる。この時代に自殺が容認されていたかどうかは不明であるが、多発していたことから自殺を容認する萌芽とも考えられる。

　その後 8 世紀初頭に制定された「大宝律令」（701）では、受刑として死刑を受ける代わりに自殺をすることが認められている。「大宝律令」の刑法に当たる 6 巻の律は、「唐律」とほぼ同様である「永徽律令」をそのまま導入して、儒教の影響を色濃く受けていると言われる。第 29 獄令では死刑執行について、

> 大辟罪（死刑）を執行する場合は、みな市で行うこと。5 位以上、及び、皇親について、犯した罪が悪逆以上でない場合には、家で自尽するのを許すこと。7 位以上、及び、婦人は、犯した罪が斬でなければ、人目につかない処で絞首すること（利光 1961 pp.304-310）。

とある。一定の身分にある者の一定の犯罪についての死刑執行は、死刑でなく自宅での自尽、また婦人には絞首が許容されていたことをあらわしている。

いずれも自由な選択によるものではなく、国家の強制的な生命の略奪行為としての自尽や絞首であった。しかし、身分の高い者が死刑を回避し、自尽することが可能だった史実が、恥の文化と関連し、また殉死や武士の切腹にも何らかの影響を与えたとも推測できる。

また自殺については、浄土教の隆盛に伴って僧侶の捨身往生が流行したことは既知である。その対策として、「僧尼令第七では、僧侶が身を焼いたり、身を捨てることを禁止し、違反すれば、律により罪となり本人のみならず師僧及び寺内の者も処罰の対象とされた」(稲村1997)という史実もある。

さらに江戸時代の武士の基本を定めた「武家諸法度」から、殉死禁止が1665年に口頭伝達された。綱吉の時代に入り、1683年に「天和令」12附で「殉死之義令弥制禁事」のほか殉死禁止が明文化されたことからも、殉死が社会問題となっていたことは想像に難くない。

この時代には、近松門左衛門のいわゆる「心中もの」の流行により心中が増え、心中に対する禁止令「公事方御定書百箇条」が1742年に幕府から出された。その内容は、心中に対しては御家断絶の極刑や情死者の弔いの禁止で、心中した二人のうち一方が生存した場合には、殺人の下手人とみなされた。また、二人とも生存した場合には3日間晒しものにされるなどを講じたが、実質的には心中はなくならなかった(辻1960)。

こうした切腹による殉死や心中の文化は、外国人にはどのように映っていたか、文献から考えてみたい。

(2) 外国人の記述

太閤秀吉が文禄元年に大政所の病気を案じ、名護屋陣から大阪へ引き返す際の出来事である。秀吉の船頭明石興次郎が、故意に舟を浅瀬に乗り上げたことで切腹を命じられた。その命に応じ、明石は直ちに切腹を果たした。その後、明石と同郷の村人がその出来事を知り、明石の銅像を建立し、勇敢な自決と評したというエピソードがあった。

このエピソードにフィリップ・フランツ・フォン・シーボルト(Philipp

Franz Balthasar von Shebold）は、不可解であることを記している（シーボルト1967）。それは、このように上司である秀吉の急を要する状況の際に、重大な犯罪を犯したにも関わらず、犯人として恥じるどころか、潔く償ったという理屈で名誉となっている。このような日本人の感覚は、不可解であるとされ、共感は示されていない。

　これらの記述から、当時の日本人にとって潔い切腹は是とされ、外国人には奇異に見えたことが窺える。また、現代の映画、演劇等においても、日本の文化として、切腹や心中シーンがしばしば取り上げられていることからの現代社会への影響についての分析も今後必要と思われる。

　ところで心中（dual suicide）は、日本の文化や慣習の関係する国際的にもきわめて日本的な複数自殺の形態とも言われる。これは、「2人の人間が命を絶つタイプの自殺。通常は親子心中（murder-suicide）、恋人同士の無理心中、配偶者の後追い自殺、情死などが下位分類として含まれる」とされる（エヴァンス他 2006）。

　また『自死の日本史』（1990）を記したモーリス・パンゲ（Maurice Pinguet）は

> 日本人の死の決意には、死後の世界に対する恐れにみられるような逡巡はほとんどみられず、自殺するという行為はそのまま日本人の生の一部であり、日本人はこの行為を承認し、敬意さえ払う。・・・・伝統的に自分の過ちを誇張的に引き受けるように習慣づけられ、自分の罪をはっきり認めることが高く評価される（パンゲ 1990 pp.19-61）。

と記し、日本人の心性を分析している。

　この二人の外国人の記述から、生と死についての文化は、その国の固有の歴史を持ち位置していることが読み取れる。自殺が反抗、諦念、自己犠牲、他者攻撃、絶望いずれもそれに意味を与えるのは、行為者の意図であるよりも他者の言葉であり、社会通念であると言えよう。「世間が許さない」と表現される、いわば強制的な生命の略奪行為は、個人とその個人が直接属する

社会集団である家族や会社との一体性による諸刃の剣ともなり得る。それは、個人に対して自殺から護る、と同時に強いるものが日本文化に存在していたと考えられ、「引責自殺」は西欧文化には存在しないとも指摘されている（大原 2004）。

近代国家を支えた「大日本帝国憲法」（明治 22 年詔勅）と「民法」（明治 29 年法律第 89 号）は、「家」という封建的な共同体を単位としたうえに、個人主義的色彩を上乗せした二重構造となった。それにより「真・善・美・聖の基準を形而上学的原理ではなく、それぞれの共同体の生活意志に求めた。共同体の一員である個人は集団の意志を我が意志とし、個人の共同体への全身的埋没を阻害する行為は『悪し』と考えられ、個人の意志は共同体の意志によって抑えられた」（石田 1991）とも指摘され、その後、「個人の選択」への憧れと不安が溢れ出たのではないかとも考えられる。

⑶ 取引という考え方

今まで述べてきた日本の歴史的背景から、自殺の理解として「生命と大事なものとの取引」という枠組みで捉えると、次のような整理が可能である。

死刑執行の代わりの自尽や絞首は「生命と尊厳」との取引、引責自殺は「生命と責任」との取引、殉死は「生命と忠誠」との取引、心中は「生命と転生」との取引と考えられる。自殺を決意するそれぞれの理由を、稀有な命との引き換えと理解し帳尻を合わせる装置により、こうした死を美化し、受け入れ、あるいは受け入れようとする装置が作動していたとも考えられる。

以上のように日本での自殺の捉え方の歴史は、西洋の法による自殺の禁止や、また、宗教教義に依拠する文化とは大きく異なっていることは明らかである。『日本書紀』の自己犠牲による自殺から、「大宝律令」の死刑の代わりの自尽、江戸時代の殉死、心中が日本の歴史的背景から見られた。その中で、自殺はその時代背景により引き換えとなる理由は異なっても、稀有な命との引き換えに値する理由があれば、共同体の意志として自殺が求められていたとも考えられる。

また、歴史的背景から、個人の意志は共同体の意志に強いられていたようにも考えられる。日本社会は、自殺を「大事なものとの取引」のために「個人が選択した死」であると捉えさせる装置を作り上げたとも言えよう。そうした暗黙の認識が、表面的には容認あるいは美化され、現代社会にも引き継がれているものと推測することも可能である。

しかし、「大事なものとの取引」として、稀有の命を絶つ行為を納得するという建前であったとしても、人間の根源的苦悩が死に対する恐怖であることや、死が不可知であることを思えば、本音ではそう簡単に納得できたとは考えられない。とはいうものの共同体や「イエ制度」の中で、本音と建前の心性が合致し影響を与え、自殺を容認する装置がうまく作動したのかもしれない。

3 「個人の選択した死」という認識

今まで述べてきたように、日本社会の自殺についての認識には、自らの命を絶つ行為をどこかで認める態度や認識と忌み嫌う態度があり、その背景には、日本の歴史的な社会構造から、個人の意志が共同体の意志に強いられていた影響もあることが推測された。これらのことは、宗教教義や法で自殺を抑制する文化とは異なり、日本特有の文化、社会的背景が関与していると思われる。

それは、殉死、切腹、引責自殺などの「日本の死」は大事なものとの取引として、個人が選択した死と捉えさせる装置を作り上げたことで建前として受容し美化され、それが潜在的規範へ発展したとも考えられる。さらに抑圧されてきた「個人の選択」への憧れが、個人主義という価値観と同化し、作り上げられた「個人が選択した死」にも何らかの影響を与え、潜在的に自殺を容認する態度として引き継がれてきたものとも考えられる。

「死」は社会関係の中で成立していることを想起すれば、その国の法制度や文化、社会的背景に大きく影響され、倫理的解釈や評価も多様となるのは

当然である。現代日本社会では、多元的価値観を前提にしたとしても、「個人の選択」が重要視されてきた欧米社会とは異なった自殺予防対策の枠組みが必要と考えられる。

仮に自殺を「個人の選択した死」とすると、自殺は「個人の選択」で「自己決定」であるという考えも成り立ち得る。しかし、自ら死を選ぶときのその意思や意図は、不確かなものであり、自殺については選び直しができないことから、そこでは「自己決定」という考え方が成り立つのかどうかは今後の課題である。いずれにしても、自殺の認識を個人の自律に依拠することの問題性をさらに掘り下げ、社会的問題として自殺を捉えなおせるような施策展開が重要である点について強調し、それが自殺予防対策の根幹である点をさらに明確にすることが重要であると思われる。

第4節　生と死を取り巻く現代社会の諸相

1　健康志向

現代社会は、死を刹那的に捉える反面、終わりのない「生」への執着が起こり、「生」中心の社会構造を作り上げていると推測できることについては第2章で論述した。こうした世相は、健康志向にも現れていると考えられる。

「健康に関する世論調査」（NHK放送文化研究所 2009）[19] は、住民基本台帳からの抽出で全国16歳以上の国民3,600人を対象に、情報化社会、格差社会が進行する今の時代の「健康」に対する日本人の意識や行動について調査したものである。

調査結果について、「生活で大切なこと」についての設問では、「健康」が71%で第1位だった。前回の1980年調査においても第1位ではあったが、その割合は61%であり、人々の「健康志向」はさらに強まったと考えられる（NHK放送文化研究所 2009）。また健康認識について、身体面で「非常に健康」と「まあ健康」で75%、精神面では「非常に健康」と「まあ健康」

で 73.9% という結果だった。「健康に気をつけているか」の設問では、「いつも」と「ときどき」で 79.6% であった。これらの結果から、現代社会の健康志向や健康であるという認識が示唆されている。そこで、なぜこうした現象が起きているのかという点について、「健康」という視点から再考する。

2 健康の捉え方

健康についての捉え方は、WHO が創設[20]に先立ち、1946 年に採択された「健康憲章（Magna carta of the WHO）」が、世界的視野でのはじまりと捉えても良いであろう。この中では、疾病でない状態を健康とするのではなく、肉体、精神、社会の視点から良好な状態を指したうえで基本的人権と捉えていることが特徴と考えられる（長谷川 1992）。

日本では、「養生訓」[21]による「所与としての健康」という考え方があり、天地や父母から与えられた身体は病気もせず元気で生活ができ、天寿を全うできる状態を保つことが重要であると示されている（上杉 2000）。この儒教の影響が強いと思われる「養生訓」から生まれる健康観は、中庸を基本とし、あらゆる面で過度になることを戒めている（貝原 1682）。病気に罹ると死が予想される時代には、病気にならないための暮らし方が重要で、病気になれば、医療上の限界から信仰に頼る時代であったと考えられる（池田・佐藤 1995）。当時は、自然や神などの超越と人間との関係軸で健康が捉えられていた。病気になれば薬剤依存型となる現代医療とは異なり、人間の生命力や自然治癒力といったところに焦点が合わされ、そのうえで呪術、宗教との関連の中で生命を捉えていたとも考えられる。病気の懲罰説というコンテクストと言うよりは、病は苦として受け止められ、自然災害と同じように厄と考えられていた（立川 1992）。合理的な対処方法を持ち得ない時代には、病気に罹れば死は隣り合わせであり、そのため病気にならないためのいわば予防的視点が中心となっていたとも言えよう。

その後、世界的に飛躍し発展した医療技術は、感染症を激減させ、平均寿

命を大幅に進展させた。しかし、先進諸国と発展途上国との健康水準の格差による問題解決のために、WHO は、いわゆる「アルマ・アタ宣言」[22]（1978）を示した。その後ヘルスプロモーションに関連する憲章としての「オタワ憲章」[23]（1986）を経て、1998 年に WHO 執行理事会において「健康」の定義では、「Spiritual」について議論された[24]。

WHO では、「Spirituality」とは「自然界に物質的に存在するのではなく、人間の心に沸きおこってきた概念の——とりわけ気高い観念の——領域に属するものである」と定義されている（WHO 1999）[25]。第 52 回世界保健会議では、「Spiritual」は人間の尊厳の確保や生活の質を考えるために、本質的なものであるという意見が出された。しかし、健康の定義の変更は基本的な問題であるので、議論をさらに深める必要があるという意見から、結果的には事務局長懸案事項となっている（厚生省 1999）。

しかし、日本では「Spiritual」あるいは「Spirituality」については、宗教との関連性を含め概念形成はまだ途上であるため、原語をそのまま使用していることが多く見られる（安藤 2008; 津城 2008）。

3 健康志向の行き先

健康の概念自体も時代の要請とともに変化し、社会通念上の認識にも変化が現れてくる。すなわち近代医学では、病気の先にある死を受け入れるしかなかった人々を救済することに多大な貢献をしたが、それにより病気を宗教など超越の世界から切り離したとも言える（上杉 2000）。

人は、病気から死に至るまでの過程を受け入れる受動的存在から、病気にならない、なっても退治できるといったコントロール可能な能動的存在へと変化してきたものと考えられる。生も死もある程度コントロールが可能な現代社会では、人工授精や再生医療、臓器移植や安楽死などの生と死を取り巻く多くの課題が「個人の選択」や「自己決定」といった概念とも絡み合い、ますます複雑化していると考えられる。

また、医療技術の革新が寿命を大きく伸展させてきたことは周知の事実ではあるが、それに伴い QOL が新たな課題として注目されるようになった。生きがいやアイデンティティにまつわることなど、寿命の延長のような量的観点で考えられない問題が派生した。その結果、宗教と人間、宗教と科学の関係を抜きにしては考えられない状況にまで深刻化してきている（上杉 2000）。

それは、「無限追求目標としての健康」（上杉 2000）と表現されるように、現代の医療技術の進展が、不老不死の実現をも可能とするような勢いとなった。またそれは、感染症での死亡率の減少とともに、慢性疾患での延命を図ってきたと同時に、健康格差社会をもたらしたとも考えられる。前述の「健康に関する世論調査」の「健康コスト」に関する設問では、生活程度の認識が下がるにつれて出費割合が減少したという結果であった（NHK 放送文化研究所 2009）。健康にかけるコストの格差は、結果的に健康格差を誘発するとも推測できる。

さらに、健康を求める社会は正常値というデータを基準に、より自分をその基準に近づけることが求められる。一方、不潔や不健康を嫌う方向へと向かう社会とも考えられ、病気や障がい者の排除や優生思想へもつながる危険性をはらんでいる。それは、画一的な健康基準に沿って、自らの異質性の排除を目指す格好にもなりかねず、個性の排除へ向かう可能性もある（上杉 2000）。

このような指摘は、出生前診断の議論にも包含されている問題でもあり、「個人の選択」が重視される社会である一方で、「個人の選択」が結果として画一化の方向に向かう可能性もある。その場合、かつて「個人の選択」が共同体社会の中で封じ込められていた時代との近似と考えることも可能である。

いずれにしても、健康それ自体が人生の目的となっているとも考えられる現代社会においては、「生」のみが容易に強調される可能性が高く、何のために生きているかという、人にとっての根本的な問題は空洞化しやすい。というのも本来、生と死は相互に否定しながらも、相互に依存し合い、その連

関の中で意味づけが行われていたように思われるからである。

　しかし、現代社会の人工授精や脳死移植の問題は、生と死をコントロールすることで医療技術によって解決を図ろうとしたために、生と死の意味をあいまいにし、人々からその課題を遠ざけ、その課題を専門家の議論に委ねてしまったとも考えられる。病気や死を避けようとすることは人間の根源的な欲求であるとしても、それらを棚上げし健康のみを追求する社会は、まさに不健康である。自己の生や死について自律的な意味づけを与えることにより、自身の健康とは何かを実感できるとも思われる。

　また、健康とは価値を実現するための条件であることを想起すれば、自分が大切にする価値がどのようなものであり、人と異なることがまさに個性であるという認識が見出せるのではないかと考えられる。

4　現代の死

　ところで、前述の「健康に関する世論調査」の重い病気にかかった場合、延命治療を受けるか受けないかを尋ねた「人生の最期」に関する設問では、「延命治療を受けない」が65％で「どちらとも言えない」が30％という結果であった（NHK放送文化研究所 2009）。

　医療のほとんどが施設内で行われている現代では、延命治療の実態すら現実には見えない状況であると思われる。また、過去の調査結果は延命治療の是非について、自分自身の場合と家族の場合では異なる結果であった。それらを考慮すれば、この調査結果から、延命治療を希望しない人が多いとは一概には評価できないかもしれない。さらに、現実に「病院死」がほとんどであることを考えた場合、病院で死ぬということは病院のシステムに沿って経過を追っていけば、延命治療はしないという選択はほとんどできないのが現状であるとも思われる。そのことは、人々の漠然とした思いとは乖離しているとも考えられるが、事実上、「病院死」はまだ減少傾向にはないと言えよう。

　その一方で、安らかな死への願望が「ホスピス」[26]によって求められて

きている（山崎 1990）。またリビング・ウィル（自然な死を求めるために自発的意志で明示した「生前発効の遺言書」[27]）の普及に取り組んでいる「日本尊厳死協会」[28] では、その会員数が1990年には1万人を超え、1999年には9万人を超えるまでとなっていることから、延命治療重視を回避するという動きも出てきているとも思われる。

　最近では、「平穏死」[29] という、寿命が来たら延命治療は避けるという概念（石飛 2010）も登場し、論議を呼んでいる。高齢化が進行し、脳卒中や認知症のため判断能力が失われる人が増加している。判断能力が失われていなくても意思表示が表明できないなど、そうした人々が、口から物が食べられなくなったときに「個人の選択」は事実上不可能である。現在では、多くの場合経管栄養や胃ろう栄養となる。親族は、少しでも長く生きていて欲しいあるいはそうしなければならないといった気持ちから、経管栄養や胃ろう栄養を受けるための「承諾書」にサインをするのが実情と思われる。というのもそのまま放置すれば餓死するという説明を受けるとした場合、それを受け入れるには何らかの踏み込んだ倫理観や、価値観を伴うと考えられるからである。

　1950年には、施設内での死亡はわずか11%（厚生省 1950）であったことを考えれば、60年前の自宅での看取りでは「平穏死」はむしろ日常的な対応であったことが推測される。家族は、改めて何かを選択する必要もなく、身近で逝く人を見送っていたと思われる。しかし、現代社会では病院に救急搬送されれば、延命治療を何もしないという「選択の自由」は難しい傾向にあると考えられる。あるいは、救急搬送を選択した時点で延命治療を選択したとみなされているのかもしれない。いずれにしても、在宅医療の仕組みが不十分である現状では、自宅での看取りはまだ厳しい選択である。

　こうした中で厚生労働省は、医療費抑制のための療養病床を大幅に削減し、在宅医療へ促す方針案を公表した。24時間の在宅医療体制を構築し、NBMによる終末期医療の推進という政策的課題の中で、医療環境も変化を求められている。

しかし、厚生労働省が打ち出した少子高齢社会における今後の社会保障政策の柱とする在宅医療への転換は、現段階ではスムーズにいっているとは言えないのが実情であろう。

一方、経管栄養や胃ろう栄養を含めて終末期医療については、日本老年医学会が「『高齢者の終末期の医療およびケア』に関する日本老年医学会立場表明2012」を示した（日本老年医学会 2012）。これは、今まで述べてきたような社会情勢の中で、日本老年医学会理事会が承認した11の立場を表明したものである。

この中で、「最善の医療およびケア」を受ける権利は基本的人権の一つと示したうえで、胃ろう造設を含み経管栄養や気管切開、人工呼吸器装置の適応は、慎重に検討されるべきであり、治療が本人の尊厳を損ない苦痛を増大させたりする可能性のあるときには、治療の差し控えや治療からの辞退という選択肢も考慮すべきであることを示した。この立場表明は、今後医学臨床の場で影響をもたらすと考えられる。

「人」を診る医療体制を推進するためには、国の政策誘導だけでは自殺予防対策と同様に限界があり、国民一人ひとりが生と死について自分に引き寄せて考えたり、感じたりできる環境整備が必要であると考えられる。そうした環境整備の中で、命の不可知性、唯一性を実感することによって、我が国の自殺者が3万人を超えている現代社会についても問題意識を持ち得るのではないかとも思われる。

第5節　命の不可知性、唯一性への回帰

1　「内在化」された価値観のゆらぎ

生と死についての考え方や感じ方はどのように育まれるのだろう。また時代の影響について着目した場合、自殺者が3万人を超えている社会についての問題意識を、国民がどのようにしたら持ち得るのかという点について考え

てみたい。

　生と死についての考え方は、「人間」をあるいは「人生」をどのように捉えるかにより大きな影響を受けていると考えられる。そこには「暗黙の社会的規範」のような明確には切り取れないが、家族や地域、会社など社会を通じて引き継がれてきた倫理観や価値観が働いているのではないかと思われる。エドワード・T・ホール（Edward Twitchell Hall）は『沈黙の言葉』の中で、文化を学習された行動と捉え、次のように述べている。

　　文化とは、それはわれわれの全てがその中で形成され、それとは知らぬうちに日常生活を規制しているものであり、文化がどれほど人間の行動に深い永続的な影響を与えるものであるかを見逃している。しかも文化による決定的な影響のほとんどは人間の意識の外にあり、個人がどれほど意識的に操作しようとしてもできない相談なのである（ホール 1979, pp.45-71）。

　つまり、個人主義の時代とも言われ、何事も「個人の選択」のうえに成り立っているような錯覚にも陥りかねない現代社会においても、日常生活で無意識に行われる行動や身のこなしの中に、暗黙に引き継がれてきた倫理観や価値観が反映されていることを示唆している。この内在化した「非言語的言語」とも表現し得る行動様式は、家族の歴史、伝統、神話、価値観などにより内在化され、世代から世代へと継承されていると言えよう（Richman 1993）。

　しかし、時代の変化とともに変わっているようで変わっていないものにより無意識的に支配され行動化している日常生活は、現代社会の意識的には科学的、合理的軸に合わせようとする中で、矛盾を引き起こしているという見方もある（小此木 2001）。その矛盾は、無意識層に拡散し、超越的な価値や存在との関係の中に、自己のアイデンティティを見出すことができなくなっているとも思われる（吉本 1999）。それは過去から内在化され、継承されてきた生と死についての超越的な価値や存在に対する畏れや実感のようなものが、生と死の科学的にコントロール自在になりつつあるという現実に、封じ込められていると推測することも可能である。

現代の科学・医療技術は、生と死を完全にコントロールすることは不可能であるとしても、再生医療や移植医療、生殖技術などにより人間の限界を超えた超越を以てコントロール自在となることに魅せられているとも思われる。そのために、人々の畏れていた身近な生と死は、専門家に委ねられているとも言えよう。こうした社会状況が、生と死を含め人々の内在化された価値観に影響を与えたことは十分考えられる。

2　内在化された感情のゆくえ

　内在化された価値観について見てみると、時代の変化とともにあまり変化しない価値観として「日本人の国民性調査」[30]では、「義理人情」を挙げている。日本人の意識には「義理人情」という人間関係に象徴されるような情緒的感覚が常に存在している。この情緒的底流は、一貫して変わることのない人間関係のあり方や伝統的感覚、素朴な宗教感情（ここでは、科学の進歩だけでは人間は救われないとか、宗教的な心は大切であるという考え方を指す。）などに代表される感情である。この感情は、時代とともに強弱はあるものの、心の中に存在し続けていることが明らかにされている（林・山岡 2002）。

　この「義理人情」に表出される感情は、内在化され、継承されてきた感情と考えられる。伝統的感覚や素朴な宗教感情は、超越に対する畏れの感情と解釈することも可能である。そこで、日本人の宗教意識や宗教行動について見てみると、加齢とともに増加していた「信仰あり」が、高齢者の宗教性の低下による影響で、減少してきていることが指摘されている（石井 2010）。

　しかし、NHK世論調査[31]では、「日本の古い寺や民家をみると、非常に親しみを感じる」項目では、1973年から2008年まで8割以上に位置し、「年に1～2回程度は墓参りをしている」については、微増減はあるものの6割以上に位置している。この「年に1～2回程度は墓参りをしている」については、どの調査においても高い数値が示されている。読売新聞世論調査[32]では79.1%（2005）、NHK調査[33]では67.6%（2003）、國學院大學21世紀

COEプログラム調査[34]では、76％（2003）である。

　伝統的感覚や素朴な宗教感情など超越に対する感じ方や感情が、内在化され継承されてきた「暗黙の社会的規範」として存在していることは推測可能である。但し、これらの感覚や感情を共有する場や機会としてあった通過儀礼や葬祭が簡素化されたり、見えにくくなっていて、実感的より形式的に傾倒しているとも考えられる。あるいは、実感的なものを求めて「リア充（リアル（現実）の生活が充実している）」というはやり言葉も生まれたのかもしれない。

3　関係性の変化と再構築

　かつて、伝統的共同体のシステムとして組み込まれていたとも考えられる互助性、信頼、帰属意識、連帯感あるいは縛りのような人々の関係性が、伝統的共同体の衰退により失われつつあると思われる。現代社会においては、個々人が意識して作り上げなければならないものへと変化したとも考えられる。個人主義、家族機能の変化や格差社会とも相まって、人々の関係性は変容し、もはや個々人の努力では作り上げにくい社会状況とも言えよう。「自己決定」「自己実現」「自己責任」といった個人主義的な価値観が浸透しているとは言っても、人は人との関係の中で生きている。そして、全く他人と関わらずに生きることは不可能である。

　また、伝統的共同体の衰退と現代の社会病理現象との関連についての指摘（林他編 2004）もあり、現代の社会病理の解決には、失われつつある人々の関係性、信頼、互助性、帰属意識や連帯感の醸成が必要であると考えられる。

　そこで筆者は、伝統的共同体が果たしてきた機能のうち、日本の生と死にまつわる通過儀礼や祖先信仰の衰退（石井 2010）による「生と死の捉え方の変化」や「先祖や家族、地域との関係性の変化」が、「自殺」など生命をめぐる現代の社会病理に大きな影響を与えているのではないかと考えた（石濱 2011）。

伝統的共同体の社会では、社会や家族との関係性の中から個人を捉えていた。現代社会では、個人は独立した社会的存在であり、各人の行為は各人の責任のもとに帰属するという考え方に依拠しがちである（小林 2003）。そのため社会や家族との関係性の中から個人を捉えにくく、その関係性の中から自己の尊厳を見出せなくなっているのではないかとも考えられる。現代社会を取り巻く人の関係性のあり方の一つの特徴として高原は、「病める関係性」と表現し、次のように説明している。

> 現代社会の「関係性」はその希薄化を基調としながら、浮遊、濃密化、歪みの各方向へ複雑に絡むという特徴を示している「病める関係性」であり、自殺は、関わりを持つことに疲れ、関わりを放棄する「病める関係性」から生じる典型的な社会病理現象であり、現代社会における人々のコミュニケーション能力、自己表現能力、人間関係の形成・維持能力などの弱化や欠如を表す概念として「関わりの型・方法の喪失」を意味している（高原 2006 pp.33-36）。

高原の示す人間関係にまつわる能力は、伝統的共同体の社会で繰り返されてきた通過儀礼や祭事により無意識に培われていたが、現代社会の「関係性」からは獲得しにくくなっているのではないかと考えられる（石濱 2011）。

つまり、かつて通過儀礼や祭事が伝統的共同体の中で、繰り返されることによって得られてきた、人間関係を編んでいく能力や「宗教性」とも表現可能な人間の力の及ばない超越に対する畏怖の感情が、人が生きるうえで重要な要素であると思われる。さらに、この視点を中心とした「生と死のとらえ方」や「先祖や家族、地域との関係性」についての再構築が重要なのではないかと考えられる。

そこで、次に現代社会病理に果たす「宗教性」の意義について検討する。

4 「宗教性」の意義

ここで使用する「宗教性」とは、特定の宗教意識や宗教行動として使用す

るものではない。むしろ、「宗教的な心」として、日本の「暗黙の社会的規範」の中で培われてきたものとして捉えている。それは、「無意識層に蓄積されている生命観に対する信頼感や、合理化、数値化できない超越的存在に対する畏敬や畏怖の感情の自覚」のように考えている。

　宗教の概念は、現実において今やグローバルな概念になっている。例えば、世界人権宣言（1948年）の第18条に掲げられ世界中に翻訳され、自明のものとして理解されている。

　島薗は「＜宗教＞は人類文化の高度の達成であり、したがって進歩した文明国家の支えとなるべきものだという理解も次第に親しみ深いものになっていく」点に言及し、「個々人の生死を支える内面的な原理として宗教はある」と述べている（島薗 2004）。

　またマッキノン（Mckinnon）は、宗教は人々が、それをいかに用いるべきかを知っており、実際に用いられ解釈されている概念であり、現実的な社会的影響力を持つ社会形成の重要な構成要素であると指摘している（マッキノン 2002）。それは、何らかの存在性を持つ（深澤 2004）とも考えられるが、普遍概念や自然概念ではなく、それ自体もまた歴史上の産物であり、ある事柄を「宗教」と認識するわけではないとも考えられる（住家 2004）。そこでマクガイア（Mcguire）の次のような指摘からより具体的に考えてみたい。

　　一部の意味体系は死後の生や生まれ変わりを肯定し、別の意味体系は人々の自らの子孫や部族を通して生きていることを強調するといったように、多くの社会における意味体系は、死を人間的発展のさらなる段階としている（マクガイア 2008, p.63）

　つまりほとんどの人が死に直面するはるか以前から、彼らのさまざまな人生の段階に意味を与え、宗教は「命の尊厳」を示してきたのだと考えた。

　マクガイアは、人の行動がどのように意識と無意識の中で決定づけられていくのかと考えた場合、個人の意味体系のほとんどは、社会化の過程で身につけられるものと考えた。

それは、例えばある人にとって最も妥当と思われる解釈は、これまで慣れ親しんできたもので、その解釈は重要な他者によって支持されるものであり、個人的な意味体系に基づいて振舞っているつもりであっても、その意味体系は、重要な他者あるいは教育などの諸制度に大きな影響を受けているという考え方である。
　また、その意味体系は、個人と社会集団の交わりのうえに成り立って、ある社会では、果たすべき役割や自己の存在意義を明らかにしてくれ、また別の社会では集団の意味を自明なものにしている（マクガイア 2008）。そこで、その意味体系を発展させていくためには、重要な他者をはじめ社会集団との交わりが根幹となり、個人の出来事に意味を与えることが可能となる。
　日本においても祖先信仰や遺骨信仰に表出した行動として「宗教性」は慣習化し、集団の意味体系として共有化していたはずである。伝統的共同体では、通過儀礼や祭事などにより、集団の統一性はそこで共有される意味によって表現され高められ、集団の意味体系として自らの存在意義と重要性を継続させてきたのではないかと思われる。
　このような循環の中で私たちは暮らし、その社会的基盤としての集団に依拠してきたことが、日本の暗黙の社会的規範である「宗教性」を無意識的に「実感」してきたのだと考えている。かつて修行や儀礼から獲得されてきた感情的要素や体験的要素は、認知的要素ではないとしても、合理化できない命の尊厳や超越的価値に対する信頼など、日本社会の集団の意味体系である「宗教性」として息づいていたはずである（石濱 2011）。
　ところが、現代社会では意味に関わる絶え間ない危機的感覚がもたらされていると考えられる。個人の体験に意味を与える能力は、近代資本主義において、さまざまな人間的なものを市場で売買される商品に変えてしまう文化的所産の影響を受けているのではないかとも思われる。この商業化は、現代人の「時間と場所に対する関係性」を変化させ、共有するリアリティに対する感覚を蝕んできたと推測できる。
　集団の統一性は、そこで共有される意味によって表現され、高められ、集

団の意味体系は自らの存在と重要性を継続させるために、その社会的基盤としての集団に依拠する。このような循環の中での暮らしは、儀礼や行事の簡素化や衰退によって変化し、集団的な意味体系は風化しつつあると考えられる。日本社会での意味と秩序に対する感覚は、その影響を大きく受けたのではないかと思われる。

医療技術の革新や「文化的価値の商品化」は、生と死を取り巻く環境を大きく変化させた。そのために、生と死を前にしての態度を導く奔流は、生物学的なものと文化的なものとの境界にある集合的無意識に依存する（アリエス 1983）と考えられる。このような状況は、その集団の意味体系であった「生と死の捉え方」の根幹をゆるがせ、歪みをもたらしたのではないかと考えられる。その結果、生と死に関わる両価的な気持ち（「死にたい」と「助けてほしい」）を水際で踏み留めることができなくなってしまったのではないかとも思われる。

今こそ、日本社会における命の不可知性、唯一性への回帰を新たな仕組みとして育む必要性があり、人間の力の及ばない超越に対する畏怖の感情を「宗教性」とすれば、「宗教性」を再認識することが求められている。それは命のはかなさや、死とともに生きているということの自覚を取り戻す、あるいは獲得しなおすことであり、「生と死の捉え方」への歪みを方向づけなおし「命の尊厳」を実感する社会を再生することが、「自殺」などの現代の社会病理現象抑制に有効であると考えられる（石濱 2011）。

第6節　まとめ

本章では、2006年に公布、施行された自殺対策基本法第2条の基本理念及び同法第12条に基づいて、2007年に策定された「自殺総合対策大綱」の基本認識として、自殺は「追い込まれた末の死」と謳われたことに着目した。そこで、自殺が「個人の選択」によるものではなく「追い込まれた死」であることについて、文化、社会的側面から論じた。

はじめに、患者の精神状態で「死にたい」と「生きたい」の両価性についての指摘から「死を求める意思」が認められることを「自らの意志で選択した死」と解釈するには疑問がある点について述べた。さらに、「死を求める意思」の有無に関わらず「生きる意志があった」と解釈することも可能であることについて指摘した。また、先行研究から日本社会に共存する自殺についての態度は、自らの命を絶つ行為をどこかで認める態度と忌避する態度があることや、自殺が病気であるという認識のあいまいさや、不眠とうつ病との関係への関心の薄さが危機意識につながりにくいことや、精神科受診に対する偏見が、日本社会での自殺についての認識として浮かび上がった。

　このような社会背景には、日本の歴史的な社会構造から、個人の意志が共同体の意志に強いられていた影響もあることが推測された。それは、殉死、切腹、引責自殺などの「日本の死」は「大事なものとの取引」のために「個人が選択した死」と捉えることで建前として受容され美化されたとも考えられることについて述べた。さらに、それが潜在的規範へ発展したとも考えられることについて指摘した。

　また、抑圧されてきた「個人の選択」への憧れが、個人主義という価値観と同化し、作り上げられた「個人が選択した死」にも何らかの影響を与え、潜在的に自殺を容認する態度として引き継がれてきたのではないかとも推測できる点について述べた。

　そこで、仮に自殺を「個人の選択した死」とすると、自殺は「個人の選択」で「自己決定」によるものであるという考えも成り立ち得るが、自ら死を選ぶときのその意思や意図は不確かなものである。ましてや自殺については、生命の不可逆性により選びなおしができないことからも、そこで「自己決定」という考え方が成り立つのかどうかは、今後の課題である。

　一方、生も死もある程度コントロールが可能な現代社会では、生殖技術や再生医療、臓器移植や安楽死などの生と死を取り巻く多くの課題が、「個人の選択」や「自己決定」といった概念とも絡み合い複雑化した。さらに、人間の限界を超えた超越さえも自在的なコントロールが可能であるかのごとく、

魅せられていることについて論じた。

　その結果、生と死の意味があいまいとなり、人々からその課題は遠のいたようにみえる。そして、畏れとともに、人の力が及ばないと認識されていた人々の身近な生と死は、今や専門家に委ねられているとも言えよう。病気や死を避けようとすることは、人間の根源的な欲求であるとしても、誰にでも訪れる死を棚上げし、健康のみを追求する社会では、健康が人生の目的を達成するために欠かせないものとしてではなく、それ自体が目的となっているとも考えられる。さらに、「生」のみが容易に強調される可能性が高く、何のために生きているかという課題は空洞化しやすいとも述べた。

　また、社会が近代化する過程において、商業化により生きるうえでの基礎となる人間的なもの、例えば、冠婚葬祭、食事は市場で売買される商品に変わってしまった。この商業化は、現代人の「時間と場所に対する関係性」を変化させ、共有するリアリティに対する感覚を蝕んできたと推測することが妥当とも考えられた。医療技術の革新や「文化的価値の商品化」は、生と死を取り巻く環境を変化させ、人々の内在化された価値観に影響を与えたことは十分に考えられる点について論じた。

　現代社会は、意味に関わる絶え間ない危機的感覚をもたらし、集団の意味体系であった「生と死の捉え方」の根幹をゆるがせ、歪みをもたらした。その結果、生と死に関わる両価的な気持ちを、水際で踏み留めることができなくなってしまったのではないかとも思われた。

　かつて、通過儀礼や祭事が家族や地域の人々の共同の機能として存在し、また繰り返されることによって、無意識的に「生と死」について人間の力の及ばない超越に対する畏怖の感情を抱いていたものと推測できる。また、祖先信仰による自分のルーツ確認などを含めたこの情感を「宗教性」あるいは「宗教的な心」とした場合、伝統的行事の衰退によりこうした体験的機会は激減していると言えよう。

　また、生活の基礎的部分が「先祖や家族、地域との関係性」、例えば互助性、信頼、帰属意識、連帯感、縛りによって内在化されていたような人々の関係

性が、システムとして組み込まれていた伝統的共同体の衰退により失われつつある。

さらに、個人主義、家族機能の変化や格差社会とともに、インターネットや携帯電話などの通信手段の革新とも相まって、人々の関係性は変容したと考えた。そのため、人々の関係性は、個々人が意識して作り上げなければならないものへと変化したとも推測され、今後の重要な課題である。

このように「生と死」は社会関係の中で成立していることを想起すれば、その国の法制度や文化、社会的背景、時代に大きく影響を受け、倫理的解釈や評価も多様となるのは当然であろう。現代日本社会では、多元的価値観を前提にしたとしても、宗教教義や法で自殺を抑制する文化や、「個人の選択」が重要視されてきた欧米社会とは異なった自殺予防対策の枠組みが必要と考えられる点について強調した。

そこで今後、日本で効果的な自殺予防対策を実施するためには、まず「自殺」についての捉え方として、「自らの意志で選択した死」ではなく「追い込まれた死」として「自殺」を捉えることが一般化される必要があると言えよう。

また、健康とは人が自分らしく生きる価値を実現するための条件であり、自己の生や死について自律的な意味づけを与えることにより、自分自身としての健康とは何かを実感できると思われる。そのうえで、自分が大切にする価値つまり生きる意味が見出せるのではないかと考えられることについて論じた。

さらに、「人」を全人的に診る医療体制を推進するためには、国の政策誘導だけでは限界があり、国民一人ひとりが生と死について自分に引き寄せて考えたり、感じたりできる環境整備が必要である。そうした環境整備の中で、命の不可知性や唯一性を実感することによって、我が国の自殺者が3万人を超え、その状況が持続している高止まりの社会についても、問題意識を持ち得るのではないかと思われる。

日本社会における命の不可知性、唯一性への回帰を新たな仕組みとして育むことにより、人間の力の及ばない超越に対する畏怖の感情を「宗教性」と

すれば、「宗教性」を再認識することが可能となろう。それは命のはかなさや、死とともに生きているということの自覚を取り戻す、あるいは獲得しなおすことであり、「生と死の捉え方」への歪みを方向づけなおし「命の尊厳」を実感する社会を再生することが、「自殺」などの現代の社会病理現象抑制に有効であると考えられる。

注
1 　天野馨南子,「世界最高水準の自殺率の構造を探る」, ニッセイ基礎研 REPORT, 2005, 1-6。
2 　http://law.e-gov.go.jp/announce/H18HO085.html, 2011/9/10。
3 　http://www8.cao.go.jp/jisatsutaisaku/sougou/taisaku, pp.1-21, 2011/9/10。
4 　国内総生産のこと、国立社会保障・人口問題研究所、自殺者の生涯所得損失 GDP1兆 3000 億円減人口問題研試算を公表、毎日新聞、2002 年 8 月 8 日付朝刊。
5 　エンゲルハートの論を展開した J.S ミルの「自由概念」、「他者危害原則」については、John Stuart Mill: On Liberty（1859）, in: On Liberty with The Subjection of Women and Chapters on Socialism, edited by Stefan Collini, Cambridge University Press,esp,Chap.4、pp.75-93,1989。
6 　本文中に示したほか、意志は、道徳的評価の主体であり、かつ客体であるもの。思慮・選択・決心して実行する能力。知識・感情と対立するものとされ、併せて知・情・意という。
7 　島根県にある団体。活動内容は、身近な人の自殺で傷ついた人を支援したり、偏見を受けないように活動する全国の地域に存在する組織の一つ。
8 　この場合には、思慮・選択・決心して実行する能力としてこの文字を当てている。
9 　集団の権威が個人に強く及んだ結果、個人は自己同一性を失い、生命を共同的に捧げようとするもの。
10 　共同体の結びつきが弱く、家族、社会、宗教、政治からの規制が弱い場合に起こるもの。
11 　社会の変化に適応できない個人に起こるもの。
12 　奴隷や受刑者のように過度の規制が課せられた結果として起こるもの。
13 　「予期不安」とも表現されている情感対象が、現前にはなく、また切迫していないという状態での先取りされた恐怖。
14 　危機連鎖度とは、一つの危機要因から他の危機要因に連鎖する強度のことで、事業不振から負債への連鎖が 29 回起きていれば、危機連鎖度を 29 とする。ライフリンクでは、自殺の 10 大危機要因において、連鎖について 77 通りあり、うつから自殺への危機連鎖は 119 回で最も高かった。
15 　危機複合度とは、それぞれの危機要因が含有している危機要因の数のことで、その要因が問題の出発点となっているとき、その要因の複合度は 1 で、新たな連鎖が増す

ごとに 2、3 と複合度は増していくというスケール。
16 清水新二, 川野健二, 宮崎朋子他「自殺に関する心理社会的要因の把握方法に関する研究」, 遺族個別面接調査と遺族支援グループ訪問調査。
17 Reynolds（1987）による SIQ を元に作成した日本版自殺年慮尺度 SIQ9:suicide ideation questionnaire 9。
18 東京都福祉保健局総務部総務課,「自殺に関する意識調査－インターネット福祉保健モニター」, 2011。
19 NHK 放送文化研究所世論調査部,「健康に関する世論調査」, 2009 では、調査機関 2009 年 2 月 25 日～4 月 7 日、調査対象全国 16 歳以上の国民 3,600 人、調査方法は住民基本台帳から層化無作為 2 段抽出による郵送法、有効数 2,662 人（73.9%）。
20 第 2 次世界大戦終結に際しての国際会議において WHO 創設の方向となった。Antonovsky, A.Healtu, Stress ans Coping, Jossey-Bass, San Francisco-Lndon, 1979。
21 貝原益軒, 伊藤友信訳,『養生訓』, 講談社, 1982。
22 1978 年ソ連邦カザフ共和国首都アルマ・アタにおいて、「西暦 2000 年までにすべての人々に健康を」のスローガンを掲げた。
23 カナダのオタワ市で主として先進工業国を対象としたヘルスプロモーションの実現に関する国際会議で採択された。
24 厚生省「WHO 憲章における「健康」の定義の改正案について」1999 より。
25 日本ＷＨＯ協会ホームページ http://www.japan-who.or.jp/commodity/kenko.html。
26 ホスピスは、末期患者、特に末期がん患者及びその家族を応援するための施設でもあり、応援するためのプログラムでもある。山崎章郎『病院で死ぬということ』1990, p.212。
27 「日本尊厳死協会」ホームページより抜粋。
28 1976 年「安楽死協会」として発足したこの協会は、1983 年「日本尊厳死協会」へと名称を変更した。治る見込みのない状態になったときは、無益な延命治療を断るなどリビング・ウィルの普及を図っている。
29 石飛によれば、医療には、限界があることをわきまえ、寿命が来たら意味のない延命治療は避け、安らかな人生の終末を迎えさせようというもの。石飛幸三,『口から食べられなったらどうしますか「平穏死」のすすめ』, 講談社, 2010。
30 統計数理研究所が、日本人のものの見方、考え方とその変化を社会調査によって捉えようとするもので、1953 年以来 5 年ごとに実施している。
31 日本放送協会放送世論調査所（編）第 8 回「日本人の意識・2008」調査。
32 読売新聞が実施している世論調査で、2005 年調査。
33 NHK 放送文化研究所編,『現代日本人の意識構造第 6 版』, 日本放送出版協会, 2004。
34 國學院大學 21 世紀 COE プログラム,『日本人の宗教意識・神観に関する世論調査（2003）。日本人の宗教団体への関与・認知・評価に関する世論調査（2004）』, 2005。

第5章　結論 ── 自殺増加抑制

第1節　各章で得られた所見

　各章で得られた所見は、下記のとおりである。
　第1章では序論として、本研究を取り上げる背景、目的、方法について提示した。
　第2章では、「自殺やうつ病の増加」、「児童虐待」、「不登校・ひきこもり」、「ホームレス」が、1990年代後半から萌出していることを明らかにし、自殺を現代の社会病理現象として捉えなおし、その要因を社会構造的に分析することの有効性について論じた。
　現代の社会病理現象が萌出した時代背景は、戦後の人口構造の変化やそれに伴う社会構造の変化、科学・医療技術の発展がもたらした個人主義、消費社会、価値観の多様化によるところが大きいと考えられた。
　消費社会の中では、物の所有は飽和状態となり、人々は自分自身を内省化することが求められてしまいがちとなる。また、家族機能も商品化、縮小化されたことにより家族の関係性自体を変化させ、家族への帰属意識が薄れ、さらに雇用環境の変容が格差社会の進展や、会社への帰属意識の低下、そして雇用労働者の不安定性を招いた。その結果、家族や地域社会や会社に依拠してきた前近代的な相互扶助が機能しなくなり、互酬性のような社会的な関係性の成立が困難になった。こうした人々の「関係性」の変化は、現代の社会病理現象を増加させた要因となったのではないかとも推測された。
　このように、社会から個人を捉えることで、メディカルモデルにより個人

のリスクから個人の病理が引き出され、自己責任論に傾倒しがちな危うさを回避することが可能となる。また、社会構造上の問題をより明らかにしやすく、自殺の増加抑制をうつ病対策と失業対策に特化した対策として実施するのではなく、新たな自殺増加抑制対策の可能性のあるもっとグローバルな政策へと反映できると考えられた。

　さらに、自殺増加の背景を「生」中心の現代社会がもたらしたひずみと捉えた場合、現代社会は「死」のプロセスの疑似体験である身近な人の死を悼む実感の機会が遠のいた社会とも捉えられる。そうした中で、「生」中心の価値観を追い求める層が存在する傍ら、格差社会の底辺で生きることに枯渇したような層や、また一方で、物質的には満たされていても心理的に不安定なために、自分の生活に意味を与え、自分らしく生き抜くことができない層があるのではないかと考えられた。このような社会状況が、日本社会での人生の「問題」の所在を変化させ、「幸せのものさし」の変化をもたらした結果、現代の社会病理現象となったとも言えよう。

　第3章では、自殺の増加要因の視点に着目して、雇用環境の変化に伴う失業者増加による自殺者増加の抑制には、抜本的な雇用環境の見直しが必要と考えられることについて、自殺研究の成果から論じた。

　一方、1998年以降の自殺者急増については、景気変動や失業との相関だけでは説明しきれないことが推測され、自殺がいかにグローバルな社会の影響を受けているかが窺え、文化的影響についても十分検討することが、必要であると示唆された。

　従来のメディカルモデルによる自殺研究の成果と、今後のリスクの高い対象者への焦点化による更なる研究から、治療モデルを導き出すことも重要である。それとともに、ソーシャルモデルやバイオ・サイコ・ソーシャルモデルによる自殺研究の視座を確立していくことの意識化が、今後図られるべきである。また、バイオ・サイコ・ソーシャルモデルを意識した地域研究事例を通じて、自殺の大幅減少には、社会基盤の強化に努めることを意味する「0次予防」（池田・伊藤2000）を図ることが極めて重要であることを指摘した。

予防医学では、一次予防（Primary prevention）を健康増進、疾病予防とし、疾患の発生防止を目指している。自殺予防の視点で考えると、自殺予防のための知識の普及啓発やこころの健康の維持・増進がこの一次予防に当てはまると考えられる。また、現代の社会病理現象の抑制の視点に置き換えると、一人ひとりが自分らしく、生きやすい社会基盤の強化を図ることが先決であると考えられる。それを「0次予防[1]」として整理し、その実現のためには自殺研究の視座の軸を広げることが必要であることを指摘した。

メディカルモデルでは、対象を取り巻く環境や家族、友人、生活習慣や宗教などの文化的、社会的要因と「人との関係性」についての研究をするとしても、個を通じて個から社会を観る見方であり、その要因を文化や社会構造的視点に求めるには限界があると思われる。

ところが、国や民族における物の考え方や感じ方が、集団の特性として現実には社会に影響をもたらしていることは事実である（林・櫻庭 2002）。そこで、本研究では慣習や文化的規範を「暗黙の社会的規範」と捉え、その影響を重要視し、考察した。その結果、自殺を「個人が選択した死」と捉えた場合には、メディカルモデルに傾倒しやすく、文化、社会的要因がみえにくくなることが明らかとなった。

また、今後の自殺研究、自殺予防研究の視座として、社会状況の変化に伴う生と死にまつわる通過儀礼や、祖先信仰との関連や死の捉え方の変化、また自殺などの現代の社会病理現象との関連については、ソーシャルモデルや、バイオ・サイコ・ソーシャルモデルの視座での研究が必要であることを指摘した。

さらに今後、日本で効果的な自殺予防対策を確立するためには、まず「自殺」についての捉え方として「自らの意志で選択した死」ではなく、「追い込まれた死」として「自殺」を捉えることが一般化される必要があることについて論じた。

なぜなら、「自殺」の責任の所在は、当事者の「自己責任」や親族の責任と捉えがちで、自殺者遺族は被害者としての扱いを得られていないこと、ま

た個人の問題という受け止め方では、他人事として共感性を持ちにくいことも日本社会での実情と思われた。そこで各自が自殺を社会全体の問題であると捉えることを重要な点として、日本社会での自殺に対する認識の変化も課題であると提示した。

　第4章では、自殺が「個人の選択」によるものではなく「追い込まれた死」であることについて、文化、社会的側面から論じた。日本社会に共存する自殺についての態度は、自らの命を絶つ行為をどこかで認める態度と忌避する態度があることが、先行研究から明らかにされている。また、自殺が病気であるという認識のあいまいさ、不眠とうつ病との関係などへの関心の薄さが危機意識につながりにくいこと、さらに精神科受診に対する偏見が、日本社会での自殺についての認識として浮かび上がった。

　このような社会背景には、日本の歴史的な社会構造から、個人の意志が共同体の意志に強いられていた影響もあると推測された。それは、殉死、切腹、引責自殺などの「日本の死」は「大事なものとの取引」のために「個人が選択した死」と捉えることで、建前として受容され、美化され、潜在的規範へ発展したとも考えられた。

　また、抑圧されてきた「個人の選択」への憧れが、個人の自立は自己決定の権利を基礎にしていると考えた場合、個人主義という価値観と同化し、潜在的に自殺を容認する態度として引き継がれてきたのではないかという点について指摘した。

　そこで、仮に自殺を「個人の選択した死」とすると、自殺は「個人の選択」で「自己決定」によるものであるという考えも成り立ち得る。しかし、自ら死を選ぶときのその意思や意図は不確かなものである。自殺については、死は不可逆であり、選びなおしができないことからも、「自己決定」という考え方が成り立つのかどうかは今後の課題である。

　さらに、生と死を自在にコントロールできるような錯覚に陥った社会では、「生」のみを追い求める可能性がある傍ら、生命の取り扱いを簡単に考えたり、あるいはゲーム感覚からすぐ生き返るような気分になることが取り上げられ

ている。そのため、神秘である生命の価値や、生命への感じ方に変化をもたらしていると考えた。病気や死を避けようとすることは、人間の根源的な欲求であるとも考えられる。病気や死に対する不可知であるゆえの畏れや悼み、それらを棚上げし健康のみを追求する社会では、健康それ自体が人生の目的となっているとも推測される。

現代社会では、「生」のみが容易に強調される可能性が高く、何のために生きているかという課題は空洞化しやすい。また健康を享受できない場合には「生」をも享受できない、あるいは享受は許されないような社会状況も存在していることについて論じた。

また、バイオ・サイコ・ソーシャルモデルによる「人」を全人的に捉えて診る医療体制を推進するためには、国の政策誘導だけでは限界がある。国民一人ひとりが、生と死について自分に引き寄せて考えたり、感じたりできる環境整備が必要と考えられる。そうした環境整備の中で、命の不可知性、唯一性を実感することによって、我が国の自殺者3万人を超える社会についても問題意識を持ち得るのではないかとも思われることについて提示した。

各章で得られた所見から次節では、本書の目的や課題に沿って総合考察を試みる。

第2節　総合考察

本研究は、自殺を現代の社会病理現象として捉えなおしたうえで、増加の背景を検証し、自殺の増加抑制政策について、新たなモデルを提出することを目的としている。

ところで、2012年の自殺統計の速報値によると、2012年の自殺者数は累計27,766人で、1998年以降15年ぶりに3万人を下回った（内閣府共生社会政策統括官 2013）。国は、2009年に補正予算として100億円を投入し「地域自殺対策緊急強化基金[2]」を創設し、それにより自治体では財政的基盤が整ったとして、都道府県・政令指定都市の8割が、自殺対策を推進するための横

断的会議体制に着手した（内閣府政策統括官 2012）。

　一方、市区町村の推進体制の整備は未だ2割に満たない現状（内閣府 2012）であり、自殺予防対策を実施するためには国の財政的支援も重要であるが、それだけでは進んでいかない状況も浮き彫りになったとも考えられる。

　また、自殺者が3万人を下回ったことについて、こうした取り組みの成果として捉えるには、慎重な姿勢が必要と思われる。日本社会で起こった未曾有の出来事として、東日本大震災によるめまぐるしい社会状況の変化が自殺に影響を与えるなど、統計的数値は経年的に捉える必要がある。精神科医の中でも「数よりも、地域が力をつけていくプロセスそのものが大事だ」（渡辺 2007）と、自殺についての数値目標に疑問を投げかけている見解もあり、今後の動向に注目していくことが望まれる。

　さらに、メディカルモデルで一定の成果を得てきた公衆衛生政策が、自殺予防対策については明確な成果として特定の地域では見えてきているが、国全体のレベルでは未だ見えてこない。また、先行研究もメディカルモデルが中心であることに着目したうえで、自殺を社会病理現象として捉えれば、社会基盤からの再構築を進める新たなモデルの検討が欠かせないことを示している。

　自殺は、当事者のみならず、周辺の人々に及ぼす影響あるいは損失、また社会全体としての経済的損失が予想され、個人や家族の問題というようには片付けられないことは明白であろう。個人の領域に社会が関与するという視点では、個人の生活やプライバシーに干渉せざるを得ない感染症対策などと共通なモデルを引き出せる可能性もある。

　しかし、明らかに異なることはそのプロセスと結果である。感染症は気づかずに感染し発症する場合がほとんどで、また現代医療においては治癒の期待が大きいと考えられる。一方、自殺に至るプロセスは人間の苦悩から発し、また個人の価値観にも大きく左右され、さらに死に至るという、取り返しのつかない結果が引き出されてしまう。

　そこで、地域自殺予防対策におけるメディカルモデルの限界と、新たなモデルの構築に必要な視点について提案する。

1　地域自殺予防対策におけるメディカルモデルの限界

　自殺の増加やうつ病の広まり、ひきこもり、児童虐待、高齢者虐待などが、地域特性や生活水準に関係なく見受けられることに着目すると、自殺の増加をピックアップして考える前に、これらの社会現象に共通な要因について検討することが有効であると思われる。

　さらに、これらの社会現象を現代の社会病理現象として考察した先行研究から、自殺を社会病理としてソーシャルモデルの枠組みで捉え、検討を試みる意義があると考えた。この先行研究（林他編 2004）では、自殺を含めたこれらの社会現象が、社会病理現象であることを前提として捉えていた。しかし、本研究においては社会病理というソーシャルモデルの枠組みで捉えることの有効性について検討することで、メディカルモデルとの違いをより明確にしようと試みた。

　そこで改めて日本の社会状況をソーシャルモデルの視点で考えてみたい。現代の社会現象は、1990年代後半から急激な日本社会の人口構造の変化、それに伴う地域共同体の弱体化、さらに、家族の変容などによる社会構造の変化、科学、医療技術の発展の影響により、社会における個人主義、消費社会、価値観の多様化がもたらされたとも考えられる。

　従来、家族や地域社会、会社に依拠してきた前近代的な相互扶助のようなセーフティネットの機能は縮小化し、人々の「関係性」に大きな変化がもたらされた。

　その結果、「関係性」の障害が要因とも捉えることの可能な虐待やひきこもりが発生している、あるいはセーフティネット機能の縮小化が要因として、自殺やホームレスが増加しているという考えから、これらの社会現象を現代の社会病理現象として捉えたものである。

　さらに、これらの社会現象を社会病理現象として捉えると、メディカルモデルでは捉えにくい「社会と個人」の関わり合いが、より明確になることが示唆された。個人に起点を置くと、個人のリスクからメディカルモデルによ

る個人の病理が引き出されがちとなり、個別的な治療には有効である。その反面、自己責任論に傾倒しがちな危うさがある。また、病理が引き出されたと考えられる個別的な因子を集め、共通因子を導き、点から面へ発展させ、一般化させたとしても、社会構造的な部分にはつながりにくいと考えられる。

しかし、社会を起点に考えた場合には、ソーシャルモデルは、社会構造上の問題をより明らかにしやすく、グローバルな政策展開へと反映し得ると考えられる。ここに自殺などの社会現象を社会病理現象として捉え、ソーシャルモデルとして検討していくことの意味がある。つまり、自殺未遂者をはじめ、ハイリスク者へのアプローチについても医療的な支援だけでなく、フォーマル、インフォーマルを含めた地域社会での生活者としての受け皿を整えていくことによって、初めてフォローが可能となると思われる。そのためにも専門的施設での専門的支援に特化しない社会構造上の支援の仕組みづくりが求められ、それがソーシャルモデルによるアプローチであると考えられる。

2 新たなモデルに必要な視点

(1) 「関係性」の再構築

社会病理現象の背景には、「社会と個人」の関わり合いとともに、人と人との「関係性」の障害が潜んでいるとも考えられる。現代の社会病理現象であるひきこもりや児童虐待が、すでに「関係性」の障害であるとも考えられている点については第2章で述べた。

第3章以降、自殺の増加やうつ病の広まりについても、現代の社会構造の変化による地域、会社、家族を通じた人と人との「関係性」の変化が大きく影響している点について論じた。

今まで述べてきたように、「現代社会は他者との共生を置き去りにしてしまったために、一人の死者は悲劇だけど、3万人の死者（自殺者）は統計であるといった感覚が起こってしまう」（山田 2009）。他者との相互承認によって自我が意識化、明確化されていくプロセスを考えれば、他者について意

識化していけるような「関係性」の再構築が必要となると考えられる（山田2009）。

　この関係性の再構築については、すでにさまざまな場で議論され、国は、共助の視点でモデル事業としてその取り組みを誘導している。課題別取り組みとしては、例えば子育て支援や孤独死防止に特化したものであることが多い。そうした取り組みから地域の人間関係が構築され、異なった活動へと広がっていく場合もある。しかし、ある程度意識的な誘導がない場合、特に大都市のように人口移動が頻繁な地域においては、その取り組みは消滅してしまうことも多い。

　そこで、今後は社会病理抑制としての０次予防を目指すことを明確な目的とした関係性の再構築が必要であると考えられる。

⑵　「生と死」の多様性に対する新たなモラルの構築

　現代社会は、生と死のありようにも大きな変容をもたらしたと考えられる。生と死の周辺にも否応なく持ち込まれた消費社会により、誕生や葬儀などの儀礼の商品化が起こった。また、生と死の取り扱いが専門家へ委ねられるようになったとも言えよう。それに伴って、こうした儀礼が簡素化、形式化、あるいは美化され、「自らの行い」から「ギャラリーの一員」へと人々の立ち位置も変化したと考えられた。そして、それ以前に可視化されていた生や死における「人間の動物的なありよう」が見えなくなり、誕生や死のプロセスの疑似体験や、身近な人の死を悼む実感の機会が遠のいたと推測される。

　死を刹那的に考える一方、終わりのない「生」への執着が起こり、「生」中心の社会構造を作り上げているとも考えられた。消費社会は、誕生や死の儀礼、あるいは通過儀礼の簡素化や商品化に拍車をかけた。地域共同体の弱体化や、家族の変容、個人主義により、さらにそのありようを多様化、個別化したとも考えられる。そのプロセスの過程では、こうした儀礼の本来の意味づけが不鮮明になり、より簡略化、形式化したとも思われる。

　かつて生と死の取り扱いは、家族、地域共同体、会社組織などで行われて

いた。伝統的な慣習による手続きも地域による違いがあるものの、ある程度の共通様式が一般化されていたと思われる。家族や地域の人々の共同の機能であった、人が生きることそのものである、学ぶこと、遊ぶこと、働くこと、病を癒すことが、共同性の機能とともに消費社会に吸い上げられたとも考えられる（鷲田 2011）。

　現代社会では、生と死の取り扱いは千差万別とも表現し得るし、また効率的視点から簡略化、簡素化の傾向にあるとも考えられ、多忙な現代人の時間短縮の方向性からも人の死の重みが薄らいでいると推測できる。

　一方、「生」中心の社会構造は、科学、医療技術の発展により、大きな影響を与えられたものと考えられる。現代社会は、生殖技術や再生医療、臓器移植や安楽死などの生と死を取りまく多くの課題を抱えつつ、人間の限界を超えた生と死にまつわる超越や畏れさえも、自在的なコントロールが可能であるかのような錯覚に陥りがちである。

　この「生」中心の社会構造は、優生思想や自己決定の概念とも複雑に絡み合いつつ、成果の出せる人材、効率的、効果的に物事を運べる人、役に立つと思われる人材のみが重要とされ、有益と証する「生」を追い求め続けてしまうのかもしれない。

　21世紀は、科学技術の発展が不可能なことを、可能なこととしてきたと同時に、「ひとまとまりの生命現象[3]」を「分子でできた機械」（大林他 2003）とみなし、機械の一部を改変するようにして操作することにより、生命現象の神秘性、不可知性から来る生命の不可侵性を揺り動かしているようにも考えられる。

　こうした現代社会のもたらす病理について、さらに掘り下げて考えてみると、日々の生活では、意識的には論理的、あるいは客観的データ重視の社会構造の中で、無意識的なものや超越的なもの、分析不可能な神秘について実感し、共感し、確認することは難しい傾向となっていると考えられる（石濱 2011）。

　また、かつて、意識的な部分と無意識的な部分の帳尻を合わせるための装

置であった通過儀礼や祭事も衰退しがちとなり、行き先を失った割り切れない情感や不安が、自殺者増加などの社会病理現象を生み出している重要な要因の一つではないかとも思われる（石濱 2011）。

　つまり、人の生と死は、医療技術や科学技術が進展した現代社会においても、不可知な部分で覆われていて、それゆえに人間の根源的な生や死に対する畏れが、畏怖や超越に対する感情として沸き起こってくるとも考えられる。この未知に対する不安や畏れの感情は、生と死にまつわるさまざまな儀礼や祭事を、共同の機能として取り扱っていた時代には、その場に立ち会うことによって体験させられ、昇華していたとも考えられる。たとえそれが自分の意思に反すると感じ、半ば強制的だったとしても、共通体験を持つ家族や地域の人々の中で、語られ、情動の交換が行われていたとも言えよう。

　それは、生きるために必要な多くのものを意のままにできることを改めて了解し、また一方、意のままにならないということの受容、そういう「不自由」を自然なかたちで受け入れることであったとも考えられる（鷲田 2011）。

　しかし、共同の機能が衰退するとともに、生と死にまつわる共通体験、あるいは人々のさまざまな日常生活上の交流のかたちも変容した。割り切れない情感や不安は、各自が抱え込まなくてはならなくなった。割り切れない想いを抱え込めない人々、あるいは抱え込めない状況に遭遇したとき、日常生活に支障をきたすとも考えられ、その状態が継続的になれば社会病理現象につながるのではないかと考えた。

　また、医療・科学技術の発展により、未知であった生命現象の謎が明らかになるに従って、結果として未知なる死への恐怖が増幅したとも思われる。このような現代社会においては、個人主義や自己決定の概念とも絡み、多様化した生と死の捉え方が存在すると考えられる。一方、情報化社会である現代は、SNS などインターネット等を通じ偏った情報が流布されることによって、一辺倒な捉え方に傾く危険性もある。

　今後、現代社会によってもたらされた生と死の多様性を専門家任せにしないためには、その多様性への対応について可視化し、総合的に検討したうえ

で新たなモラルを構築する必要があると思われる。そのためには、生と死の周辺の課題である移植医療、終末期医療、生殖医療を倫理的側面、経済的側面、家族のケア的側面から可視化する。具体的には、それぞれの専門家から一般住民にわかりやすくレクチャーするなど、現代社会の生と死について考え、議論するための環境整備である。そうした環境を整えたうえで、個々人が自分にとっての、あるいは身近な人にとっての生や死について考えていくことが望まれる。そこから、現代に見合った新たな生と死に対するモラルが構築されていくのではないかと考えられる。

(3) ソーシャルモデルやバイオ・サイコ・ソーシャルモデルによる政策展開

　自殺予防対策が進展しない要因をソーシャルモデルによる先行研究から考察すると、法や宗教教義による自殺の禁止や、自殺を倫理的規範の概念では捉えにくい日本社会特有の捉え方が存在することが明らかとなった。

　本書で指摘した点は二点である。一点目は、日本の社会では自ら命を絶つ行為をどこかで認める態度と忌避する態度が混在している点である。二点目は、個人の意志が共同体の意志に強いられてきた歴史的影響による「個人の選択」への憧れによって、自殺を「追い込まれた死」と認識しにくい傾向となっているのではないかという点である。

　そこで今後、自殺は現代の社会病理現象の一つで、「追い込まれた死」であることを世論に一般化することにより、「自らの意志で選択した死」という誤解を避ける必要があると思われる。そのためには、自殺の認識を個人の自律に依拠することの問題性をさらに掘り下げ、ソーシャルモデルやバイオ・サイコ・ソーシャルモデルにより、自殺を捉えなおせるような政策展開が重要である点について強調していく必要があろう。また、そのプロセスを通じて自殺予防対策の根幹は０次予防である点を、さらに明確にすることが今後の課題である。

　自殺の認識について、鷲田は所有の観念と自由に処分してよいという観念に照らし合わせて次のように述べている。

じぶんのものだからといって思いのままにしてよいということにはならない、ということを知ることである。じぶんの存在が何ものかに負うという感覚をとり戻すことである。そういう謙虚さが、所有ではなく、レンタル、あるいは贈与という関係を軸とした社会を構想させる（鷲田 2011 p.63）。

つまり、所有の観念と自由に処分してよいという観念とを連結（鷲田 2011）させてしまう危険性に対する警告であるとも考えられ、自殺の認識を個人の自律に依拠することの問題性にも関連していると考えられる。それは、例えば土地の所有について考えた場合、ある制約の中で所有しているということであって、所有しているからといって手放しで自由にはできないことは周知であることから、稀有な生命については更なる熟考が必要であろう。

また、現代の社会病理現象の要因の一つは、伝統的共同体から解放された家族機能の衰退や地域コミュニティの崩壊によって、それらの果たしてきた機能の新たな担い手あるいは新たに担う仕組みが存在しないことであるとも考えられる。

それは日本社会における集団の意味体系であった「宗教性」、すなわち生命や自然に対する神秘の念や畏敬の気持ちである「宗教的なこころ」の弱化や欠如のために、「生と死の捉え方の変化」や「先祖や家族、地域との関係性の変化」に大きな影響を与えたと考えられた。さらに、人々を取り巻く生と死の周辺環境の変化とも相まって「命の尊厳」が見えにくく、実感しづらくなったことから「いのち」についての認識の変化が生じているのではないかとも言えよう。祖先信仰の衰退は、自分自身のルーツが見えづらく、確認しづらくなったということでもあり、自分の所在が不安定と成り得る。

現代社会では、人の誕生や死は身の回りで起こっている事柄ではなく、「人称を消去したテクノロジーの空間」に死がそっくり組み込まれているような時代に生きているとも言える（鷲田 2011）。病院での看取りに付き添う家族は、死に逝くかけがいのない人よりも、その人に装着されたモニターを見つめてしまう。それはかけがいのない人の死を受け入れたくないことの現れや、そ

の人を失うことへの不安からの行動とも考えられる。とはいうものの、こうした状況の中でモニターが人の死を決定しているかのような情景になっていることが想像され、それはすなわち固有の死から遠ざかっているとも思われる。

　今後、「自殺」などの現代の社会病理現象をなくすには、統計では表すことができない「ひと」が「かけがいのない存在」であり「とりかえしのつかない」ことが起こっている社会であることを世論の前提にすることが、第一歩である。そのためには、従来のメディカルモデルだけではなく、ソーシャルモデルやNBMによるバイオ・サイコ・ソーシャルモデルで現代の社会病理現象を捉え、検討する必要がある。

(4) 地域ネットワークの再構築

　人が死に逝く存在であることを意識化したうえで、その未知なる問題に関わろうとする態度が醸成された社会を構築することが重要であると思われる。そのためには、個々の存在から社会への関わりに向けて、どのようにそのステップを踏み出し得るか、自分が果たし得る役割は何か、個々人が考えられる地域の生活環境を整えていく必要があり、まさにそれは地方自治体の責務である。

　生と死をめぐる人生のプロセスは、個体の中で起こる現象のようにも考えられる。しかし、それらはすべて社会の中で、人々の間で日々起こっていることであることを基本とすれば、「自立」とは、他人から独立していること（independence）ではなく、他人との相互依存（interdependence）のネットワークをうまく使いこなせるということであろう。そうした現代社会のネットワークの再構築が、支え合いの地域社会を生み出す可能性を秘めているとも考えられる（鷲田 2012）。そのための具体的手法についてはPDCA（plan, do, check, action）サイクルの中で、行われてはいるもののまだ模索中である。公衆衛生、地域行政の立場で、ソーシャルモデルやNBMによるバイオ・サイコ・ソーシャルモデルによる研究と実践に今後も取り組んでいかなくてはな

らない。

3　総合考察のまとめとして

　序論で述べた本研究の目的を達成するために、設定した目的1の自殺が現代の社会病理現象であることについてソーシャルモデルを用いて明らかにした。

　また、目的2の自殺予防対策では、従来のメディカルモデルによる対策に加えて、ソーシャルモデルやNBMによるバイオ・サイコ・ソーシャルモデルによる対策が必要である点について提起した。さらに、新たなモデルそのものの提出には至らなかったが、新たなモデルに必要な視点について論じた。

　ここで、本研究のプロセスとして、重要な点である1990年代後半の日本社会の変容とその背景について整理したものを図5-12に、従来のモデルに加える新たなモデルの可能性の視点について図5-13に提示した。

⑴　従来のモデル

　図5-12「1990年代後半の日本社会の変容とその背景」では、1990年代後半以降の人口構造の変化や社会構造の変化に伴って起こった日本社会の変容は、個人主義、消費社会、価値観の多様化と、家族の縮小化、家族機能の変容、地域共同体の弱体化が互いに影響を与え合ったことを示している（小谷2009）。また、生と死にまつわる儀礼の商品化、簡略化、前近代的な相互扶助の消退、家族・地域・会社などのセーフティネット機能の縮小化が起こり、人々の「関係性」に変化をもたらし、帰属意識の薄れとアイデンティティにまつわる不安を招いたことを示した。

　また、本書の視点として重要な生と死にまつわる変化に影響が大きいと考えられる科学、医療技術の発展という側面については、図5-12中に別のカテゴリーとして提示した。それは、科学、医療技術の発展によって、生殖技術、再生医療、臓器移植といった新たな課題に直面化したことについて示

た。その結果、生の神秘性、不可知性の動揺が起こり、生と死の自在なコントロールという幻想に見舞われることとなった。また、生と死への感じ方の変化や「生」中心の価値観を生み出し、刹那的な死へ人々を向かわせることにも影響を与えた。こうした社会状況によって格差社会が到来し、現代の社会病理現象を萌出したと考えられる。生と死について着目すると、生きるエネルギーの枯渇した人々が続出したことが要因となり、自殺の増加など現代の社会病理現象をもたらしたという結論を関係図として示した。

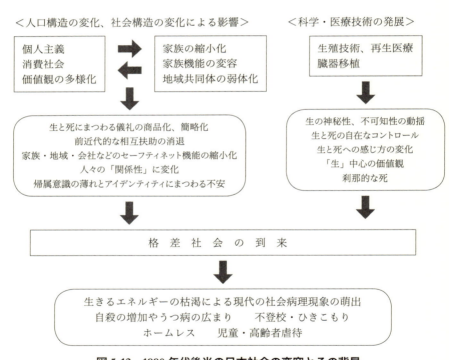

図 5-12　1990 年代後半の日本社会の変容とその背景

(2) **新たなモデルの方向性**

　また、図 5-13「従来の研究モデルに加える新たなモデルの方向性」の

従来の研究モデルでは、自殺やうつ病の増加はメディカルモデルを中心にEBM主導で行われていると捉えた。対極としてソーシャルモデルの枠組みで考えた場合、本書で現代の社会病理現象と定義した児童虐待やホームレスの増加などの研究が、どのように分布するかを示した。

「不登校・ひきこもり」については、本書でも指摘したように文部科学省と厚生労働省に対象者の年齢や課題の優先順位によって利用可能なサービスが跨っている。そのため研究についても、精神医学領域から教育や人間関係論や社会病理などにわたり幅広く進められてきた経緯があると考えられる。

「ホームレスの増加」についての研究では、ホームレスを対象とした結核や感染症調査に関するものや精神障害に関するものなど、メディカルモデルと分類されるものがある。しかし、ホームレス問題自体が社会問題であるという認識からソーシャルモデルの研究がその大半であると推測される。

また、「児童虐待」についての研究では、犯罪に絡むため人権や裁判判例に関する研究が中心となっていると推測される。一方、メディカルモデルによる個別的治療による症例の効果についての論文は今後の治療モデルへの期待度も高いと思われる。

本書の中心課題である「自殺の増加やうつ病の広まり」については、第3章3節でも指摘したようにメディカルモデルが中心で、ソーシャルモデルの視点による研究は少ないと考えられる。

そこで、従来のモデルに加える新たなモデルの方向性としては、NBM中心のバイオ・サイコ・ソーシャルモデルやソーシャルモデルにより、現代の社会病理現象として「自殺の増加やうつ病の広まり」「不登校・ひきこもり」「ホームレスの増加」「児童虐待」を捉え、その抑制策としての研究に取り組む必要があることについて示した。

またその際の視点として、他者との共生を意識した「関係性」の再構築の視点、生と死の多様性に対する新たなモラルの構築の視点、そして特に自殺を「追い込まれた死」として捉える認識が重要である点を示した。「追い込まれた死」は、最近では、日本社会の現状を分析し「強いられる死」（斎藤

2012）とも表現されている。

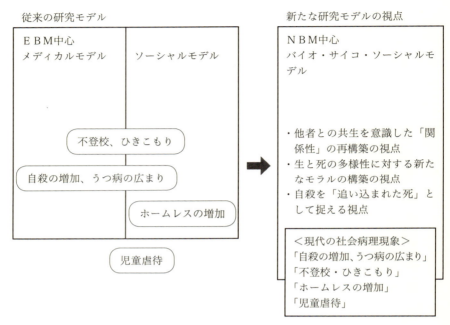

図 5-13　従来の研究モデルに加える新たなモデルの方向性

注
1　ここでいう０次予防とは、医学的な手法によらず、社会の構造や機能の改善によってもたらされる疾病の抑制を指す。
2　地域の実情を踏まえたうえで、自主的に取り組む地方公共団体の対策や民間団体の活動等の支援により「地域における自殺対策力」を強化する目的の財政的裏付けで、申請により該当項目の 10 割が国から支給される。
3　例えば生物個体レベルの遺伝現象や生理現象をひとまとまりの形で利用してきたが、バイオテクノロジーでは、「ひとまとまりの生命現象」を細分化し、その生命現象のメカニズムに操作的に介入し、目的を達成する。

第6章　今後の展望 ── 地域社会の再生

第1節　地域社会での新たなネットワークの必要性

　地方自治体は、地域住民一人ひとりが、個々の存在から地域社会への関わりに向けてどのようにしたらその一歩を踏み出し得るか、また各自が果たし得る役割は何か考えられるような地域社会の仕組みづくりについて検討し、実践する責務を有すると言っても過言ではない。

　そこで、本章では、第5章で論じた総合考察を踏まえて、自殺を現代の社会病理現象として捉え、社会基盤からの再構築を進める新たなモデルについて検討する。新たなモデルとは、第5章で述べたように他者との共生を意識した「関係性」の視点を持てるようなネットワークの構築であり、生と死の多様性に対する新たなモラルが構築された地域社会の再生である。

1　地域コミュニティと生活課題

　現代社会では、個人主義が進展するに伴い、伝統的なコミュニティが都市化した地域ではほとんど見られなくなった。本書では、現代の社会病理現象の萌出の影響の一つとしてコミュティの崩壊について論じている。ここでは、現代の社会病理現象を抑制する視点で、地域社会での新たなネットワークについて考察する。

　かつて、生活していくための課題には、農業、漁業、林業といった地場産業の発展に関するもの、災害時や緊急時の対応、防災や清掃、子育てや介護

にかかわる日常生活上のあらゆる問題があった。これらの課題は、視点を変えれば生と死に直結する実質的な事柄である。これらの事柄や祭りや儀礼の営みまでもが、地縁によるコミュニティの慣習やルールにより差配され、行われていたと考えられる（鷲田 2011）。その共同的な社会構造が解体し、生活様式の「個人主義化」が進むにつれて、従来のコミュニティの窮屈さから逃れ、個人主義を追い求めて社会は変容した。しかし、一方では不安を覚え、生活を支える基盤として、さまざまな人間的な結びつきや保護や慰めを求める願望が強くなっている（清水 2009）。

そして、かつての地縁によるコミュニティによって営まれていた日常生活のさまざまな課題は、行政機関の課題となり、人々は生きる意味や自己実現についての課題を抱えることとなった（鷲田 2011）。

行政機関に任された課題は、産業構造の変化、科学、医療技術の進展、消費社会や格差社会の到来、個人主義によるニーズの多様性、自己決定の尊重、個人情報保護などにより複雑化、多様化し、もはや行政機関では担いきれなくなっている。

このようにして行政機関だけでは担いきれなくなった現代社会での日常生活上の課題への対応は、地方分権の進展に伴い、住民、地域社会、企業、NPO、行政との連携、協働による解決を図ろうと動き出すことになった。地方自治体では、地域の実情に沿ってまちづくりを始め、ごみ減量化や子育て支援、孤独死防止など喫緊の課題解決に向け、住民主導、住民主体で進める取り組みが活発化しつつある。

2　ネットワークの考え方の変遷

実際に地域コミュニティの再生をどのように図っていくのかということに視点を当てて考えていくためのベースとなる概念について、ここで振り返ってみたい。

行政におけるネットワークについては、「協働社会」という考え方がある。

「協働社会」について、「行政と住民との「協働」とは、地域住民と自治体職員とが、心を合わせ、力を合わせて、助け合って、地域住民の福祉の向上に有用であると自治体政府が住民との意志に基づいて判断した公共的性質をもつ財やサービスを生産し、供給してゆく活動体系」という考え方がある（荒木 1990）。

また「協働」は、「『相互の特性の認識・尊重』を基礎として、相互に「対等関係」のもとで、「協調・協働」していくこと。つまり両者が互いに対等の当事者であることを認め合うこと」（自治大臣官房地域政策室 1997）である。あるいは、「行政とボランティア、NPO とが相互の存在意識を認識し尊重し合い、相互にもてる資源を出し合い、対等の立場で共通する社会的目的の実現に向け、社会サービスの供給等の活動をすること」（東京都ボランティア・NPO との協働に関する検討委員会 2000）などの定義があるが、統一的な定義はないのが現状である。

しかし、「協働」とは統一的な定義というよりは、むしろ住民の主体的参加により、課題の解決を図るプロセスとして理解すべきで、住民の社会参加を質、量ともにダイナミックに促す効果的手段とも言える（新川他 2001）。

わが国では、かつては「住民参加」という考え方による住民自治を推進してきた経緯があり、「住民参加」を八つのカテゴリーで考える「住民参加のはしご」という概念（Arnstein 1969）もある。しかし、「住民参加」という考え方の背景には、行政活動への参加というイメージとともにパートナーシップの概念が狭まりがちであるとも考えられる。また、現実には、NPO への委託や補助による行政の下請けのような形で、「協働」という言葉がひとり歩きしているようなケースも見受けられる。そのため、それぞれの長所を生かし、相互に補完しながら公共的サービスを提供していくには、まだ蓄積が少ないように思われる。

いずれにしても、こうした考え方は、本書でも論述してきたように、1990年代後半から顕在化してきたさまざまな行政課題に対応するためには、それまでの公助一辺倒では対応しきれないことから共助の礎のようなかたちで

登場したとも考えられた。また、ボランティア元年（鷲田 2012）と言われた、1995年の阪神淡路大震災時の迅速な共助活動が、復興に大きな貢献をしたことの影響もあり、公助の弱点が明らかになったとも言えよう。その背景には、いわゆるNPO法である特定非営利活動促進法[1]（平成10年法律第7号、1998年施行）の施行によりNPO法人が次々に誕生し、新しい公共を担う第3のセクターとして注目され、行政とのパートナーシップが期待されたことにも現れている。さらに地方分権一括法である地方分権の推進を図るための関係法律の整備等に関する法律[2]（平成11年法律第87号、2000年施行）により、「自治事務」が明確に位置づけられ、地方分権の推進が図られる基盤ができたことも影響したとも考えられる。

その後、2002年には国民の健康維持と生活習慣病の予防を目的とした法律である健康増進法（平成14年法律第103号）が制定された。この法律の第1章の総則において、国民が生涯にわたり自らの健康状態を自覚し、健康の増進に努める責務とともに健康増進事業実施者の責務、並びに関係者の協力が謳われた。

ここに健康に関する「自助」、「共助」という概念が明確化した。この背景には医療制度改革を順次進めていくための国の方針があらわれているとも考えられる。その後、社会保障制度改革を含め、人々の生活を取り巻く根幹に甚大な影響を与えることとなり、「公助」、「自助」、「共助」についての議論が活発化した。このようにして、行政機関においてネットワーク構築が大きな課題となり、実現化に向けて動き出すこととなった。

3　ネットワークの現状

現在、自治体ではさまざまなネットワーク構築が展開されている。子育て支援に関するもの、障がい者支援に関するもの、高齢者支援に関するものをはじめ、まちづくり、産業振興に関するもの、環境美化や防災に関するものと多岐にわたっている。こうしたネットワークが、各々の目的を達成するた

めに作られていることは当然である。そのほか期待できる効果として、所属するメンバー間に何らかの「関係性」が醸成されることも確かであり、その点では現代の社会病理現象を抑制する視点においても、何らかの影響をもたらすとも推測できる。

しかし、本書で目指す新たなネットワークとは、地域社会の再生を目的として意識し、地域で顕在化している人と人との「関係性」に起因すると思われる課題を、現代の社会病理現象として重層的、かつひとまとまりのものと捉え、横断的な対応を目指すものである。その実現に当たっては第5章で論じたように、他者との共生を意識した「関係性」の再構築の視点や、個々人が現代の社会病理現象を防止できるような地域社会の再生を引き受けていくといったモラルのもとに、個々人が自ら果たすべく役割を考えられるような環境整備が求められる。とはいうものの地域社会の再生を目指すネットワークとは、一体何をするものなのかが具体的には見えてこない。

一方、現在自治体で実施されているさまざまなネットワークは、その目指す姿が絞り込まれているために目標を明確化しやすく、そのメンバー構成も明白である。例えば、子育て支援に関するネットワーク構築のためのメンバー構成なら子育て支援関係者という切り口で行政、民間事業者、NPO、子育て支援に関わる区民が想定される。その反面、子育て支援の関係者にメンバーは絞られがちである。そのため、子育て支援というカテゴリーの中での広がりの期待があっても、同時に子育て支援というフレームに限定されるという制約もできてしまう可能性が高く、子育て支援というフレームとして閉じられたネットワークと考えることも可能である。

4　新たなネットワークの可能性

本書で示そうとする重層的課題に、横断的で開かれた新たなネットワークの構築は可能なのだろうか。

自殺対策については、行政組織が縦割りであるために横断的体制を構築す

ることが難しい点を第2章でも述べた。ここで改めて平成24年度「都道府県と政令指定都市等における自殺対策の取り組み状況に関する調査報告書」を見てみると、自殺対策について庁内横断的な体制をとる都道府県と政令指定都市は80.6%と整備が進む一方、市区町村の推進体制整備は17.5%である[3]。

　この結果からも地域行政を担う市区町村においては、未だ庁内の横断的体制は進んでいない実情がある。その理由については行政の組織的な側面だけではなく、日本社会の自殺における認識の影響もあると推測される。その点については本書で指摘しているが、キャンペーン一つとっても、日本社会に潜む自殺へのさまざまな認識を考慮すれば、「自殺のない社会を目指す」といった自殺に焦点化したキャッチフレーズによるキャンペーン活動よりも、地域コミュニティの再生そのものを狙いとした活動を目指したほうが、地域での取り組みとしては受け入れやすい。また、根幹的で継続的な取り組みが期待できると考えられる。横断的で開かれた新たなネットワークを構築するためには、その条件を慎重に検討する必要があり、さらに具現化するための庁内組織的な合意形成や地域住民との議論も必要であろう。そこで第2節では、地域コミュニティを軸として考えられる新たな概念である「ソーシャル・キャピタル」の考え方について論考する。

第2節　地域社会再生とソーシャルキャピタルの考え方

1　地域社会再生の法整備とその考え方

　1995年の阪神淡路大震災は、自然災害に際しての「公助」のあり方とともに「自助」、「共助」の重要性が明らかになったとも考えられる。さらに1990年代後半から起こった日本の社会構造の大きな変化は、家族機能やいわゆる社縁である勤務先の福利厚生やネットワークとともに地域コミュニティを変容させた。こうした中で、国も地域再生に向けた取り組みを提案し、法制化した。

2012年7月31日付で厚生労働省健康局から「地域保健対策の推進に関する基本的な指針の一部改正について」の通知が地方自治体に出された。これは地域保健法の一部改正について告示後のもので、ソーシャルキャピタル（以下、「SC」）の概念が取り入れられたことが示されている。そのプロセスは、厚生労働省が2010年7月から10回にわたり「地域保健対策検討会」を開催し、その報告書をもとに、地域保健法第4条に定める「地域保健対策の推進に関する基本的な指針」の改正を行ったものである。

地域コミュニティの再生とSCについては、2005年に内閣府経済社会総合研究所が実施した「コミュニティ機能再生とソーシャル・キャピタルに関する研究」（内閣府 2005）もある。

この研究では、コミュニティに対する現状認識として、コミュニティをめぐるさまざまな潜在的問題の発生と、人と触れ合う機会や人間関係の希薄化を挙げている。コミュニティの弱体化や人間関係の希薄化は、地域の抱える課題に対し、地域にある資源を結集して対処していくといった動きの妨げとなる。そのため、解決の糸口が見つからない状況や、生活するうえでの問題や悩みに関して、一人で思い悩み、誰にも相談できないといった状況に陥っている人が増加してしまう現状について述べている（山内他 2005）。

コミュニティ機能再生活動の成功要因は、地域のSCに依存している。つまり、地域再生の「潜在的なポテンシャル」や「きっかけ」となった地域経験・状況は、地域のSCによって形成されている。そして、コミュニティ機能再生活動を継続・発展していくためには、水平で横断的なSCの存在が重要である。

今後、SCという観点からの地域特性の把握を通じて、個性的なまちづくりへのSCの活用とともに、政策評価のアウトカム指標としても留意が必要である（山内他 2005）。

2 SCの考え方の活用

　SCは、社会学、政治学、経済学、経営学などにおいて発展してきた概念で、主にヨーロッパやアメリカにおいて議論されてきた（内閣府国民生活局 2003）。

　本書では、物的資本（Physical Capital）や人的資本（Human Capital）と並ぶ新しい概念として、SCを「人々の協調行動を活発にすることによって、社会の効率性を高めることのできる社会制度であり、『信頼』『互酬性[4]の規範』『ネットワーク』をその特徴とする」ものと捉える（Putnam他 1993）。

　その理由は、SCを個人的レベルではなく社会的レベルで考えたうえで、地域の結束によるパワーを重要視し、個人がアクセスするネットワークとして捉えた概念とは異なるため、ソーシャルモデルとして考えられているからである（木村 2008）。未だ日本ではSCについて明確な定義はないが、地域保健法に有効な概念として取り入れられたことにより、今後の研究の期待も高まると考えられる。

　国の調査では、さまざまなまちづくり活動は「多様な主体」の参加が前提で、旧来の自治会の組織に加えNPOも加わり、行政がそれを支援するといった協働の実現が明確化した。そこで、地域独自のコミュニティ機能再生活動には、多様な主体のコラボレーションを可能とするSCの活用・醸成が重要であることが示唆された（内閣府 2008）。

　また、諸外国においてもSCを高めるための有効な政策手段がどのようなものかは、今後の研究に委ねられている。日本におけるSCを活用した支え合う地域社会の再生については、誰とどのような「関係性」を構築し、また合意形成や地域課題の解決に向けた具体的取り組みをどのように作り出していくのかが課題となっている。

　地域行政に携わる立場から、目の前の「ひと」を意識したリアルな情感を醸成する地域社会のネットワークの構築を進めていくことが、現代の社会病理現象を抑制する基盤整備としての先決事項であると考えられる。それは、かつての地域コミュニティとは異なった新たな緩やかなネットワークの構築

であり、住民の孤立化の進展の抑制にも寄与できるのではないかとも思われる。

人は内部に世界を持つと同時に、ネットワーク内的な存在であり、場所的な存在であり、非局在的である。物質的な生、局在的な生だけに注目するのではなく、「関係性」の中での生があることが「生きていること」であると思われる（清水 2009）。

地域社会で、意識化した新たな緩やかなネットワークの存在が、地域で暮らす人々の「関係性」に変化をもたらし、ひいては自殺予防などの現代の社会病理現象を抑制することにつながるのではないかと推測される。

第3節では、筆者が現在取り組んでいる新たなネットワークについて、その立ち上げの経過と現状について報告する。

第3節　「区民の健康づくりを推進する会」の立ち上げとその経過

1　設立の目的

2012年に、立ち上げた「区民の健康づくりを推進する会」（以下「推進する会」）は、他者との共生を意識した「関係性」の視点を持てるような、また、目の前の「ひと」を意識したリアルな情感を醸成できるような活動の展開を意識して、検討を重ねて発足したものである。SCの考え方と健康指標との有意な関連が報告されていたこと[5]、関連する政策にSCの培養という視点を組み込むこと[6]を手がかりに、「推進する会」は「健康づくり」という枠組みで、現代の社会病理現象を抑制する基盤整備としてのネットワークを目指すことにした。

「健康づくり」というと、幅広い概念が含まれ、ポジティブなイメージがあることで、地域住民にも受け入れられやすいという判断があった。無論、その反面目指す具体的なものが見えにくいことや、人によって解釈が逸れるという懸念もあった。また、人によって解釈が膨らむ期待もあると考えられた。

「推進する会」の立ち上げに際しては、いわゆる行政のネットワーク推進会議のような位置づけではなく「活動体」としての位置づけとした。その理由は実際的な健康づくりに関する活動を通じて地域住民の健康づくりや交流の機会づくりに貢献するとともに、活動を共有する成員同士のネットワークを醸成していくことで、行政主導ではない新たな活動やネットワークの創出も視野に入れているためである。

2 設立の経緯と特徴

すでに筆者の自治体では、2011年に全国に先駆けて地域支えあい活動の推進に関する条例（平成23年3月18日中野区条例第19号）を制定し、70歳以上の一人暮らし高齢者、75歳以上の高齢者世帯、障がい者等の見守りを町会・自治会、民生・児童委員、消防署、警察署等に見守り対象者名簿を提供し実施する仕組みを構築している。

しかし、個人情報に関する守秘義務を持つ民生委員[7]をはじめ区議会等が地縁組織である町会・自治会に名簿提供という個人情報の提供を行うことに関して疑義を呈するなど、条例制定までの道のりは厳しく、概ね3年の月日をかけた。

パットナムはSCを二つに分類した。結合型と橋渡し型とし、結合型はフォーマルな形態で頻繁に集まり、内部志向が強い。橋渡し型はインフォーマルな形態で程度は薄いが外部志向である。このネットワークは、消防警察は除いてもパットナムによるSCの分類では、結合型で地縁による結束は強いが、会未加入者に対しては排除的性格を否めない町会・自治会と、ある専門的集団としての結束をなす民生委員の集合体がメンバーの中心を占める。

ところで、「推進する会」の性質はその公益的な目的から、パットナムによるSCの分類では橋渡し型（Bridging）、つまり異なる組織間における異質な人や組織を結びつける横断的ネットワークで、内部結束は弱いものの外部との関係を強化し、より幅広いコミュニティ・レベルでの信頼感や協力の醸

成を図っていくものとして考えた。

　そこで、対象は子どもから高齢者まですべての世代で、障がい者も包含する活動を全区的レベルで実施するという視点から構成団体や構成員の検討に入った。「健康づくり」というフレームによってあらゆる世代、あらゆる状況の人が対象となるのは当然のことである。しかし、縦割り行政の現状では、横断的な取り組みはとても重要だが、現実的な運営の可能性、それだけで議論の種となった。

　会の人数については、会議体ではなく活動体としての位置づけから10人前後を想定したが、結果的に17人となった。その内訳は、医師会、歯科医師会、薬剤師会、町会連合会、老人クラブ連合会、福祉団体連合会、子ども育成団体、次世代育成委員[8]、生涯学習サポーター連絡会[9]、(旧) 食育推進協議会[10]委員、区商店街連合会、スポーツ推進員連合会、高齢者会館運営団体、健康づくりサポーター[11]、区内教育機関[12]、フリー活動栄養士会[13]、介護事業者連絡会である。基本的には各団体より推進員の選出を依頼したが、地域で個別に活動している子ども育成団体や (旧) 食育推進協議会委員、健康づくりサポーター、高齢者会館運営団体については個別に委員の依頼をした。並行して行政上の手続きとして庁内での合意形成、議会報告、要綱策定を行うとともに発足式の準備に取りかかった。

　パートナーシップに基づく協働を進めるためには、協働を進めるプロセスの検討や身近な課題からの疑似体験的手法、さらに評価システムについて当事者に理解を促す取り組みを進めていく必要があると考えた。しかし、パワーポイントによる会の趣旨の説明、先駆的自治体の例の紹介に加えて、今後のスケジュール等思いつくだけでも資料が膨大となり、これでは従来の行政主催の会議と同様となる事態が推測された。

　また、選出された委員は、半数以上がすでに区のさまざまな会議の委員になっている区民で、多忙なことが十分想定されることから、直接顔を合わせる機会をどのようにしたら有効なコミュニケーションの場とすることができるのかが課題となった。

さらに、内部で課題となったのは謝礼についてであった。健康増進法や地域保健法の趣旨である自助、共助の考え方で進めていくには、通常の協議会のような些少であっても謝礼を支出しては矛盾するようにも考えられる。しかし、果たして委員に選出された区民は自らが志願したわけでもなく、貴重な時間を拘束されることもあり納得するのだろうかと、前例のないフレームに不安もあったが実行することにした。

3 発足までの留意点

このようにさまざまな議論を重ねたうえで、発足式に先立ちいくつかの工夫を凝らした。まず、事前に推進員の中で希望者を募り先駆的な自治体への視察を実施した。発足式に視察内容や視察に参加した推進員の感想を盛り込んで、視察に不参加の推進員との情報の共有化を図ることとした。また、事前に自己紹介シートに記入してもらったものを加工し、推進員内部の個人情報とすることの同意を得たうえで、配付した。自己紹介シートの内容は、自由形式の自己紹介と団体紹介や団体や個人が実施している健康づくり関連の活動の紹介、また推進員としての抱負についてであった。結果的に自己紹介シートの内容は、予想以上に各委員が工夫し、その人となりをPRするものとなった。

発足式では、どの委員も生い立ちや学歴、趣味など比較的踏み込んだ自己紹介シートを読んだうえでのことからか、初対面でも推進員自らがお互いに自己紹介のほか会話が弾むなど親近的な雰囲気であった。さらに、パワーポイントによる会の趣旨説明を行った後、「うさごはんダンス[14]」を全員で踊ることを促し、会の活動が外部へ向けた運動体であることを推進員に向けアピールした。

4 推進員への研修・シンポジウムの開催

　このようにして発足した2011年度は、そのほか研修を実施した。研修内容は、SCの概念を実際の地域活動に活用した事例について学識経験者から学んだ後、グループワークを行い2012年度の活動についての意見交換を行うというものであった。意見交換の中では、区に頼まれてやっているだけで、本来は行政でやるべきことであるといった意見から、自分たちの地域を何とか盛り上げていきたいとか、こうしたネットワークが進めば地域で潜在化している問題が見えてくるかもしれないなどのさまざまな意見が出された。職員も推進員も自由闊達な意見交換ができたことは、職員間の中でも従来の会議とは異なる雰囲気を感じたが、それが何を意味するかはその時点では明確にはわからなかった。

　2012年度は、「推進する会」のスタート・アップイベントとしてシンポジウムを実施した。イベントの構成は、健康づくりに関する講演と地域で活動する健康づくり団体の紹介であった。事前準備である出演者の依頼から出演者へのインタビューや当日の段取り、PR活動に至るまで役割分担をして進めた。場所については教育施設選出の推進員から当該施設の使用についての申し出があったが、課題となったのはバリアフリーではない点であった。障がい者団体推薦の推進員からの指摘から話し合いが始まり、実施主体が行政なのだからバリアフリーではない場所で開催することはあり得ないとの声もあがった。一方、他の推進員から、バリアフリーの場所が少ないことは今後の課題としても、障がい者に課題のある場所でどのように運営するかを話し合おうとの一言で、工夫をしつつ実施にこぎつけた。

　シンポジウム当日は、日常的に地域での活動に慣れている推進員による司会や受付、写真撮影に至るまで難なく進行した。また、被災地からの避難者をはじめ区のPR活動ではなかなか参集しそうもない参加者を得た。それは「近所の自閉症の子と保護者」、「町会の人に付き添われた認知症の方」、「グループホームに入所している精神障がい者」であり、いずれも推進員の声掛

けによるものである。シンポジウムそのものの集客による成功か否かという単純な評価よりも、地域のイベントになかなか足を運ばない層の区民が参加することで、より一層地域の実情が見えてくるのではないかと考えられる。

ところで「推進する会」は現在年間4〜5回のイベントを実施している。イベントに際して現地の下見や打ち合わせ会も行ってはいるが、正式な会は年間わずか4回である。多忙な推進員がほとんどであるため、メールやFAXの利用で区と推進員との情報共有をしているが、推進員同士のメーリングリストの活用など参加の場の中と外との情報共有の仕組みづくりが今後の課題である。

5　推進員の意識

1年半の活動を通じて推進員同士の関係には変化が見えはじめた。イベントは準備を含めると午後の開始であっても午前からの参集となり、仕出し弁当を一緒に食べるなど飲食を共にする機会も多い。その際に推進員同士が食べ物の交換を行ったり、自宅からおやつを作って持参したり、終了後打ち上げを行うようになっている。また、イベントの合間には、プライベートな話から地域の課題やネットワークの大切さなどの語らいや、さらにそれぞれ個別の関わりもできはじめている様子である。一例を挙げれば、教育機関の学園祭に商店街連合会の協力で、被災地支援ブースや、福祉団体連合会の協力で小規模作業所のブースが並び、今までにない学園祭となったということであった。

ところで、推進員の任期は2年と要綱で決めているため、第二期の推進員の選出の準備に取り掛かる時期に来た。そこで、今後の活動の進め方について協議を行うと同時に、行政評価として推進員に対するアンケートを実施することにした。

アンケート内容は15項目で、そのほか自由意見とし、メールで送付し全

員から回収した。15項目のうち7項目は、先行研究のアンケート調査[15]の「地域活動に参加して得られたこと」を参考に項目を選んだ（山内他 2005）。残りの8項目は、職員間で話し合って日々の活動時に推進員から聞いたことや要望を参考に作成した。当てはまるものすべてにマルをしてもらう形式である。最も多かったのは、「自分と違う世代、職業、所属の人たちと交流が広がった」で12人、最も少なかったのは「意義ある活動とは考えられなかった」で回答者なしであった。また、自由意見では、「他の推進員との交流が広がり、楽しく活動することができた。」「イベントを通じて多くの体験が得られ、とても勉強になった。何より楽しい活動ができた。」「推進する会の趣旨を充分理解できたか疑問」「推進員同士の情報交換が不足した」などさまざまな意見があった。アンケート項目による結果は下記の表のとおりである。

「健康づくりを推進する会」推進員に対するアンケート内容と結果

内容	人数
1 自分と違う世代、職業、所属の人たちと交流が広がった	12
2 価値観を共有できる仲間ができた	6
3 達成感、充実感を味わえた	4
4 知識やノウハウが豊かになった	7
5 地域、社会に対する貢献ができた	8
6 地域への愛着心が深まった	4
7 活動の成果を実感できた	8
8 共助の考え方に基づく活動であることを理解できた	6
9 健康づくり職員会議の職員からの情報提供が有益だった	2
10 イベントの実施が中心となってしまい、推進員同士の情報交換が不足した	8
11 意義ある活動とは思うが、自身が多忙のため不全感が残った	8
12 推進員活動は自主的な活動ではあるが、交通費程度は支給してほしい	2
13 推進員の貢献度が数字で現れるとやりがいも増す	2
14 意義有る活動とは考えられなかった	0
15 違う方向性や別の目標を目指して活動したほうが良い	3

（推進員全17人に対し実施）

このアンケート結果を推進する会で公表し、それをもとに意見交換をし、

今後の課題について話し合い第2期推進員に引き継ぐ形とした。また、第1期の活動記録を作成し、推進員をはじめ、所属団体や関連分野に配付した。

第2期はこの10月に発足し、半数近い推進員が再任となった。また、同種団体を一部割愛するなど団体の入れ替えを行い、新たに区内に転入した保健医療系大学から推進員として区在住の教授をメンバーに加えた。

6　ソーシャルモデルとしての「推進する会」の評価

この「推進する会」は、パットナムのSCの分類による橋渡し型（Bridging）を目指して設立した。それは、異なる組織間における異質な人や組織を結びつける横断的ネットワークで、より幅広いコミュニティ・レベルでの信頼感や協力の醸成を図っていくものという位置づけである。

今回のアンケートの結果からは、「自分と違う世代、職業、所属の人たちと交流が広がった」と思った推進員が7割であった。第二期が発足してからも、第一期と第二期の壁を越えて複数の推進員による地域での交流が広がっている点では、効果があったと考えられる。一方、「地域、社会に対する貢献ができた」「活動の成果を実感できた」「イベントの実施が中心となってしまい、推進員同士の情報交換が不足した」「意義ある活動とは思うが、自身が多忙のため不全感が残った」が、それぞれ5割弱であった。

この「推進する会」は従来の行政の会議体と異なり、各団体へその趣旨について説明に伺った際にも、今一つ何をするのかが見えづらかったこともあった。そのため何人かの推進員は、所属団体の重鎮として自らこの役を引き受けたことで、さらに複数の行政委員を務める結果となった。それゆえに、活動そのものに支障をきたしたための不全感であったと思われる。「意義ある活動とは思うが、自身が多忙のため不全感が残った」と回答した8名のうち4名は2期委員を辞退したが、新たな若い世代の委員を推薦してくれた。

また、推進員同士の情報交換が不足した点については、情報交換の仕組みも含め今後の課題である。第二期推進員の中には仕事で『情報』方面に明る

い方もいて、自己紹介の段階で、この推進員からお役に立てるはずだという発言もあった。第一期委員が、情報共有の課題認識のうえに、この第二期委員を推薦してくれたとのことである。今後の仕組みづくりに期待が持てそうである。

さらに、「違う方向性や別の目標を目指して活動したほうが良い」に回答した推進員は、もともと子ども育成に関わっている推進員や予防的活動として子どもや若い世代を対象の中心としたほうが良いと考えている推進員であった。今後の活動については、このアンケートをもとに話し合いをし、第二期活動では、子ども中心の活動も具体化している。

この「推進する会」は、行政の従来の会議体とは異なり、推進員自らが本音で発言し、活動しているため、事務局側の行政も慣れない体験を積んでいるのが実情である。今後は、行政側の「How to」も含め、継承に努めていかなくてはならないと考えている。

地域独自のコミュニティ機能再生活動として立ち上げた「推進する会」は、まだまだ課題も多くあると考えられるが、個々人が現代の社会病理現象を防止できるような地域社会の再生を引き受けていくといったモラルのもとに、個々人が自ら果たすべく役割を考えられるような環境整備に今後も取り組んでいく所存である。

第4節　おわりに

政府は『自殺総合対策大綱』において、2016年までに2005年の自殺死亡率を20％以上減少させるという数値目標を設定したが、1998年以降14年連続して年間自殺者数が3万人を超える状況であったことから、内閣府、文部科学省、厚生労働省に対して「自殺予防対策に関する行政評価・監視」の結果に基づく勧告を行った。その主な内容は、1. 自殺予防対策に係る効果的施策の推進、2. 自殺に関する相談事業を実施する民間団体に対する支援の一層の充実、3. 東日本大震災に関連した自殺を防止するための取組の一層の推

進である。

　この勧告内容は、すでに『自殺総合対策大綱』(2012) に盛り込まれているが、各省庁は、2013年にこの勧告に対する改善措置状況について回答し、総務省行政評価局がこれを公表した。内閣府は、自殺に関する国民の関心は、必ずしも高いものとはなっていない状況について、「自殺対策に関する意識調査」において自殺者数が1998年から14年連続して3万人を超える厳しい状況にあることを知らない人が 34.5% となっているなど普及啓発が未だ不十分であることを指摘している。この勧告からも自殺に関する施策がなかなか進んでいない状況や、国民への普及啓発が浸透していない状況が推測され、地域施策を推進する立場での果たす役割は大きい（内閣府 2013）。

　本書では、自殺という視点からの「死」の考察は行ってきた。今後さらに、日本の近代社会においてバイオ・サイコ・ソーシャルモデルやソーシャルモデルによる「死の捉え方の変化」を検討することによって有効的な施策の方向性が導き出されると考えている。

　近代以前の社会では在宅死が主流で「交流の死」といえるものが減少している。現代社会においては1976年頃を境に、死に場所が自宅から病院や施設中心へと変化し、2008年では病院や施設で死を迎える人は 84.1% となった。誕生や臨終に立ち会う機会が減り、「孤立・孤独の死[16]」となり、病院死の増加とともに死は科学的に捉えられ、検査データで死の時期が予測されるようになった。死が人間的なこと "Human issues" から、医学的なこと "Medical issues" へと変化したことを、柏木は「情緒的な死」から「科学的な死」へと表現している（柏木 2005）。データで測られる死は「プロセス」でありながら「点」で表現され死亡時刻が告げられる。まるで生と死の境界線があるような表現が一般的となるとともに、死は見えにくくなった。鷲田は「見えない死、隠される生」に言及し、次のように述べている。

　　脳死、臓器移植、安楽死、人工中絶などの生命倫理に関わる記事は、医療テクノロジーが提起している問題群であって、そこで問題になるのは誰か

の死ではなく、臓器だとか、遺伝子レベルの物質体としての人体の機能停止としての死である。科学的な＜死＞であって、誰かある知人が、家族が死者としてこの世界から退場していくこととしての死という出来事がそこで問題になっているのではさらさらない（鷲田 1998）。

　すなわち、死に逝く瞬間や死体処理の方法に立ち会う場面がほとんどないことが、現代人を死から遠ざけている点について指摘している。こうした「死の捉え方の変化」は、世帯平均人員の変化や日本人の意識構造の変化とも時代的な重なりを示している（石濱 2011）。また「伝統宗教に関する儀礼や行事の実施率や関心が低下し、神棚や仏壇の保有率が減少するなど、日本人の間に強く存在した祖先崇拝や氏神信仰も弱くなっている」（石井 2010）時代とも重なっており、現代の社会病理現象との関連について検討する余地は十分にあると考えられる。

　また、自殺の認識については、民俗資料の中にも丁寧に読み解くことで、さらに研究を進められる可能性もあると思われる。自殺は事故死と同様に別の区画に埋葬され、日常の死と区別されてきたことが知られている。死と再生のサイクルを揺るがした死として区別することで、こうした死に歯止めをかけるという考えがあったのではないかと考えられている（波平 1990）。

　自殺の目的が、心の要求に反応し、それを満たそうとするものであり、また、自殺は、生物学的、文化的、社会的、精神的、論理的、哲学的、対人関係などの要素が絡み合う多面的な出来事であるとすれば、その改善に向けてのアプローチも重層的かつ多角的な手法が必要であると考えられる（シュナイドマン 1993）。そのアプローチの基盤として、人が死に逝く存在であることを意識化したうえで、その未知なる問題に関わろうとする態度が醸成された社会を構築することが重要であり、そのためには人間科学をはじめアカデミックな研究がもっと進められるべきであると思われる。

　「ありのままのあなたで良い」というメッセージにより、自らの存在を否定されがちな人々が、新たな生活を築きあげる出発点（石渡編 2007）としていけるような地域社会の再生に向けて今後も取り組んでいきたいと考えてい

る。
　しかし、他者への危害を避けようとする行動原理である「他者危害回避の原則」さえ侵さなければ、安泰といったような個人主義社会である現代社会の人々の関係性では、地域社会の再生は難しいと考えられる。また、他者に対する「寛容」が、他者に対する無関心と重なる可能性も絶無ではない（村上 2006）。そこで、

> ひとつの価値体系に集約的に一元化するのではなく・・人々の多層的、複相的なアソシエーション構造を備え、また一人の人間も幾つかのアソシエーションに帰属することによって、自らに重層的、複相的な構造を築くことによって、初めて肯定的に拓かれていくのではないか・・（村上 2006 pp.105-106）

ということを基本に、地域行政を今後も考えていきたい。
　自殺対策検証評価会議は、2013年度の報告書を公表した。その中で、定量分析やヒアリング調査結果から、基金等の事業について自殺者数の抑制と地域の対策力の強化に一定の効果があったと評価した。今後の対策の継続実施や長期的な取り組みの実現には、時限的ではない財源の確保が必要と提言している。しかし、一般財源化となれば、扶助費がかなりのウエイトを占める地方自治体の事業は後退することは、明白である。今後の動静を見守る必要があるだろう。
　筆者は、こうした国の動きに関心を持ちながら、地域再生についての研究と実践をPDCAサイクルの中で今後も取り組んでいく所存である。そして、「ポジティブ・フィードバック」を中心とした関係性づくりにより、地域再生のリーダーシップとコーディネーターとしての役割が果たせるようなモデルを構築していきたい。

注

1 特定非営利活動促進法は、ボランティア活動をはじめとする市民が行う自由な社会貢献活動の健全な発展を促進し、公益の推進に寄与することを目的に制定された。
2 機関委任事務制度の廃止、法的根拠のないものに関しては国の自治体への関与は不可能となるなど475本の法律改正を一括形式で行った。
3 週刊保健衛生ニュース2013。
4 互酬性とは、Putnamによれば、相互依存的な利益交換で、均衡のとれたものと一般的なものがあり、均衡のとれた互酬性とは、同等価値のものを同時に交換し、一般的な互酬性は、現時点で不均衡な交換でも、将来的には均衡がとれるとの相互期待を基にした交換の持続的関係をいう。
5 本橋らの「ソーシャル・キャピタルと自殺予防」のほか木村らの「高校生の子をもつ中年期女性のメンタルヘルスと地域との関わり及び地域のソーシャル・キャピタルとの関連性の検討」などの報告がある。
6 「コミュニティ機能再生とソーシャル・キャピタルに関する研究」(内閣府2005) p.102。
7 地方公務員法第3条第3項第2号に規定する非常勤の特別職の地方公務員。
8 区が2008年に次世代育成委員規則を制定し、地域における子育て、子育ちの支援活動や地域、学校の連携を推進する委員で、守秘義務等の規定もあり区長から委嘱されている委員。
9 区が主催する生涯学習大学(3年間の進級制講座。仲間づくり、地域、社会活動を目指す55歳から79歳までが対象)を卒業した区民が自主的に作った組織。
10 2007年から2010年までの食育アクションプログラムに位置づけられた食育に関する協議会で、計画終了と共に解散した。
11 健康づくりサポーター講習会を卒業した区の健康づくり事業の協力者。
12 この教育機関は、幼稚園から大学まである私立の教育機関である。
13 区内の栄養業務に関わる管理栄養士のNPO法人団体。
14 区民から募集した区の食育キャラクターで、歌やダンスも区民によって作られた。着ぐるみやグッズなどがあり、全国食育大会や各種イベントに登場している。
15 山内直人他『コミュニティ機能再生とソーシャルキャピタルに関する研究調査報告書』内閣府2005。
16 本書p.57参照。

文献一覧

引用文献一覧（邦文）

青木邦男（1997），「高齢者の抑うつ状態と関連要因」，（老年精神医学雑誌），8，pp.401-410

浅見洋（2003），『二人称の死』，春風社，pp.3-35

バラ、アジット・S，フレデリック・ラペール，福原宏幸，中村健吾監訳（2005），『グローバル化と社会的排除　貧困と社会問題への新しいアプローチ』，昭和堂，pp.153-242

天野馨南子（2005），「世界最高水準の自殺率の構造を探る」，（ニッセイ基礎研REPORT），8月号，pp.1-8

荒木昭次郎（1990），「参加と協働　新しい市民＝行政関係の創造」，ぎょうせい

荒記俊一，村田勝敬（1984），「高度経済成長期（1960-75年、日本）の自殺死亡率の変動と社会生活因子の影響」（日本公衆衛生雑誌）12，pp.651-657

アリエス、P（1983），伊藤晃，成瀬駒男訳，『死と歴史―西欧中世から現代へ』，みすず書房

安藤泰至（2008），「「スピリチュアリティ」概念の再考」，『死生学年報＜スピリチュアル＞をめぐって』，東洋英和女学院大学死生学研究所編，pp.5-25

池田一夫，伊藤弘一（2000），「日本における自殺の精密分析」，（都立衛生研究所年報）50巻，pp.327-343

池田光穂，佐藤純一（1995），「健康ブーム」黒田浩一郎編，『現代医療の社会学』世界思想社，p.272

石井義脩（2001），「過労死の労災認定の歴史的理解」，（治療），南山堂，83（8），pp.88-94

石井研士（2010），『データブック現代日本人の宗教』，増補改訂版第3刷，新曜社，p.4

石田一良（1991），『日本文化史―日本の心と形―』，東海大学出版会，pp.27-268

石飛幸三（2010），『口から食べられなくなったらどうしますか「平穏死」のすすめ』，講談社

石濱照子（2008），「特定高齢者候補者における運動機能と抑うつ気分の相関について―東京都中野区の調査から―」，（社会医学研究），第26巻1号，pp.15-23

石濱照子（2009），「抑うつ高齢者の生活感情と近親者喪失について―東京都中野区の調査から―」，（社会医学研究），第26巻2号，pp.113-123

石濱照子（2011），「自殺増加の要因とその抑制に向けての一考察」，（生命倫理）Vol.21，no1，pp.36-38

石原明子，清水新二（2002），「中高年の自殺急増とその背景」，『地域における自殺防止対策と自殺防止支援に関する研究』，国立公衆衛生院，pp.103-110

石原明子（2003），「自殺学とはなにか―自殺研究の方法と題材―」「Supplement〜自殺学集」，

（精神保健研究），第 16 号，通巻 49 号，pp.5-12
石渡和実編（2007），『「当事者主体」の視点に立つソーシャルワークはじめて学ぶ障害者福祉』，みらい，p.186
井田敦彦（2003），「自殺防止のために国が実施できる政策について」，（レファレンス），平成 15 年 6 月号，pp.17-33
伊藤順一郎（2001），『地域精神保健活動における介入のあり方に関する研究』国立精神神経センター精神保健研究所，pp.1-20
稲村博（1997），『自殺学　その治療と予防のために』，東京大学出版会，pp.291-293
岩田正美（1995），『戦後社会福祉の展開と大都市最底辺』，ミネルヴァ書房，pp.40-46
上杉正幸（2000），『健康不安の社会学―健康社会のパラドックス』，世界思想社，p.7
上田茂，北井暁子，石上和男，宇田英典，影山隆之，川上憲人，清水新二，高橋祥友，竹島正，張賢徳，根本善昭，藤田利治，山崎健太郎（2007），「自殺の実態に基づく予防対策の推進に関する研究」，『自殺の実態に基づく予防対策の推進に関する研究（主任研究者，上田茂，北井暁子）』，pp.1-31
臼田寛，玉城英彦，河野公一（2004）「WHO の健康定義策定過程と健康概念の変遷について」，日本公衆衛生誌 51，pp.884-889
ホール、エドワード・T，国弘正雄，長井義見，斉藤美津子訳（1979），『沈黙の言葉』，南雲堂，pp.45-71
デュルケーム、E（Emile Durkheim），宮島喬訳（1971），『自殺論』，中央公論社，pp.19-30
大澤真幸（2004），「社会学から見た日本の社会病理」，ESRI 社会病理セミナー講演概要，2004/6/15
大野裕，竹島正，立森久照他（2006），「地域疫学調査による『ひきこもり』の実態と精神医学的診断について平成 14 年度〜平成 17 年度のまとめ」，「こころの健康についての疫学調査に関する研究」，『こころの健康についての疫学調査に関する研究（主任研究者、川上憲人）』国立精神・神経センター，pp.119-128
大野裕（研究班長）(2009)，『うつ予防・支援マニュアル（改訂版）』平成 21 年 3 月分担研究班，厚生労働省，pp.4-48
大原健士郎（1971），『自殺を考える』，経済往来社
大原健士郎（1993），『生と死の心模様』，岩波書店，pp54-61，pp.92-95
大原健士郎（2004），「死生観の戦後史から考える」，（世界），no734，12 月号，pp.53-61
大林雅之，菊井和子，安藤正人（2003），『生と死　改訂版』，ふくろう出版，pp10-27
大星光史（2005），『古代日本の生命倫理と疾病観』，思文閣出版，pp.93-98
岡本洋子（2007），「自殺対策基本法」の施行と社会全体で取り組む自殺対策について」，(社会関係研究)，第 13 巻，第 1 号，p.16
小此木啓吾（2001），『阿闍世コンプレックス』，創元社，p.112
小澤利男，江藤文夫，高橋龍太郎編（1999），『高齢者の生活機能評価ガイド』，医歯薬出版，pp.11-118
貝原益軒（1682），伊藤友信訳（1982），「養生訓」，講談社，p.36
柏木哲夫（2008），『安やかな死を支える』，いのちのことば社

柏木哲夫, 高木修監修, 金子暁嗣, 結城雅樹編（2005）,『文化行動の社会心理学』, 北大路書房, p.95

加藤直克（2010）,「自殺」, 近藤均, 酒井明夫, 中里巧他編,『生命倫理事典』, 太陽出版, pp.372-375

金子能宏, 佐藤格（2010）,「自殺・うつ対策の経済的便益（自殺・うつによる社会的損失）の推計」, 国立社会保障・人口問題研究所

金子能宏他（2012）,『国立社会保障・人口問題研究所年報平成24年版』, 国立社会保障・人口問題研究所

河合隼雄, 柏木哲夫（1987）, NHK教育テレビ「こころの時代」, 1987/5/17放映

河合隼雄, 清水博, 谷泰, 中村雄二郎編（1996）,『岩波講座　宗教と科学10 人間の生き方』岩波書店

河合隼雄（1997）,「日本人のこころのゆくえ」,（世界）, 通号643号, 岩波書店, pp.135-154

河西千秋, 佐藤玲子, 山田朋樹, 松本俊彦（2008）,「自殺未遂者のケアに関する研究」,『自殺未遂者及び自殺者遺族等へのケアに関する研究（主任研究者伊藤弘人）』, pp.157-173

河西千秋（2009）,『自殺予防学』, 新潮社

川人博, 山下敏雅（2008）,「過労自殺の現状と課題」,（予防時報）, 日本損害保険協会, 233号, p.41

姜尚中（2008）,『悩む力』, 集英社新書, 30-40

吉川武彦（2010）,「精神医学から見た「ひきこもり」―内閣府が実施した本調査とこれまでのわが国における「ひきこもり」調査の差異に触れて―」, 内閣府, pp.30-34

京極高宣（2006）,「超少子高齢・人口減少社会の課題―日本社会のあるべき姿を問う―」『第10回厚生政策セミナー報告書』, 国立社会保障・人口問題研究所, p.3

木下稔子（1998）,「未来の出来事の特性と行動調整―青年期と中年期の人々の死に対する比較分析―」,（光華女子大学紀要）, 第36巻, pp.1-18

木村美也子（2008）,「ソーシャル・キャピタル―公衆衛生学分野への導入と欧米における議論より―」,（保健医療科学）, 57（3）, pp.252-265

金恵京, 杉澤秀博, 柴田博（1998）,「高齢者のソシアル・サポートと生活満足度に関する縦断的研究」,（日本公衆衛生雑誌）, 46, pp.532-541

久保田まり（1995）,『アタッチメントの研究』, 川島書店, pp.79-130

倉本英彦（2001）,「青少年の社会的ひきこもりの実態・成因・対策に関する実証的研究」, 青少年健康センター

黒澤尚（1989）,「自殺の現状」,（医学のあゆみ）, Vol.150.no5

エヴァンズ、グレン、ノーマン・L・ファーブロウ, 高橋祥友監修（2006）,『自殺予防事典』, p.88

黒板勝美, 國史大系編集會編（2000）,『新訂増補　國史大系　第1巻下　日本書紀後篇』, 吉川弘文館, p.235

警察庁（2010）,「平成22年中における自殺の状況」

警察庁（2011）,「平成23年中における自殺の状況」

健康・体力づくり事業財団研究企画委員会（2006），『寝たきりや虚弱を引き起こす生活要因に関する生活史的調査研究事業報告書』，健康・体力づくり事業財団
玄田有史，曲沼美恵（2004），『ニート―フリーターでもなく失業者でもなく』，幻冬舎
経済産業省（2010），「労働力調査（基本集計）」
厚生大臣官房統計調査部（1950），『人口動態統計昭和24年第5分冊』，厚生大臣官房統計調査部
厚生省（1990～2000），『厚生白書』，ぎょうせい
厚生省大臣官房国際課・厚生科学課（1999），「WHO憲章における「健康」の定義の改正案のその後について（第52回WHO総会の結果）」，平成11年10月26日付厚生省報道発表資料
自殺防止対策有識者懇談会（2002），『自殺防止対策有識者懇談会報告　自殺予防に向けての提言』，厚生労働省，平成14年12月，pp.1-39
国立精神・神経センター（2003），『10代・20代を中心とした「ひきこもり」をめぐる地域精神保健活動のガイドライン―精神保健センター・保健所・市町村でどのように対応するか・援助するか―』，厚生労働省，pp.2-5, 106-119
厚生労働省（2003），『国民衛生の動向』，厚生統計協会
厚生労働省，ホームレスの実態に関する全国調査検討会（2003），『ホームレスの実態に関する全国調査報告書の概要』，厚生労働省
厚生労働省地域におけるうつ対策検討会（2004），『うつ対応マニュアル保健医療従事者のために―平成16年1月』，厚生労働省，pp.1-34
平成16年度社会福祉行政業務報告（2004），『平成16年度児童相談所における児童虐待相談処理件数等』，厚生労働省
厚生労働省（2005），『厚生労働白書平成17年版』，ぎょうせい，pp.251-256
厚生労働省（2006），『労働経済白書平成18年版』，ぎょうせい，p.22
厚生労働省，ホームレスの実態に関する全国調査検討会（2007），『ホームレスの実態に関する全国調査報告書の概要』，厚生労働省
厚生労働省（2008），『厚生労働白書平成20年版』，ぎょうせい，p.238
厚生労働省（2009），大臣官房統計情報部社会統計課国民生活基礎調査室，『国民基礎調査平成19年第2巻』，厚生統計協会
厚生労働大臣官房統計情報部（2010），『国民生活基礎調査』，厚生統計協会
厚生労働省（2010），『厚生労働白書』，ぎょうせい
障害保健福祉部保健福祉課（2010），『ひきこもりの評価・支援に関するガイドライン』厚生労働省
厚生統計協会編（2010），『国民衛生の動向』，厚生統計協会
厚生統計協会編（2011），『国民衛生の動向』，厚生統計協会
厚生労働（2011），「子ども虐待相談処理件数年次推移2011」，インターネット2011/2/18検索 www8.cao.go.jp/youth/suisin/pdf/shien/k_1/s3.pdf
厚生労働省（2011），「平成13年度医療制度改革案」「平成18年度医療制度改革関連資料，厚生労働省ホームページインターネット検策2011/2/19，http://www.mhlw.go.jp/bunya/shakaihosho/iryouseido01/

厚生労働省（2013），「健康日本 21（第 2 次）推進に関する参考資料」，厚生労働省
小谷みどり（2009），「葬送儀礼や墓の変容における「わたしの死」概念の影響に関する研究」，東洋英和女学院大学大学院博士学位論文
小玉徹，都留民子，中村健吾他編著（2003），『欧米のホームレス問題　上　実態と政策』，法律文化社
小林直樹（2003），『法の人間学的考察』，岩波書店
近藤理恵（2006），「リスク社会論からみた児童虐待」『社会病理のリアリティ』学友社
近藤克則（2007），『検証「健康格差社会」』，医学書院
斎藤貴男（2012），『強いられる死―自殺者三万人超の実相』，河出書房新社
斉藤環（1998），『社会的ひきこもり―終わらない思春期』PHP 研究所
佐々木嬉代三（1998），「社会病理現象からみた戦後 50 年」『戦後 50 年をどうみるか（下）』人文書院
佐々木嬉代三（2003），『社会病理学講座 第 2 巻 欲望社会―マクロ社会の病理』，学文社
佐々木嬉代三（2005），「社会病理学への道」（立命館産業社会論集），第 41 巻第 1 号（6），pp.5-20
佐々木嬉代三，高原正興，山元公平編著（2006），『社会病理のリアリティ』，学文社，p.1
佐藤哲康，佐藤新，小林慎一（1989），「戦後わが国における自殺死亡率の cohort 分析」（精神医学）（31），pp.1207-1215
真田是（1978），『現代社会問題の理論』，青木書店
澤田康幸，崔允禎，菅野早紀（2010），「不況・失業と自殺の関係についての一考察」『特集　失業研究の今』，（日本労働研究雑誌），NO.598，May，pp.58-66
産業経済省編（2010），「日本の産業をめぐる現状と課題」，『産業構造ビジョン 2010』平成 22 年 2 月，財団法人経済産業調査会，pp.3-47
自殺予防総合対策センター（2012），インターネット検索 2012/2/9　http://ikiru.ncnp.go.jp/ikiru-hp/index.html
宍戸明美（2009），「ソーシャルワークにおける「社会的排除」の課題」，（名古屋学院大学論集，社会科学篇），第 45 巻，第 4 号，pp77-101
自治大臣官房地域政策室（1997），『地域づくりのための民間非営利活動に対する地方公共団体のかかわりの在り方に関する研究報告』，自治省
島薗進（2004），「近代日本における「宗教」概念の受容」『＜宗教＞再考』，ペリカン社，pp.189-206
清水新二（2000），「退職前のストレス―平成 10 年の自殺率急増をめぐる時代効果と世代効果―」，（ストレス科学），ストレス学会，14（4），pp.222-230
清水新二，川野健二，石原明子他（2002），「自殺問題に関する住民地域調査」，『自殺に関する心理社会的要因の把握方法に関する研究』，pp.34-5
清水新二，川野健二，宮崎朋子他（2003），「遺族個別面接調査と遺族支援グループ訪問調査」『自殺に関する心理社会的要因の把握方法に関する研究』，厚生労働省，pp.123-136
清水新二（2007），「わが国戦後の自殺傾向とその時代的、世代的背景」，（アディクションと家族）第 23 巻 4 号，pp.338-345
清水康之（2009），「自殺対策は「政治の責務」――一日百人が自殺する社会への処方箋」，（世

界と議会）8・9月号，尾崎行雄記念財団
清水康之（2013），「政府の自殺対策、相談の受け皿整え周知を」，朝日新聞朝刊「私の視点」2013/2/20
ヴェイユ，シモーヌ，橋本一明，渡辺一民編集，山崎庸一郎訳（1967），「根を持つこと」『シモーヌ・ヴェイユ著作集　第5巻』春秋社，p.63
下開千春（2005），「高齢単身者の孤独の要因と対処資源」，第一生命経済研究所ライフデザインレポート，2005.[online] [平成21年5月20日検索] インターネット＜ URL http://www.group.dai-ichi-life.co.jp/dlri/ldi/report/mr0509.pdf ＞
ジャンケレビッチ，V, 仲沢紀雄訳（1978），『死』，みすず書房
社会保険実務研究所（2012），「24年自殺対策白書を閣議決定」，（週刊保健衛生ニュース），第1666号，pp.41-42
社会保険実務研究所（2013），「24年自殺統計の速報値を公表」，（週刊保健衛生ニュース），第1674号，pp.25-27
シュナイドマン、E.S，大原健士郎，清水信訳（1969），『孤独な魂の叫び―自殺論』，誠信書房
シュナイドマン、E.S，白井徳満，白井幸子訳（1993），『自殺とは何か』，誠信書房，p.244
リッチマン、ジョゼフ（Joseph Richman）（1993）高橋祥友訳，『Family therapy for Suicidal People』，金剛出版，p.53
新川達郎，白石克孝，筒井のり子他（2001），「NPOと行政等とのパートナーシップのあり方」，滋賀総合研究所
人口問題研究所人口動向研究部（2012）総務省ホームページインターネット検索　http://www.soumu.go.jp/main_sosiki/jichi_gyousei/bunken/suishin.html
住家正芳（2004），「宗教概念と世俗化論」，島薗進，鶴岡賀雄編，『＜宗教＞再考』，ペリカン社，pp.165-185
芹沢俊介（2005），「論説　私の視点―自殺予防対策」，朝日新聞，2005/7/16付
全国介護保険担当部局長会議（2013），「介護保険制度の改正事項について」，厚生労働省
祖父江孝男（1990），『文化人類学入門・増補改訂版』，中央公論新社，p.131
高橋紘一（2002），「現代的生活貧困と福祉産業」，『日本福祉大学研究紀要―現代と文化』，日本福祉大学福祉社会開発研究所，第107号，2002年12月，pp.1-46
高橋祥友（2002），「WHOによる自殺予防の手引き」，『自殺と防止対策の実態に関する研究報告書』，厚生労働省
高橋祥友（2004），「自殺の現状」，（こころの科学）118（11），pp.12-18
高橋祥友（2005），「マスメディアと自殺」，（防衛医科大学校雑誌）（29），pp.75-83
高橋祥友（2006），『自殺の危険　臨床的評価と危機介入』，金剛出版，pp.146-181
高橋重郷（2006），「超少子高齢化社会下の人口減少」，『第10回厚生政策セミナー報告書』，国立社会保障・人口問題研究所，p.9
高原正興（2006），「自殺の分析からみた病める「関係性」と今後の対策」，（公衆衛生），vol.70.No1
滝内大三・田畑稔編（2005），『人間科学の新展開』，ミネルヴァ書房
立川昭二（1992），『見える死、見えない死』，筑摩書房，p.193

谷畑健生，藤田利治，尾崎米厚，黒沢洋一，箕輪眞澄，畑栄一（2003），「自殺と社会背景としての失業」『厚生の指標』，厚生労働統計協会，50（8），pp.23-29
津城憲文（2008），「＜スピリチュアル＞の整理」，『死生学年報＜スピリチュアル＞をめぐって』，東洋英和女学院大学死生学研究所編，pp.27-56
辻善之助（1960），『日本文化史第5巻　江戸時代』，春秋社，pp.1-378
都留民子（2002），「フランスの『排除 Exclusion』概念」，(海外社会保障研究)，NO.141，Winter，pp.3-4
東京市社会局（1921），『東京市内の細民の入質に関する調査』
東京都ボランティア・NPOとの協働に関する検討委員会（2000），「協働の推進指針 東京都ボランティア・NPOとの協働に関する検討委員会報告」，東京都
東京都福祉保健局総務部総務課（2011），「自殺に関する意識調査―インターネット福祉保健モニター2011」，(月間福祉保健)，2012年2月号 Vol90
利光三津夫（1961），『律の研究』，明治書院，pp.304-310
内閣府国民生活局，（2003），『ソーシャルキャピタル：豊かな人間関係と市民活動の好循環を求めて』，国立印刷局
内閣府政府広報室（2004），「安全・安心に関する特別世論調査」，内閣府
経済社会総合研究所（2005），『コミュニティ機能再生とソーシャルキャピタルに関する研究報告書』，内閣府
内閣府（2007），『自殺対策総合大綱』，pp.1-21
内閣府ソーシャル・キャピタル政策展開研究会（2008），『わが国のソーシャル・キャピタル政策展開に向けて』，内閣府
内閣府政策統次官（経済社会システム担当）（2008），『平成19年度版　国民生活白書』，内閣府，pp.1-9
内閣府政策統括官（共生社会政策担当）（2010），『若者の意識に関する調査報告書（ひきこもりに関する意識調査）平成22年7月』，内閣府，pp1-52
内閣府共生社会政策統括官（2010），『自殺対策白書』，2007～2010，内閣府，pp.1-127
内閣府政策統括官（共生社会政策担当）（2011）『平成23年版 自殺対策白書』，内閣府
内閣府（2012），『若年無業者に関する調査』，2004-2005，インターネット検索 2012，3/3 www8.cao.go.jp/youth/kenkyu/shurou/chukan.pdf
内閣府（2012），『自殺対策総合大綱』
内閣府政策統括官(共生社会政策担当)(2012)『地域自殺対策緊急強化基金交付金交付要綱』『地域自殺対策緊急強化基金交付金交付実績等』『自殺対策の取組事例集』，内閣府
内閣府政策統括官（共生社会政策担当）（2013），『自殺対策白書』，内閣府
内閣府政策統括官（共生社会政策担当）（2013）『平成24年の地域における自殺の基礎資料』，内閣府
波平恵美子（1990），『病と死の文化　現代医療の人類学』，朝日新聞社
南部節子（2013），「「自殺」と「自死」言い換えより遺族支援を」，朝日新聞朝刊「私の視点」2013/6/22
NHK放送協会放送世論調査所編（2009），第8回「日本人の意識2008」調査
NHK放送文化研究所（2010），『現代日本人の意識構造 第7版』

新村出編著（2011），『広辞苑 第六版（普通版）』，岩波書店，p.118
西崎文平，山田泰，安藤栄祐（1998），「日本の所得格差―国際比較の視点から―」，経済企画庁経済研究所，p.6
西山茂（1996），「気枯れ社会」，（東洋学術研究），通巻 136 号 35 巻 1 号，pp.116-143
日本老年医学会（2012），『「高齢者の終末期の医療及びケア」に関する日本老年医学会の「立場表明」2012』，日本老年医学会「立場表明 2012」（2012 年 1 月 28 日理事会承認）
バウマン、Z，伊藤茂訳（2008），『新しい貧困―労働、消費主義、ニュープア』，青土社
バウマン、Z，森田典正訳（2001），『リキッド・モダニティ』，大月書店，p.45
橋本康男，竹島正（2005），「自殺増加の社会的要因についての検討」，『自殺の実態に基づく予防対策の推進に関する研究（主任研究者，上田茂）』，厚生労働省，pp.37-44
長谷川俊彦（1992），「日本の健康転換のこれからの展望―新たな QOL 概念，疾病概念の必要性について」『健康転換の国際比較分析と QOL に関する研究（平成 4 年度）（財）ファイザーヘルスリサーチ振興財団国際共同研究（共研 1）報告書）』，ファイザーヘルスリサーチ，pp.11-39
畠中宗一（2004），「家族の観点からみた日本の社会病理」，ESRI 社会病理セミナー講演概要，2004/5/13
林文，山岡和枝（2002），『調査の実際』，朝倉書店，pp.36-93
林知己夫，櫻庭雅文（2002），『数字が明かす日本人の潜在力』，講談社，pp.122-145
林伴子，日下部英記，荒井亮二，能勢憲二編（2004），『安心・安全な社会を目指して―現代社会病理の背景に関する有識者ヒアリングとりまとめ』，内閣府経済社会総合研究所 pp.8-21
林文（2010），「特集 日本人の国民性調査研究―平成期の 20 年―」「現代日本人にとっての信仰の有無と宗教的な心」，（統計数理），第 58 巻第 1 号，統計数理研究所，pp.39-59
樋口美雄（2006），「パネルディスカッション 1」『第 10 回厚生政策セミナー報告書』，国立社会保障・人口問題研究所，p.72
平田俊博（1996），「バイオエシックスとカント倫理学―QOL とは何か―」，土山秀夫，井上義彦，平田俊博編，『カントと生命倫理』，晃洋書房，33-47
広井良典，東京大学 21 世紀 COE プログラム（2004），「死生学の構築」応用倫理教育プログラム，2004/6/26，於東京大学
姫岡勤（1966），「日本人の自殺傾向」高坂正顕，臼井尚二編，『日本人の自殺』，創文社
深澤英隆（2004），「「宗教」概念と「宗教言説」の現在」島薗進，鶴岡賀雄編，『＜宗教＞再考』，ペリカン社，pp.15-40
フィリップ・フランツ・フォン・シーボルト，呉秀三訳（2005），『シーボルト江戸参府紀行』異國叢書第 7 巻，雄松堂出版，p.247
福富和夫，西田茂樹，林謙治，藤田利治，箕輪眞澄（1986），『厚生の指標』，厚生労働統計協会，33（4），pp.3-9
福原宏幸編（2007），『シリーズ・新しい社会政策の課題と挑戦第 1 巻 社会的排除／包摂と社会政策』，法律文化社
藤井友紀（2006），「「個性」への渇望」，山元公平ほか編著『社会病理のリアリティ』，学

文社
藤田利治, 谷畑健生, 三浦宣彦（2003）,「1998年以降の自殺死亡急増の地理的特徴」, 厚生の指標50, pp.27-34
藤田利治（2003）,「大都市部での自殺死亡急増」, 保健医療科学52, pp.295-301
藤田利治（2004）,「自殺の実態に関する人口動態調査に基づく保健統計学的研究, 社会経済的要因との関連」,『自殺の実態に基づく予防対策の推進に関する研究』, 厚生労働省
藤原信行（2011）,「『医療化』された自殺対策の推進と＜家族員の義務と責任＞のせり出し―その理念的形態について」,『生存学』3, pp.117-132
別所晶子他（2001）,「「ひきこもり」についての相談状況調査報告書」, 国立精神・神経医療研究センター精神保健研究所精神保健計画研究部
H・T・エンゲルハート, 加藤尚武, 飯田亘之監訳（1989）,『バイオエシックスの基礎づけ』朝日出版社, p.88, pp179-204
ベック、U（U. Beck）（1986）, Riskogesellschaft, Suhkam, 伊藤美登里訳,『危険社会』, 法政大学出版局
星野仁彦（2010）,『発達障害に気づかない大人たち』, 祥伝社
前田泰伸（2007）,「自殺の動向に関する一考察」,（立法と調査）, NO272, pp.79-86
マクガイア、メレディス・B（Meredith B Mcguire）, 山中弘, 伊藤雅之, 岡本亮輔, 石井昭男訳（2008）,『宗教社会学 宗教と社会のダイナミクス』, 明石書店, p.63
マルツバーガー、ジョン・T（Maltsberger, John T.）（1994）,『SUICIDE RISK; The Formulation of Clinical Judgment』高橋祥友訳,『自殺の精神分析―臨床的判断の精神力動的定式化』, 星和書店
松田亮三, 近藤克則（2007）,「健康格差と社会政策：政策内容と政策過程」（J.Natl.Inst. Public health）, 56（2）
松田武巳（2009）, 不登校情報センター講演会「学校へ行けない・人間関係がうまくいかない人への進路相談会」, 2009/3/8, セシオン杉並
松田武己（2011）,「四行論」, 不登校情報センターホームページインターネット検索 http://www.futoko.info/isota%5Eessei/isota%5Eessei%5Etop.htm
松本俊彦, 勝又陽太郎（2009）,「自殺リスクの高い若年者の特徴に関する研究」,『ネット世代の自殺関連行動と予防のあり方に関する研究（主任研究者竹島正）』厚生労働省, pp.21-36
見田宗介（2010）,『社会学入門―人間と社会の未来』, 岩波書店, 2010年第6版, pp.78-80
三浦文夫編（2006）,『図説高齢者白書2005年度版』, 全国社会福祉協議会, pp.104-115
宮本みち子（2002）,『若者が《社会的弱者》に転落する』, 洋泉社
村上陽一郎（2006）,『文明の死／文化の再生』, 岩波書店, p.3, pp.105-106
目黒依子・渡辺秀樹編（1999）,「総論 日本の家族の近代性」,『講座社会学2家族』, 東京大学出版会, p.155
パンゲ、モーリス, 竹内信夫訳（1990）,『自死の日本史』, 筑摩書房, pp.19-61
本宮輝薫（1996）,『死の衝動と不死の欲望 脳死・自殺・臨死の思想』, 青弓社, p.65

本橋豊，中山健夫，高橋翔友，金子善博，川上憲人（2006），『STOP! 自殺―世界と日本の取組―』，海鳴社，p.2
森田典・橋本康男，竹島正（2005），「自殺増加の社会的要因についての検討」，『自殺の実態に基づく予防対策の推進に関する研究（主任研究者，上田茂）』，厚生労働省，pp.37-44
森田次朗（2008），「自殺願望の規定要因に関する一考察、JGSS で見た日本人の意識と行動」大阪商業大学 JGSS 研究センター，pp.107-119
初等中等教育局児童生徒課生徒指導調査分析係（2008），『平成 19 年度児童生徒の問題行動等生徒指導上の諸問題に関する調査（小中不登校）の確定値について』，文部科学省
文部科学省（2016），不登校に関する調査研究協力者会議『不登校児童生徒への支援に関する最終報告』，pp.3-4.
山口恵子（2005），「雇用管理の進展と囲い込み」（季刊 Shelter-les），No29，pp.132-152
山内直人，鹿毛利枝子，小宮信夫，三本松政之，福重元嗣（2005），「コミュニティ機能再生とソーシャル・キャピタルに関する研究報告書」，内閣府経済社会総合研究所編
山崎章郎（1990），『病院で死ぬということ』，主婦の友社
山田陽子（2008），「『心の健康』の社会学序説―労働問題の医療化」，『現代社会学』9，41-60
山田和夫（2009），「編集長の目第 10 回『悩む力』が生む他者との共生」，「編集長の目　第 11 回生きづらくなった日本社会・急増するうつ病と自殺者」，精神科ネット http://www.psyhp.net/，2009/9/26，2009/11/7
山田和夫（2012），「うつと希望」，（心と社会），日本精神衛生会，no.150，2012，pp.90-10
山根一郎（2007），「恐怖の現象学的心理学」，（椙山女学園大学人間関係学研究），p10
柳田邦男（2006），『犠牲（サクリファイス）―わが息子・脳死の 11 日』，文春文庫
吉井清子（2007），「ストレス対処能力 SOC」，吉川郷主，「地域組織への参加」，斉藤嘉孝，「社会的サポート」，近藤克則，『検証　健康格差社会』，医学書院，pp.43-52，83-97
吉本隆明（1999），「近代の果て、現在の果て」青木保，川本三郎，筒井清忠，御厨貴，山折哲雄編集，『宗教と生活　近代日本文化論 9』，岩波書店，pp.174-181
自殺実態解析プロジェクトチーム（2008），『自殺実態白書 2008』、NPO 法人自殺対策支援センターライフリンク，pp.18-19
自殺実態解析プロジェクトチーム（2013），『自殺実態白書 2013』，NPO 法人自殺対策支援センターライフリンク，pp.1-29
労働省職業安定局高齢・障害者対策部企画課（1999），『ホームレス問題連絡会議開催要綱』，平成 11 年 2 月 12 日　http://www.npokama.org/kamamat/bunsitu/minsei99317/youkou.htm
若林一美（2003），『自殺した子どもの親たち』，青弓社
鷲田清一（1998），「見えない死、隠される生、いのちの視点」（新聞研究），日本新聞協会，12 月号，pp.7，4-78
鷲田清一（2011），『死なないでいる理由』，角川グループパブリッシング，pp.26-42，p.38，pp.117-123

鷲田清一（2012），『語りきれないこと―危機と痛みの哲学』，角川グループパブリッシング，pp.3-56

渡辺秀樹（2004），「現代の家族の変容と行方」，ESRI社会病理セミナー講演概要，2004/6/16

渡邉直樹（2005），「自殺予防活動に携わる立場から」，（平和と宗教），庭野平和財団24号，佼成出版社

渡辺直樹（2007），朝日新聞，opinion，「『地域の力』向上がカギ」，2007/5/24

引用文献一覧（英文）

Antonovsky, A.（1996），"The salutogenic model as a theory to guide health promotion", Health Promotion International 11（1），pp.11-18.

Arnstein, S.R（1969），"A Ladder of Citizen Participation", Jounal of the American Institute for planning, Vol.35, No4, july, pp.216-224

Becker, H.S（1963），"Studies in the Sociology of Deviance", Outsiders, Free Press

Berkman, L & Kawauchi I（2000），"Social epidemiology.New York" Oxford University Press

Engel, G.（1980），"The clinical application of the bi-opsychosocial model" American Journal of Psy-chiatry, 137, pp.534-544.

Freedman, A.M（1995），"The biopsychological para-digm and the future of Psychiatry.", Comprehen-sive Psychiatry, 36, 6, pp.397-401

Fullar, R.C. & Myers, R.R（1941），"Some Aspects of Social Problems", A.S.R.vo16,

Hewa, S. & Hetherington, R.W（1995），"Specialists without spirit.Limitations of the mechanistoc biomedical model.", Teoretical Medicine, 16, 2, pp.129-139

John, Bowlby（1969），"Attachment and Loss Volume 1 Attachment", brthst

Kuh, D & Ben-shlomo, Y（2004），" A life course approach to chronic disease epidemiology", 2nd ed.Oxford-University Press

Levin & Stokes（1992），"The effect of social skills on loneliness through mediation of CMC social networks", American Journal of Psychiatry149（4）pp.579-580

Mckinnon, Andrew（2002），"Sociological Definition, launguage Games, and the Essence of Religion", MTSR14, pp.61-8

Paeks, C.M（1969），"Bereavement:abnomal grief" ", ford textbook Palliative medicine 2nd ed

Putnam, RD & Leonardi, R & Nanetti, R（1993）*Making democracy work: Civic tradition in modern Italy*", Princeton University Press

Rowe, JW & Kahn, RL（1987），"*Human aging*", Usual and successful.Science, 237, pp.143-149

Schulz, R（1978），"*The psychology of Death Dying and Bereavement*", addison-wesley Massachusetts, pp.19-20

Takahashi, Y（1997），"Culture and suicide: From a Japanese psychiatrist' sperspective", Suicide and Life Threatening Behavior, 27;1, pp.137-146

WHO（2002），Causes of death and burden of disease estimates by country

WHO-EURO Health21:（2005），"The health for all policy framework for the WHO

European Region", update.Copenhgen:WHO

参考文献一覧（邦文）
大原健士郎（1965），『日本の自殺　孤独と不安の解明』，誠信書房
大原健士郎（1970），『自殺論　青年における生と死の論理』，虎見書房
大橋薫（1976），『社会病理研究』，誠信書房
健康・体力づくり事業財団研究企画委員会（2006），『寝たきりや虚弱を引き起こす生活要因に関する生活史的調査研究事業報告書』，健康・体力づくり事業財団
厚生省大臣官房統計情報部（1999），『人口動態統計平成09年下巻』，厚生統計協会
厚生省ホームレスの自立支援方策に関する研究会（2000），『ホームレスの自立支援方策について』平成12年3月8日，厚生省
厚生省，社会的な援護を要する人々に対する社会福祉のあり方に関する検討会（2000），『社会的な援護を要する人々に対する社会福祉のあり方に関する検討会報告書』，厚生省
厚生労働省（2009），大臣官房統計情報部社会統計課国民生活基礎調査室，『国民基礎調査平成19年第2巻』，厚生統計協会
近藤勉・鎌田次郎（1998），「現代大学生の生きがい感とスケール作成」『健康心理学研究 Vol. 11（1）』，日本健康心理学会
庄司順一，奥山眞紀子，久保田まり編著（2008），『アタッチメント　子ども虐待・トラウマ・対象喪失・社会的養護をめぐって』，明石書店
シーボルト（1967），斉藤信訳，『江戸参府紀行』，平凡社
内閣府，『恤救規則』，明治七年十二月八日，太政官達，第百六十二号
内閣府（2008），特定非営利活動促進法，1996年制定，1998年施行　http://law.e-gov.go.jp/htmldata/H10/H10HO007.html
内閣府（2009），『子ども・若者育成支援推進法』（平成二十一年七月八日法律第七十一号）http://law.e-gov.go.jp/announce/H21HO071.html
NHK放送文化研究所（2004），『現代日本人の意識構造 第6版』
堀洋道監修（2001），『心理測定尺度集Ⅰ』，サイエンス社
堀洋道監修（2001），『心理測定尺度集Ⅲ』，サイエンス社
本橋豊，金子義博，山路真佐子（2005），「ソーシャル・キャピタルと自殺予防」（秋田県公衆衛生学雑誌），3（1），pp.21-31

参考文献一覧（英文）
Bourdieu, Pierre（1986），"*The Forms of Capital*", in Richardson, JohnG.ed, Handbook of theory and Reserch for the Sociology of Education, Greenwood Press, pp.241-258
ColemanJS（1988），"*Social capital in the creation of human capital*", The American Journal of Sociology, ;94:pp.95-120
Doherty.Joe, Edgar.Bill, Mert.Henk（2005），"*Immigration, And Homeless In Europe*"
Fishkin, S.J（2009），"*When the People Speak*", Oxford

Greenfield SF, Reizes JM, Magruder KM, Muenz LR, Kopans B, Jacobs DG, (1997) *"Effectiveness of community-based screening for depression"*, Am J Psychiatry, 154 (10), 1391-1397

James, W. (1902), The Varieties of Religious Experience, London & Bombay: Longmans, Green & Co.

Mill, John Stuart (1989), On Liberty (1859), in, *"On Liberty with The Subjection of Women and Chapters on Socialism"*, edited by Stefan Collini, Cambridge University Press esp, Chap.4, pp.75-93

Kahn RN:Productive behavior (1983), *"Asessment, determinations and effects"*, Journal of American Geriatric Society.31, pp.750-757

Maris RW, Berman AL, Silverman MM (2000), *"Comprehensive Textbook of Suicidology"*, The Guilfood Press, pp.3-95

Paykel ES, Tylee A, Wright A, Priest RG, Rix S, Hart D (1997) *"The Defeat Depressin Campaign"*, psychiatry in the public arena, Am J Psychiatry, 154 (6 Suppl), pp.59-65

Stewart B. (1987), *"Mckinney Homeless Assistance Act Pub"*.L.100-77.July 22, 101 Stat.482 (42 U.S.C11301 et seq.)

Social Exclusion Unit, Bridging the Gap (1999), *"New Opportunities for 16-18 Year Olds Not in Education"*, Training or Employment, Cmnd 4405, London: HMSO

Tamakoshi A, Ohno Y, Yamada T, Aoki K, Hamajima N, Wada M, Kawamura T, Wakai K, Lin YS (2000), *"Depressive mood and suicide among middle-aged workers findings from a prospective cohort study in Nagoya, Japan."* J Epidemi01, 10, pp.173-178

United States Code Title 42 §11302 (2003), *"General definition of homeless individual"*

World Health Organization (1999), *"Figures and facts about suicide"*, WHO Geneva

あとがき

　私が大学院生になったのは、現在勤務する中野区で、当時の新規事業だった地域支援事業の担当となったことがきっかけでした。介護予防に力を注げば余生はバラ色のような印象を与えかねない高齢者施策に違和感を持ち、早瀬圭一先生を講師に生と死に寄り添った講演会を開催したところ、区民からは大きな反響があり、死の準備講座を開催してほしいという声もありました。当時は、葬儀や墓に関する講座や遺言書の書き方講座を年1回程度開催している状況でした。長寿社会を迎える一方、3人に1人は命を亡くすと言われるがんによる寿命宣告も一般化された今日では、健康寿命の延伸と死の準備に関する施策立案は、車の両輪のような位置づけと私は認識しています。

　本書では、日本の自殺対策が地域自殺対策緊急強化基金や、その後の交付金によって進められてきた全体像については言及していません。こうした財源を基に「メディカルモデル」で得られた精神疾患と自殺率、ハイリスク地やハイリスク者への支援などさまざまな知見は、国の大きな財産となりました。

　しかし地域社会では、自殺は依然として封印された死であり、一般住民にとっては三人称的視点です。一人称的視点で死に思いをはせる仕掛けの原点は、やはり生と死について身近に考えられるような機会を増やすことだと思います。中野区では昨年度の講演会に続き、今年度生涯学習大学に「死別の悲しみに寄り添う」ゼミを開設したところです。住民向けに踏み込んだ施策を行うには、慣習に左右されない論理的な思考や、将来的展望を持ちうる職員の育成と支援が重要と感じています。その点では社会教育主事や社会福祉士、生と死のテーマでは臨床心理士や保健師など一定のスキルを獲得している職員の活用も重要と考えています。

　ところで、国際ビフレンダーズ憲章では、生きることと死ぬことの自己決定の尊重について謳われています。しかし、人間の限界性と生と死の不可逆

性を考えるとき、私は普遍的とも思われるこの考え方には懐疑的な態度です。日本は2013年に国連障害者の権利条約の批准を決めましたが、意思決定支援の核に自己決定があると仮定すれば、成年後見制度や権利擁護事業がもっと進んでいてもよいのではないでしょうか。現状では、日本の自己決定という概念形成が未だ不十分であり、そこには日本の文化的背景が関連するとも考えられ、この点については今後、持論を深めたいと思っています。

　少子超高齢社会に向けて、社会保障の在り方が大きく変わりつつある昨今、多死社会に即した地域在宅療養システムや包括ケア推進など、行政では喫緊の課題が山積しています。

　本書で結論づけた他者との共生を意識した「関係性」の再構築の実践例は、十分にお示しできませんでした。関係性の視点では、現在も活動は継続していて、継続することによる関係性の変化には興味深いものがあります。

　また本区では、区長の肝いりで全国に先駆けて2011年3月に「地域支えあい活動の推進に関する条例」を制定しました。地域住民による支えあい活動を通じて、誰もが安心して暮らすことのできる地域づくりを目指し、現在私の勤務するすこやか福祉センターが中心となり、地域での支えあい活動を推進するための取り組みを行っています。ここでは紙面上詳細に触れることはできませんが、自助、共助、公助の側面や個人情報保護の点を含め、条例制定まで区民との情報交換を積み上げて、区は3年余りの年月を費やしました。現在は牛歩ではありますが、良い形で地域のネットワークが進んでいると感じています。今後も「関係性」をキーワードとしてこだわりつつ職責を果たしていきたいと思います。

　最後になりますが、本書は博士論文を執筆した後、数年間にわたり刊行を勧めてくださり、また本書刊行に多大なる助言をいただいた東信堂下田勝司社長に心より感謝を申し上げますとともに、博士論文の執筆の際にご指導いただいた東洋英和女学院大学大学院大林雅之教授、山田和夫教授、石渡和実教授にお礼申し上げます。

索引

事項索引

アルファベット

Spirituality ······················· 93, 148
UN/WH のガイドライン ············ 68, 95
WHO-EURO ··························· 66

ア行

アイデンティティ ············ 48, 59, 65, 149, 153, 179
アタッチメント行動システム ········ 82-85
暗黙の社会的規範 ············ 9-10, 125, 153, 155, 157-158, 167
NHK 放送文化研究所 ········ 53-54, 146, 149-150, 164

カ行

過労死 ······················ 16, 58, 60, 71-73
過労自殺 ···························· 16, 71-73
完全失業率 ············ 4, 14, 17, 20, 58, 70-71, 73, 75, 85
協働社会 ····························· 184-185
健康格差 ·························· iii, 55, 66, 149
健康憲章 ································ 147
交流の死 ····························· 57, 200
高齢者の終末期の医療およびケア ······ 152
国際生活機能分類 ························ 116
子ども・若者育成支援推進法 ············ 37, 44

サ行

自殺実態解析プロジェクトチーム ······ 9, 21, 78-82, 87, 119, 124, 132, 137
自殺実態白書 ···················· 78-79, 119, 132
自殺総合対策大綱 ············ ii, 12, 90-91, 96, 123, 126-128, 159, 199-200
自殺対策基本法 ············ ii, 10, 12, 14, 19, 67, 80, 89, 91, 110, 120, 123-126, 159
自殺予防対策関連 WHO 日本視察最終報告書 ·································· 95
自殺予防対策に関する行政評価・監視 ·· 199
自殺予防に向けての提言 ·········· 17, 19, 89, 91, 95, 121
自殺率 ············ i, 4, 11, 20, 70, 72-73, 75-77, 86-88, 91, 103, 117, 120, 123-124, 163, 217
死生観の空洞化 ·························· 57
児童虐待の防止等に関する法律 ·········· 44
若年無業者に関する調査 ················· 37
『10 代・20 代を中心とした「ひきこもり」をめぐる地域精神保健活動のガイドライン』 ······················ 31-32, 34
集団の意味体系 ·········· ii, 158-159, 161, 177
世代依存型 ················ 74-77, 81, 85, 117
ソーシャル・キャピタル ········· 188-189, 203

タ行

他者危害原則 ························ 129, 163
地域保健法 ······················· 189-190, 194
デスエデュケーション ···················· 114
特定病因論 ························· 7, 14, 92

ナ行

内的ワーキング・モデル ················· 83
日本老年医学会 ························· 152
年功序列型賃金体系 ····················· 50

ハ行

『ひきこもりの評価・支援に関するガイドライン』 ································ 32
平穏死 ······························ 151, 164
ホームレスの実態に関する全国調査 ··· 42-43
ホームレスの自立の支援に関する特別措置法 ······························· 42, 44

ヤ行

4 疾病 5 事業 ······························ 3, 13

ラ行

ラベリング理論 ·························· 21
リスク社会 ······························ 27
労働基準法 ························· 28, 50, 71

人名索引

ア行

アーンスタイン 185
アリエス 159
石田一良 144
石飛幸三 151, 164
石原明子 4, 75-76, 85, 119, 130, 134
石渡和実 201, 218
岩田正美 41
ヴェイユ 56
上杉正幸 147-149
エンゲルハート 129
大林雅之 174, 218
大原健士郎 30-31, 75, 129-130, 144
小此木啓吾 153

カ行

柏木哲夫 57, 200
カント 129
久保田まり 82-83, 113, 120
小玉徹 38-39
近藤克則 55, 66
近藤勉 104
近藤理恵 28-29

サ行

佐々木嬉代三 24, 48
シュナイドマン 134, 136, 201
芹沢俊介 67

タ行

高橋祥友 121, 130, 141
高原正興 156
デュルケーム 132

ナ行

西山茂 55

ハ行

バウマン 46
パットナム 192, 198
バラ 39
パンゲ 143
広井良典 57-58
フラー 21, 25
フリードマン 92-93
ボウルビー 82-83
ホール 153

マ行

マイヤーズ 21
マクガイア 157-158
村上陽一郎 202
本宮輝薫 56

ヤ行

山田和夫 50, 172-173, 218

ラ行

レヴィン＆ストークス 101, 121

ワ行

若林一美 81, 120
鷲田清一 174-178, 184, 186, 200-201

著者紹介

石濱照子（いしはま　てるこ）

2009年東洋英和女学院大学大学院卒業、博士後期課程単位取得。人間科学（博士）
東京都中野区中部地域子ども家庭支援センター長、東京都中野区健康福祉部健康・スポーツ担当課長を経て、現職東京都中野区南部すこやか福祉センター所長

現代の自殺──追いつめられた死：社会病理学的研究

2017年11月30日　初版第1刷発行　　　　　　　　　〔検印省略〕

　　　　　　　　　　　　　　　　　　　　　　　＊定価はカバーに表示してあります。
著　者 © 石濱照子　　発行者　下田勝司　　　印刷・製本　中央精版印刷

東京都文京区向丘 1-20-6　郵便振替 00110-6-37828　　　　発 行 所
〒 113-0023　TEL 03-3818-5521（代）　FAX 03-3818-5514　株式会社 東 信 堂
Published by TOSHINDO PUBLISHING CO.,LTD.
1-20-6, Mukougaoka, Bunkyo-ku, Tokyo, 113-0023, Japan
E-Mail: tk203444@fsinet.or.jp　http://www.toshindo-pub.com

ISBN978-4-7989-1449-7　C3036　　©2017 ISHIHAMA Teruko

東信堂

理論社会学—社会構築のための媒体と論理	森 元孝	二四〇〇円
貨幣の社会学—経済社会学への招待	森 元孝	一八〇〇円
ハンナ・アレント—共通世界と他者	中島道男	二四〇〇円
観察の政治思想—アーレントと判断力	小山花子	二五〇〇円
スチュアート・ホール—イギリス新自由主義への文化論的批判	牛渡 亮	二六〇〇円
日本コミュニティ政策の検証	山崎仁朗編著	四六〇〇円
地域社会研究と社会学者群像—自治体内分権と地域自治へ向けて〈コミュニティ政策叢書1〉	山口博史也彦編著	四六〇〇円
豊田とトヨタ—産業グローバル化先進地域の現在	丹辺宣彦	六五〇〇円
社会階層と集団形成の変容—集合行為と「物象化」のメカニズム	丹辺宣彦	四六〇〇円
食品公害と被害者救済—カネミ油症事件の被害と政策過程	宇田和子	四六〇〇円
吉野川住民投票—市民参加のレシピ	武田真一郎	一八〇〇円
地域社会研究と社会学者群像—社会学としての闘争論の伝統	橋本和孝	五九〇〇円
研究道 学的探求の道案内	平岡公一・武川正吾・山田昌弘・黒田浩一郎 監修	二八〇〇円
福祉政策の理論と実際（改訂版）—福祉社会学研究入門	三重野卓 編	二五〇〇円
社会的健康論	園田恭一	二五〇〇円
保健・医療・福祉の研究・教育・実践	園田恭一／山手茂 編	三四〇〇円
現代の自殺—追いつめられた死：社会病理学的研究	石濱照子	二八〇〇円
園田保健社会学の形成と展開	山手茂男編著	三六〇〇円
認知症家族介護を生きる—新しい認知症ケア時代の臨床社会学	井口高志	四二〇〇円
社会福祉における介護時間の研究—タイムスタディ調査の応用	渡邊裕子	五四〇〇円
介護予防支援と福祉コミュニティ	松村直道	二五〇〇円
対人サービスの民営化—行政・営利・非営利の境界線	須田木綿子	二三〇〇円

〒113-0023　東京都文京区向丘1-20-6
TEL 03-3818-5521　FAX 03-3818-5514　振替 00110-6-37828
Email tk203444@fsinet.or.jp　URL:http://www.toshindo-pub.com/

※定価：表示価格（本体）＋税

東信堂

故郷喪失と再生への時間——新潟県への原発避難と支援の社会学	松井克浩	三二〇〇円
日本コミュニティ政策の検証——自治体内分権と地域自治へ向けて（コミュニティ政策叢書1）	山崎仁朗編著	四六〇〇円
高齢者退職後生活の質的創造——アメリカ地域コミュニティの事例（コミュニティ政策叢書2）	加藤泰子	三七〇〇円
豊田とトヨタ——産業グローバル化先進地域の現在	山岡丹口村徹博史也彦編著	四六〇〇円
社会階層と集団形成の変容——集合行為と「物象化」のメカニズム	丹辺宣彦	六五〇〇円
「むつ小川原開発・核燃料サイクル施設問題」研究資料集	蓮見音彦	二三〇〇〇円
現代日本の地域格差——二〇一〇年・全国の市町村の経済的・社会的ちらばり	蓮見音彦	一八〇〇〇円
現代日本の地域分化——センサス等の市町村別集計に見る地域変動のダイナミックス	舩茅金橋野山本和恒行晴孝秀俊編著	一八〇〇〇円
都市社会計画の思想と展開	橋本和孝・吉原直樹編著	二三〇〇円
世界の都市社会計画——グローバル時代の都市社会計画 全2巻	弘夫・吉原直樹編著 橋本和孝・藤田	二三〇〇円
（アーバン・ソーシャル・プランニングを考える）		

（現代社会学叢書より）

現代大都市社会論——分極化する都市？	園部雅久	三八〇〇円
インナーシティのコミュニティ形成——神戸市真野住民のまちづくり	今野裕昭	五四〇〇円

（地域社会学講座 全3巻）

地域社会学の視座と方法	似田貝香門監修	二五〇〇円
グローバリゼーション／ポスト・モダンと地域社会	古城利明監修	二五〇〇円
地域社会の政策とガバナンス	矢澤澄子監修岩崎信彦	二七〇〇円

（シリーズ防災を考える・全6巻）

防災の社会学［第二版］——防災コミュニティの社会設計へ向けて	吉原直樹編	三八〇〇円
防災の心理学——ほんとうの安心とは何か	仁平義明編	三三〇〇円
防災の法と仕組み	生田長人編	三三〇〇円
防災教育の展開	今村文彦編	三三〇〇円
防災と都市・地域計画	増田聡編	続刊
防災の歴史と文化	平川新編	続刊

〒113-0023　東京都文京区向丘1-20-6
TEL 03-3818-5521　FAX03-3818-5514　振替 00110-6-37828
Email tk203444@fsinet.or.jp　URL:http://www.toshindo-pub.com/

※定価：表示価格（本体）＋税

東信堂

「居住福祉資源」の思想―生活空間原論序説	早川和男	二九〇〇円
検証 公団居住60年―《居住は権利》公共住宅を守るたたかい	多和田栄治	二八〇〇円

〈居住福祉ブックレット〉

居住福祉資源発見の旅…新しい福祉空間、懐かしい癒しの場	早川和男	七〇〇円
どこへ行く住宅政策…進む市場化、なくなる居住のセーフティネット	本間義人	七〇〇円
漢字の語源にみる居住福祉の思想	李 桓	七〇〇円
日本の居住政策と障害をもつ人	大本圭野	七〇〇円
障害者・高齢者と麦の郷のこころ…住民、そして地域とともに	伊藤静美	七〇〇円
地場工務店とともに…健康住宅普及への途	山本里見	七〇〇円
子どもの道くさ	加藤直樹	七〇〇円
居住福祉法学の構想	田中秀人	七〇〇円
奈良町の暮らしと福祉…市民主体のまちづくり	黒田睦子	七〇〇円
精神科医がめざす近隣力再建	吉田邦彦	七〇〇円
…進む「子育て」「砂漠化」、はびこる「付き合い拒否」症候群	中澤正夫	七〇〇円
住むことは生きること…鳥取県西部地震と住宅再建支援	水月昭道	七〇〇円
最下流ホームレス村から日本を見れば	片山善博	七〇〇円
世界の借家人運動…あなたは住まいのセーフティネットを信じられますか？	ありむら潜	七〇〇円
「居住福祉学」の理論的構築	髙島一夫	七〇〇円
居住福祉資源発見の旅Ⅱ…地域の福祉力・教育力・防災力	柳中秀権・張秀萍	七〇〇円
居住福祉の世界…早川和男対談集	早川和男	七〇〇円
医療・福祉の沢内と地域演劇の湯田…岩手県西和賀町のまちづくり	高橋典成	七〇〇円
「居住福祉資源」の経済学	金持伸子	七〇〇円
長生きマンション・長生き団地	神野武美	七〇〇円
高齢社会の住まいづくり・まちづくり	千代崎一夫・山下千佳	七〇〇円
シックハウス病への挑戦…その予防・治療・撲滅のために	後藤三郎	八〇〇円
韓国・居住貧困とのたたかい…居住福祉の実践を歩く	全 泓奎	七〇〇円
精神障碍者の居住福祉…宇和島における実践（二〇〇六～二〇一一）	蔵田 力	七〇〇円
	迎田允武	七〇〇円
	山田武郎	七〇〇円
	財団法人正光会 編	七〇〇円

〒113-0023 東京都文京区向丘1-20-6　TEL 03-3818-5521　FAX 03-3818-5514　振替 00110-6-37828
Email tk203444@fsinet.or.jp　URL:http://www.toshindo-pub.com/

※定価：表示価格（本体）＋税

東信堂

責任という原理——科学技術文明のための倫理学の試み（新装版） ハンス・ヨナス	H・ヨナス 加藤尚武監訳	四八〇〇円
主観性の復権——心身問題から「責任という原理」へ	H・ヨナス 盛永・木下・馬渕・山本訳	二〇〇〇円
ハンス・ヨナス「回想記」	H・ヨナス 宇佐美・滝口訳	二四〇〇円
生命の神聖性説批判	H・クーゼ 飯田・石川・小野谷・片桐・水野訳	四六〇〇円
生命科学とバイオセキュリティ——デュアルユース・ジレンマとその対応	四ノ宮成祥・河原直人編著	二四〇〇円
医学の歴史	今井道夫監訳	四六〇〇円
安楽死法：ベネルクス3国の比較と資料	石渡隆司監訳	二七〇〇円
死の質——エンド・オブ・ライフケア世界ランキング	丸祐一・小野谷・飯田亘之監修	一二〇〇円
バイオエシックスの展望	盛永審一郎監修	四六〇〇円
生命の問い——生命倫理学と死生学の間で	松坂・浦井・飯田亘之監修	三二〇〇円
生命の淵——バイオシックスの歴史・哲学・課題	大林雅之編著	二〇〇〇円
今問い直す脳死と臓器移植〔第2版〕	大林雅之	二〇〇〇円
キリスト教から見た生命と死の医療倫理	澤田愛子	二〇〇〇円
動物実験の生命倫理——個体倫理から分子倫理へ	浜口吉隆	二三八一円
医療・看護倫理の要点	大上泰弘	四〇〇〇円
	水野俊誠	二〇〇〇円
テクノシステム時代の人間の責任と良心	山本・盛永訳	三五〇〇円
原子力と倫理——原子力時代の自己理解	H・レンク 小Th・リット 原道雄編訳	一八〇〇円
科学の公的責任——科学者と私たちに問われていること	小Th・リット 小笠原・野平編訳	一八〇〇円
歴史と責任——科学者は歴史にどう責任をとるか	小Th・リット 小笠原・野平編訳	一八〇〇円
カンデライオ（ジョルダーノ・ブルーノ著作集）より	加藤守通訳	三二〇〇円
原因・原理・一者について	加藤守通訳	四八〇〇円
傲れる野獣の追放	加藤守通訳	四八〇〇円
英雄的狂気	加藤守通訳	三六〇〇円
ロバのカバラ——ジョルダーノ・ブルーノにおける文学と哲学	N・オルディネ 加藤守通監訳	三六〇〇円

〒113-0023 東京都文京区向丘1-20-6　TEL 03-3818-5521　FAX03-3818-5514　振替 00110-6-37828
Email tk203444@fsinet.or.jp　URL:http://www.toshindo-pub.com/

※定価：表示価格（本体）＋税

東信堂

転換期を読み解く――潮木守一時評・書評集	潮木守一	二六〇〇円
大学再生への具体像――大学とは何か【第二版】	潮木守一	二四〇〇円
フンボルト理念の終焉?――現代大学の新次元	潮木守一	二五〇〇円
「大学の死」、そして復活	潮木守一	二八〇〇円
大学教育の思想――学士課程教育のデザイン	絹川正吉	二八〇〇円
大学教育の在り方を問う	絹川正吉	二三〇〇円
大学改革の系譜――近代大学から現代大学へ	山田宣夫	三八〇〇円
大学理念と大学改革――ドイツと日本	別府昭郎	四二〇〇円
北大 教養教育のすべて――エクセレンスの共有を目指して	金子勉	二四〇〇円
国立大学法人の形成	小笠原正明・安藤厚・細川敏幸 編著	二六〇〇円
国立大学・法人化の行方――自立と格差のはざまで	大崎仁	三六〇〇円
転換期日本の大学改革――アメリカと日本	天野郁夫	二〇〇〇円
大学は社会の希望か――大学改革の実態からその先を読む	江原武一	三六〇〇円
大学の管理運営改革――日本の行方と諸外国の動向	江原武一	三六〇〇円
	杉本均 編著	
大学経営とマネジメント	新藤豊久	二五〇〇円
大学戦略経営論――中長期計画の実質化によるマネジメント改革	篠田道夫	三四〇〇円
私立大学マネジメント	(社)私立大学連盟編	
私立大学の経営と拡大・再編――一九八〇年代後半以降の動態	両角亜希子	四二〇〇円
30年後を展望する中規模大学――マネジメント・学習支援・連携	坂本和一	二五〇〇円
大学の発想転換――体験的イノベーション論二五年	市川太一	三二〇〇円
大学のカリキュラムマネジメント	中留武昭	三二〇〇円
戦後日本産業界の大学教育要求――経済団体の教育言説と現代の教養論	飯吉弘子	五四〇〇円
アメリカ連邦政府による大学生経済支援政策	犬塚典子	三八〇〇円
カナダの女性政策と大学	犬塚典子	三九〇〇円
大学教育とジェンダー――ジェンダーはアメリカの大学をどう変革したか	ホーン川嶋瑤子	三六〇〇円
スタンフォード 21世紀を創る大学	ホーン川嶋瑤子	二五〇〇円

〒113-0023 東京都文京区向丘1-20-6
TEL 03-3818-5521 FAX 03-3818-5514 振替 00110-6-37828
Email tk203444@fsinet.or.jp URL:http://www.toshindo-pub.com/

※定価：表示価格（本体）＋税

東信堂

附属新潟中式「3つの重点」を生かした確かな学びを促す授業――教科独自の眼鏡を育むことが「主体的・対話的で深い学び」の鍵となる！	新潟大学教育学部附属新潟中学校 編著	二〇〇〇円
ICEモデルで拓く主体的な学び――成長を促す持続可能なアクティブラーニング	柞磨昭孝	二〇〇〇円
ICEモデルを生用する持続可能なアクティブラーニングの実践――社会に通用する持続可能なフレームワークの実践	土持ゲーリー法一	二五〇〇円
ポートフォリオが日本の大学を変える――ティーチング/ラーニング/アカデミック・ポートフォリオの活用	土持ゲーリー法一	二五〇〇円
ティーチング・ポートフォリオ――授業改善の秘訣	土持ゲーリー法一	二五〇〇円
ラーニング・ポートフォリオ――学習改善の秘訣	土持ゲーリー法一	二五〇〇円
「主体的学び」につなげる評価と学習方法――カナダで実践されるICEモデル	S.ヤング&R.ウィルソン著 土持ゲーリー法一監訳	二五〇〇円

溝上慎一監修 アクティブラーニング・シリーズ（全7巻）

主体的学び 創刊号	主体的学び研究所編	一八〇〇円
主体的学び 2号	主体的学び研究所編	一六〇〇円
主体的学び 3号	主体的学び研究所編	一六〇〇円
主体的学び 4号	主体的学び研究所編	二〇〇〇円
別冊 高大接続改革	主体的学び研究所編	一八〇〇円
①アクティブラーニングの技法・授業デザイン	安永悟・関田一彦・水野正朗編	一六〇〇円
②アクティブラーニングとしてのPBLと探究的な学習	溝上慎一・成田秀夫編	一八〇〇円
③アクティブラーニングの評価	石井英真・井上真代編	一六〇〇円
④高等学校におけるアクティブラーニング：理論編（改訂版）	溝上慎一編	一六〇〇円
⑤高等学校におけるアクティブラーニング：事例編	溝上慎一編	二〇〇〇円
⑥アクティブラーニングをどう始めるか	成田秀夫	一六〇〇円
⑦失敗事例から学ぶ大学でのアクティブラーニング	亀倉正彦	二六〇〇円
アクティブラーニングと教授学習パラダイムの転換	溝上慎一	二四〇〇円
大学のアクティブラーニング――「学び」の質を保証するアクティブラーニング	河合塾編著	三二〇〇円
「学び」の質を保証するアクティブラーニング――3年間の全国大学調査から	河合塾編著	二〇〇〇円
「深い学び」につながるアクティブラーニング――全国大学の学科調査報告とカリキュラム設計の課題	河合塾編著	二八〇〇円
アクティブラーニングでなぜ学生が成長するのか――経済系・工学系の全国大学調査からみえてきたこと	河合塾編著	二八〇〇円

〒113-0023 東京都文京区向丘1-20-6　TEL 03-3818-5521　FAX 03-3818-5514　振替 00110-6-37828
Email tk203444@fsinet.or.jp　URL=http://www.toshindo-pub.com/

※定価：表示価格（本体）+税

東信堂

オックスフォード キリスト教美術・建築事典	P&L.マレー著 中森義宗監訳	三〇〇〇〇円
イタリア・ルネサンス事典	J・R・ヘイル編 中森義宗監訳	七八〇〇円
美術史の辞典	中森義宗・P・デューロ他 清水忠訳	三六〇〇円
涙と眼の文化史──中世ヨーロッパの標章と恋愛思想	徳井淑子	三六〇〇円
青を着る人びと	伊藤亜紀	三五〇〇円
社会表象としての服飾──近代フランスにおける異性装の研究	新實五穂	三六〇〇円
書に想い 時代を讀む	河田悌一	一八〇〇円
日本人画工 牧野義雄──平治ロンドン日記	ますこ ひろしげ	五四〇〇円
美を究め美に遊ぶ──芸術と社会のあわい	荻野厚志 編著 江藤光紀	二八〇〇円
バロックの魅力	小穴晶子編	二六〇〇円
新版 ジャクソン・ポロック	藤枝晃雄	三六〇〇円
西洋児童美術教育の思想──ドローイングは豊かな感性と創造性を育むか?	前田茂監訳 要真理子監訳	三六〇〇円
ロジャー・フライの批評理論──視性と感受性の間で	要 真理子	四二〇〇円
レオノール・フィニ──境界を侵犯する新しい種	尾形希和子	二八〇〇円
〈世界美術双書〉		
バルビゾン派	井出洋一郎	二〇〇〇円
キリスト教シンボル図典	中森義宗	二三〇〇円
パルテノンとギリシア陶器	関 隆志	二三〇〇円
中国の版画──唐代から清代まで	小林宏光	二三〇〇円
象徴主義──モダニズムへの警鐘	中村隆夫	二三〇〇円
中国の仏教美術──後漢代から元代まで	久野美樹	二三〇〇円
セザンヌとその時代	浅野春男	二三〇〇円
日本の南画	武田光一	二三〇〇円
画家とふるさと	小林 忠	二三〇〇円
ドイツの国民記念碑──一八一三-一九一三年	大原まゆみ	二三〇〇円
日本・アジア美術探索	永井信一	二三〇〇円
インド、チョーラ朝の美術	袋井由布子	二三〇〇円
古代ギリシアのブロンズ彫刻	羽田康一	二三〇〇円

〒113-0023 東京都文京区向丘1-20-6
TEL 03-3818-5521 FAX03-3818-5514 振替 00110-6-37828
Email tk203444@fsinet.or.jp URL:http://www.toshindo-pub.com/

※定価：表示価格（本体）＋税